胃袋の近代

食と人びとの日常史

湯澤規子［著］

名古屋大学出版会

胃袋の近代　目　次

汚水の底のどろどろと
この胃袋の衰弱を
笑いも出来ぬ人ばかり
おのが思いも肩掛けに
はかなき世なりと神に問う。

——林芙美子『放浪記』新潮社、一九八五年

序章　食と人びと

――見えない歴史の構築

一　食と人びとの日常史

近代とはどのような時代か。

文明開化の時代、西洋化の時代、産業革命の時代、労働者階級誕生の時代、民法成立の時代、戦争の時代、企業勃興の時代、鉄道の時代など、これまでさまざまな視点からこの時代は名付けられてきた。しかし、それらはこの問いに対する答えのほんの一部に過ぎない。

これまで、私たちはどこまで当時を生きた人びとの視点と感覚からこの時代を考えてきただろうか。ここでいう「人びと」とは、さまざまな職業や立場の人が含まれる。農村から都市へ出稼ぎに来た人びと、たとえば工場で働く女工、町工場の職工、商店の丁稚奉公人、カフェーの女給、中流階級家庭で働く女中、あるいは都市から都市へと放浪する日雇い人、行商人、露天商人、芸人、そして都市の街路を行き交う官吏、警察官、兵士、銀行員、事務員、学生たち。それだけではない。無職の人、若い人、年老いた人、子どもたち、男の人、女の人、農村に暮らす人、都市に暮らす人、漂泊の人、豊かな人、貧しい人、健康な人、病気の人、障害をもつ人、戦場の人、銃後の人など、社会を構成するあらゆる人びとを含んでいる。激動の時代を彼らはどのように生きたのか。こう考えた時、この時代の全貌は、いまだ十分に明らかにされてはいないことに気づかされる。

近代という時代を行き交う雑踏のなかには実にさまざまな人びとがいて、誰もが時代の担い手であった。埃と喧騒にまみれたその雑踏の足跡は、果たして彼らの体温と体臭のなかで理解されてきただろうか。筆者はそうは思わない。これまで「人びと」を描こうとしてきた社会史の試みでさえ、十分には描き切れていない世界があるのではないか。体温と体臭が感じられる世界、(1)それこそが、まさに生きている人間の証であるといえるならば、本書ではそれを歴史として描きたい。

近世から近代への移行期には、近世的な村落秩序の外へ、賃労働者として特に都市へと排出される人びとが郡部での人口増大ともあいまって増加した。労働者となった彼らの食はどのように賄われたのか。急増する都市雑業者、あるいはそこからこぼれ落ちた人びとにはどのような手が差し伸べられたのか。こうした問題はこれまで必ずしも正面からとらえられてはこなかった。かつて『日本賃労働史論』のなかで隅谷三喜男は「従来の経済学が賃労働を分析した視角は、資本の再生産にかかわってくる限りにおいてこれをとり上げるということであって、賃労働そのものがその運動の全過程にわたって分析せられたのではない」と述べている。(2)それは労働者の生活過程にまで視野を広げることによって、日本近代史像を再構築する必要があるという明確な問題提起であった。(3)しかしその後、そのような視点で日本近代を具体的に明らかにした研究はほとんど進展しなかった。それは隅谷自身が述べているように、労働者が自らの労働力を再生産するということは所与の前提とされ続け、また、

「生活」過程を具体的に解明し、「生産」過程を含めた全体像としての統一を成しうる史料の収集が極めて困難であったためである。つまりこれは見えない歴史であった。

本書ではこの課題に応えるために、「人びと」と「食」をめぐる問題を中軸に据え、「胃袋」を通して日本の近代がどのような時代であったのかを明らかにすることを目的とする。[4] 近代は都市の発達とともに外食が本格的に成立し、産業の発展とともに工場における労働者の集団喫食のシステムが確立していく時代である。記録に残りにくかった日々の「食」の経験や風景も、食が体系的に再編されるようになる過程では各地にさまざまな史料が残された。これらの史料を用いることで、人びとの生活と生産を包括した近代という時代の姿を浮き彫りにすることができるかもしれない。

生きている以上、私たちは何かを食べないわけにはいかない。いうまでもないことだが、食はこれまで不要になったことはなく、どの時代でも、どのような場でも、どのような人でも必要とすることである。したがって、食をめぐるさまざまな事象や問題を論じることはすなわち、生きることを論じることにもなるだろう。「日々食べる」ということ。この当たりまえの身体感覚を手離さずに歴史を描くことを、本書では「日常史」の構築と意味づける。

日々の営みの深層には膨大な物質生活があり、その基盤の上に市場経済が成り立ち、さらにそこから資本主義経済への派生がみられる。この三層構造の深層に重きをおき、日常史として歴史を描き直す必要性を主張したのはフェルナン・ブローデルである。彼は「伝統的な歴史書のなかでは人間は食べも飲みもしない」ことを批判し、「人間とはその食べるところのものである《Der Mensch ist (,) was er isst》」ということが歴史にあたえてきた影響の大きさを論じるべきだと問題提起している。[5] これまでの歴史学では物質生活、すなわち貨幣が介在しない自給的世界、物々交換の世界、市場経済とは異なる論理で展開する世界は発展段階の最も初期の形態と位置づけられ、積極的には論じられてこなかった。[6] これに対してブローデルは、こうした単線的な発展段階史観ではなく、三つの層が同時に存在して世界を構成しているという全体像を立体的に示そうとした。それが最も顕著に表れるのが衣食住をめぐる世界なのである。[7] とりわけ「食」の問題は、三つの層の結節点に位置づけられる重要なテーマといってよい。本書はこの結節点から歴史と社会をとらえ直そうとする試みである。

二　近代の都市と人口と胃袋――見取り図

「食べる」という行為はすべての人びとが経験することでありながら、時代によって何を食べるか、[8] どのように食べるか、[9] 誰と食べるか、どこで食べるか、[10] そして何のために食べるかは異なっている。

本書冒頭にかかげた林芙美子の詩の一節は、彼女の自伝的小説『放浪記』から抜粋したものである。食べものにありつけず、衰弱していく彼女の胃袋に気づき、気遣う人がいない都市での孤独がうたわれている。彼女を笑いもできぬ人もまた、衰弱した胃袋を抱えていた。「私は宿命的に放浪者である」という有名な一文からはじまるこの小説は、行商人の両親とともに各地を転々としたのち、一人で上京して貧困のなかでさまざまな職をまさに放浪する日々を綴った彼女の日記にもとづいて書かれた。時代は一九二二年から二六年（大正十一～昭和元）である。

「女給入用のビラの出ていそうなカフェーを次から次へと野良犬のように尋ねて、只食う為に、何よりもかによりも私の胃の腑は何か固形物を欲しがっているのだ。ああどんなにしても私は食わなければならない[11]」といって、女給になって働きつめるが、「ああ何と云う生きる事のむずかしさ、食べることのむずかしさ[12]」と嘆くほかない状況のなかでも、「もう当分御飯を食べる事を休業しようかと思っていますのよ[13]」などという極限で輝くユーモアが散りばめられているところにこの小説の一つの魅力がある。とはいえ、「表通りの暮らしは、裏通りの生活とはまるきり違うのだ。十銭の牛飯も食えないなんて[14]」、「終日雨なり。飴玉と板昆布で露命をつなぐ[15]」、「何処からともなく蕎麦のだしを煮だしている匂いがする。胃袋がぶるぶる顫《ふる》えて仕方がない[16]」という状況は、食べること自体が自己責任となっていく時代の深刻さを伝える以外の何ものでもない。

こうした状況はなぜ生じたのだろうか。

この問いに答えるために、まず近代の社会変化に目を向けてみよう。この時代には、産業の勃興と都市の成長とあいまって、日本の人口増加がかつてない勢いで進み[17]、近世にはみられなかった多くの賃労働者が誕生した。近世にも移動を伴うさまざまな諸稼ぎが存在したが、そのあり方との決定的な違いは、女性を含む大勢の人びとが、工場労働者や各種雑業者として集団的かつ集中的に移動したという点にある。これによって、都市と人口の関係は、出生率の上昇と死亡率の低下による自然増減のみならず、農村から都市への流入などによる社会増減にも大きく影響される複雑な変化を含むことになった。

とはいえ、このような社会変化の見取り図を描くのは、じつはそれほど簡単ではない。一九二〇年の第一回国勢調査以前の全国的かつ継続的な人口動態を把握する統計史料が十分ではないことがその主因である。こうした状況にあって、明治・大正期の人口動態は歴史人口学の推計によって明らかにされてきた。[18] 戸数調査による人口増加率を用いて、一九一八年以降の全国一六三都市の人口推計を行った伊藤繁によれば、一八九三年以降に都市人口の持続的成長がはじまり、一九二〇年代頃に増加率が減退しはじめた。[19] さらに、この全国的動向をメソスケールにおいて詳細に検討した鈴木允によれば、郡部での高出生率の持続による人口増加が都市化の原動力となり、人口移動が活発化したことで、都市化がますます進行した。[20] つまり、産業の興隆、人口転換、都市の成長には相互関係がみられ、そのパターンは近代以前の地域的特徴や、その後の産業化の進行程度などに規定されて多様であったと考えられるのである。[21] そのなかにあって、工場の立地と労働力の集中的な流入に特徴づけられる工業地域は、近代特有のパターンが最も顕著に表れた地域であったといってよい（図序-1）。

しかし、尾高煌之助が『職人の世界・工場の世界』[22]で述べているように、近代経済成長過程における工場労働力の調達もまた、経済理論で想定する以上に複雑である。工業部門で新しい型の労働需要が発生し、工業地域での就業機会が生まれるのは当然であるとしても、必要かつ適切な「質」の労働がただちに供給されたわけではなかった。工業化が進む過程で、労働力の需要はたえず「質」、「量」

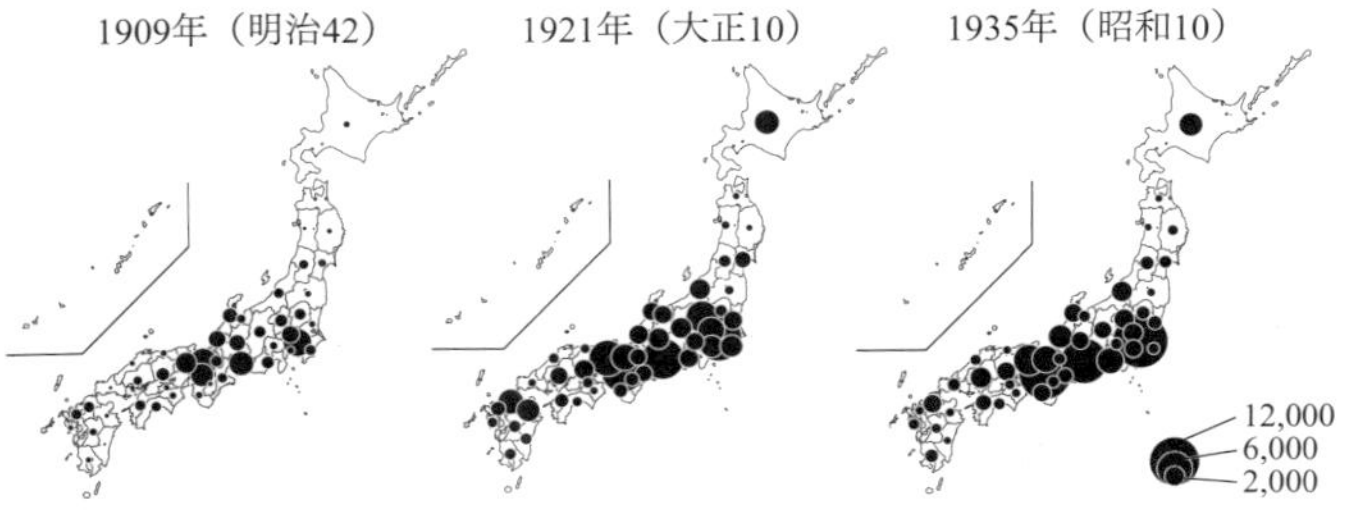

図序-1　全国における工場分布の推移

出所）『工場統計表』各年より作成。
注）従業員 5 人未満の工場は含まれない。

ともに構造的な変化をとげるからである。

たとえば、職業や移動が自由になったうえで、その労働力には長期間にわたる集団的共同作業に従事する能力、必要最低限の基礎学力（読み・書き・そろばん）、技能訓練などが備わらなければならない。また、一言で「工場」とはいっても、そのなかには三つの形態、すなわち、第一に在来的な技術や組織を拡大して成長したもの（醸造業など）、第二に外国からの新しい生産体系の移植と従来の職人組織を活用したもの（機械器具加工業など）、そして第三に全く白紙の状態から生産組織を形成したもの（紡績業など）があった。こうしてみると、工業規模の拡大とともに新たな労働者を引き寄せた第一と第二の工場地域と、工場の立地とともに莫大な新規労働力を必要とした第三の工場地域というように、人口移動は地域的差異を伴いながら、かなり複雑な様相を呈していたと思われる[23]。そのような動向を含みつつ、全体の人口動態の大きな波動は、近代日本における工業化、都市化とともに人口が都市部へ流入、増加することによって、近世にはみられなかったダイナミックな人口の構造転換を生じさせたとみることができる。なおかつ重要なのは、彼らのほとんどは食料の自給的生産基盤をもたず、生活物資を購入に依存せざるをえない人口であったということである。[24]

以上をふまえ、人口や労働力を「人びと」の「胃袋」に置きかえて考えてみたい。

工業化と都市化は、たくさんの胃袋が農村から離れ、都市へと集中することによって進展した。国勢調査をもとに一九二〇年（大正九）と一九三〇年（昭和五）を比較してみると、一九二〇年の日本の総人口は五五九六万人、うち農林業従事者は一五〇〇万人、製造業従事者は五〇〇万人、商業従事者は七〇〇万人であったところ、十年後の一九三〇年になると、総人口が八四九万人増加し、農林業従事者は変化がなかった一方で、製造業従事者は百万人、商業従事者は一八〇万人増加した。また、都市に住む労働者は四六六万人から八五七万人に増え、総人口に占める割合は一一・九％から一三・三％へ上昇した。さらに、六大都市人口（東京、大阪、京都、神戸、名古屋、横浜）でみると、七六三万人から一〇九四万人となり、三三一万人増加した。[25] 総人口に占める業種別割合としてはいまだ農林業従事者が多いとはいえ、その割合は低下し、この十年間で最も変化が大きかったのは、製造業や商業に従事する人口と都市人口の著しい増加であったとみることができる。

では、人びとの胃袋はいったいどの程度、満たされていたのだろうか。

この問いに直接答えることもまた難しい。食料の生産量を単純に人口で割って一つの胃袋に入る食料の量を計算することが適切ではないからである。子どもと大人、女性と男性とでは胃袋の大きさが違い、肉体労働者と事務労働者とでは胃袋が欲する食料の量や質が違い、安定した職をもっているか否かによって、常に満たされている胃袋と空っぽになりがちな胃袋とが社会のなかには混在している。したがって、経済発展が食料生産の拡大を促したとしても、必ずしもすべての胃袋を十分に満たすことができたとはいえないのである。

近代における賃金と消費との関わりから、人びとの「生活水準」を検討した研究による見取り図では、一九世紀末から二〇世紀にかけて、実質賃金、個人消費支出ともに上昇し、支出に占める食料比率を示すエンゲル係数は緩やかに低下したことがわかっている。[26] 全体として社会は豊かになったようにみえる。しかし、実際には経済発展が必ずしも生活水準を向上させ、死亡率の低下に直結したわけではなかった。「経済発展は死亡率の低下をもたらしたか」という問いをたて、日英比較を試みた斎藤修によれば[27]、英国の場合、経済発展がもたらした都市化が死亡率の上昇をもたらしていた。具体的には、労働者階級の生活水準の低下と栄養不良、子どもたちの発育不良、人と物の移動が急速に活発化したことによる疾病環境の変化が、とりわけ都市部での死亡率を上昇させたのである。

そして、日本の場合も乳児死亡率に関するかぎり、明治期以降もその水準に目立った改善はみられなかった。その要因のすべては明らかになっていないが、少なくとも栄養学からみて、じつは、明治維新直後から第一次世界大戦までの四半世紀においては、食料から摂取する栄養の「量」の向上は進んだが、「質」はそれほど変わらなかったことがわかっている。[28] 加えて注目すべきは、職業によって栄養摂取量が異なることである。また、カロリー摂取に限ると、所得格差があるにもかかわらず、労働者のカロリー摂取量は給料生活者よりも多かったことを内閣統計局の調査が示している。[29] 個別事例をみると、人力車夫は五〇五〇キロカロリー、沖仲仕は四一二六キロカロリーである。栄養摂取の質に目を向けると、農村と都市とでは、食生活パターンが異なり、特に動物性蛋白質の摂取という点では農村が都市より低い値を示していた。

これら、食をめぐる複雑な状況をふまえると、すべての人が平等に経済発展による生活水準の向上、胃袋の満足、健やかな成長という恩恵を十分に享受したのではなく、とりわけ都市労働者とその家族は、むしろ手に入れた賃金の多くを食べるために費やし、かつ彼らの胃袋は不安定になりやすい状況に置かれていたと理解される。賃金、食料価格の変動に加えて、天候に左右される日雇い労働、季節労働、工場の閉鎖と解雇はめずらしいことではなかったので、都市労働者の集団への帰属は常に不安定であったからである。

三　外で飯食う事――知らぬ火の食事

近代におけるこのような食と社会の変化を、同時代において記録にとどめた人びとがいる。「在来の伝記式歴史に不満である結果」、「国に遍満する常人という人々が、眼を開き耳を傾ければ視聴し得るものの限り、そうしてただ少しく心を潜めるならば、必ず思い至るであろうところの意見だけを述べた」[30]という『明治大正史世相篇』の著者、柳田國男はその一人である。

柳田は同書の第二章で「食物の個人自由」について述べている。まずこの章のタイトルそのものが、この時代に現れた変化を端的に示している。近代は、食べることが個人の自由になりはじめた時期であった。ここで「村の香　祭の香」、「小鍋立と鍋料理」、「米大切」、「魚料理法の変遷」、「野菜と塩」、「菓子と砂糖」、「肉食の新日本式」という項目が述べられた最後に取り上げられているのが、「外で飯食う事」というテーマである。まずその文章に着目して、当時の食の変化をみてみよう。

煮豆・佃煮のごとき知らぬ火で煮たものが、何の方式もなく入り込んでくる。……こうなれば簡便なる一膳飯の商売が立派になり立つのは当然の話で、従うて個々の家族の私有財産、すなわち小遣いの問題がまた面倒になって来るわけである。[31]

「知らぬ火」というのは、自宅の台所ではなく、外部の台所という意味である。出来あいのおかずが増えるとともに、一膳飯という商売が繁昌しはじめる様子がうかがえる。一膳飯屋で食べることは食に対する個人の自由と不自由が広がることを意味しており、それにつれて、食費は家計から個人へと分離されることにもなる。それは大局的にみれば、私有財産の必要性が高まるという社会変化をも含意するものであった。柳田の文章を読むと、日常の食の風景が社会構造の変化にまでつながっていることがわかり、たかが一膳飯とはいえなくなる。

一膳飯はもと不吉な連想があって、御幣を担ぐ者にはいやがられていたが、もうそんな事は構う人がなくなった。明治は多くの街道の煮売茶屋を、おいおいに一膳飯屋に改造したのである。……どんぶりという器が飯椀に代わって、天どん・牛どん・親子どんなどの、奇抜な名称が全国的になったのも、すべてこの時代の新現象である。面白いことには弁当が家で無用になると同時に、別にこればかりを当てにする生活が起り、一方にはまたその製造を業とする者が栄えている。……公衆食堂・共同炊事の必要はすでに認められているが、パンを主食とする社会のように、その実現は容易ではないらしい。温かい飯と味噌汁と浅漬と茶との生活は、じつは現在の最小家族制が、やっとこしらえ上げた新様式であった。これを超脱してまたこの次の案を夢むべく、あまりにその印象が深く刻まれているのである。[32]

一膳飯というのはもともと死者の枕元に供えるものであったが、次第にその意味は薄れ、一杯の盛り切り飯という意味で広く日常に受け入れられるようになった。近世にも街道沿いには煮売茶屋という飲食商売がみられたが、明治期以降になるとそれが一膳飯屋へと姿を変え、どんぶりが登場し、全国的に普及した。図序-2には、薪を担ぐ男の後ろ、静岡浅間神社（現静岡市葵区）の前に一膳飯屋が写っている。

そして、家では弁当を食べなくなるかわりに、外で弁当ばかりを食べる人が増え、それを作って売る人びとがまた増えたというのである。しかし、柳田がこれを書いた時にはまだ、公衆食堂や共同炊

図序-2　静岡浅間神社前（現静岡市葵区）の一膳飯屋と薪を担ぐ男（鶏卵紙の写真。明治・大正期だと思われる）

出所）筆者所蔵。

事は普及していなかったようである。興味深いのはそれらが普及しにくいのは、温かいご飯、味噌汁、漬物、茶という食事は、小規模家族制ができてはじめて可能になった比較的新しい形態であり、それが社会に深く刻まれているため、という指摘である。

　柳田がいうには、その形式が変化するのは、家族という場を超越した次の段階である。そして、まさにそれを超越する時代が到来する。それが本書の舞台となる近代なのである。

四　社会問題は胃の問題――罪と胃袋

柳田がとらえた「食物の個人自由」からくる胃袋の孤立化という現象を、社会の病理と結び付けてその功罪を問うたのは、小河滋次郎であった。

今の社会問題なるものも究竟する所は即ち胃の問題たるにすぎぬ[33]

一九一八年（大正七）、「簡易食堂論」と題する文章のなかで、小河はこう述べている。労働者の増加、物価の騰貴などによってさまざまな社会問題が生じるなかにあって、「如何にして多数民衆の胃に満足を与えてやることができるかと云ふことが所謂社会政策の骨子とする所である[34]」と主張する小河は、明治行政官僚の一人であり、ドイツに留学して監獄学を学び、日本の「監獄学」を確立した人物である。

小野修三『監獄行政官僚と明治日本――小河滋次郎研究[35]』によれば、長野県上田で誕生した小河は、東京専門学校法律学科、東京帝国大学法学部別課法学科で法学を学んだのち、一八八六年（明治十九）に内務省警保局に入省し、監獄行政官僚となった。監獄行政はまず内務省が主管していたが、一九〇〇年（明治三十三）に司法省へと移管された。小河の恩師である穂積陳重によれば、小河は内務省時代に活躍し、司法省時代には失意のなかを過ごした官僚であったともいわれている[36]。小河にとって刑法とは、「応酬」ではなく「教育」としての意味をもっていたために、応酬を重視する司法省とのあいだに思想上の齟齬が生じたからである。彼の刑法思想は一九〇六年（明治三十九）に文科省に提出して法学博士の学位を得た彼の論文「未成年者ニ対スル刑事制度ノ改良ニ就テ」によく表れている[37]。それはのちに「感化教育論[38]」へと発展していくことになる。その延長線上にある一九一五年

（大正四）に書かれた「少年裁判法の採否如何」という論文では、次のような社会の状況が述べられている。

家内業が工場業に変じたるが為めには、家長の家庭に在るの稀れなるは勿論、主婦また所謂夫婦共稼ぎに余儀なくされて、終日家を外にするを殆んど労働社会共通の現象なりと謂うも可なり、かかる社会に生まれたるの児童は、威厳ある父の監督を受くるが如き場合の絶無なるは言うまでもなく、慈母愛育の恵に浴するを得る者また幾何もなし。[39]

家内業から工場業に変わるとはつまり、職住が分離することを意味している。そのなかで、労働者となった父母はおそらく工場の食堂や外食で食べる機会が増える一方、子どもの胃袋は父母とは異なる場所で満たされることになり、孤立化を免れなかった。「社会問題は胃の問題である」といった小河には、犯罪がおきるのは、その背景に貧困、教育の欠如などの事情があるという考えがあり、「救貧、感化、慈善、警察等」と「監獄事務」は連携すべきだという主張があった。[40] つまり、小河からみれば、罪と胃袋はひと続きの関連する問題なのである。監獄官僚を辞した後、小河は大阪府での方面委員制度設立に奔走している。[41]「簡易食堂論」が書かれたのはまさにこの時期であった。小河については、本書後半で詳しく述べることになる。

重要なのは、食の問題は社会の問題につながっているという小河の指摘である。私たちはこの指摘の向こう側に、近代の都市問題と社会変化の具体像を、さらにいえば、現代の食と社会の問題を垣間見ることができる。胃袋に注目することはつまり、社会を考えることである。食を考えることは人間を知ることにほかならない。これを、本書を貫く視角としたい。

本書は大きくわけて、五つのテーマからなる。

第一のテーマは「食と都市化」の関係である（第1章、第2章）。近代は地方都市も含めて多くの都市が発達した時期でもあるが、それによって食の経験と風景はどのように変わったのだろうか。ここでは大都市である東京と大阪を舞台として、一膳飯屋と都市問題、公営食堂と都市政策について考える。

第二のテーマは「食と産業革命」の関係である（第3章）。日本でいわゆる産業革命がはじまると、工場の増加とそこで働く労働者の増加が急速に進んだ。特に繊維産業はその中心であった。工場を目指して多くの労働者が集まるということはつまり、食料需要が高まるということを意味している。本書では、近代に多様な産業集積がみられた愛知県を事例とし、工場の一次史料を用いて、これまでの産業史研究では見落とされてきたこの至極当たりまえの現象に注目する。ここでは工場食の飯場制から直営制への移り変わり、中小工場による共同炊事と栄養食配給所の展開、栄養学と食の科学化、合理化について考える。

第三のテーマは「食の産業化」である（第4章）。自給的な生産基盤をもたない労働者の増加は、彼らの胃袋を満たすために必要な食料の新たな生産体系と流通体系を必要とした。工場、軍隊、飯屋、食堂のいずれにおいても不可欠なものは、じつは「漬物」であった。一日のうち、一人当たり一食に二切れ、一日に六切れとしても、全体の消費量は莫大な数にのぼったはずである。毎日毎食、漬物が食卓にのぼることを可能にしたのは、食品加工の大規模化と、蔬菜栽培の拡大と革新であった。その問題を、ここでは特に女工と漬物の関係、沢庵生産と大根栽培の近代化、家庭から軍需へ移行していく世相を通して考える。

第四のテーマは「食の生産・流通構造の再編」である（第5章、第6章）。食の産業化が進むにつれ、その材料となる大量の農産物が必要となる。それは誰が生産したのだろうか。また、それはどのような経路を経て人びとの胃袋にたどり着いたのだろうか。第5章では、土を耕す農村、農家、農業に関わる青年たちに焦点を当て、第6章では日本の主要都市に中央卸売市場が誕生する過程とその意味を考える。

第五のテーマは「市場経済と食」である（第7章）。第四のテーマまでは食堂や工場に足を運べる人びとが主人公であるが、じつはこの時代には食堂にさえ足を運べない人びとも少なくなかったのではないか。いったい彼らはどのように露命をつないでいたのだろうか。その答えを求めて、食堂の裏口へまわり、そこから見える歴史を描く。おもに残食物とその行方について考える。

そして終章では、これら五つのテーマを検討するなかで明らかになった近代という時代の特徴を、食と人びとと地域の関係性から考察し、「胃袋の現代」を考える礎石としたい。

第1章　一膳飯屋と都市

——胃袋からみる近代日本の都市問題

一　十銭玉一つの飯どんぶり

労働者と肉豆腐——食堂の光と影

再び『放浪記』をたよりに、まずは大正期の一膳飯屋をのぞいてみよう。

朝、青梅《おうめ》街道の入口の飯屋へ行った。熱いお茶を呑んでいると、ドロドロに汚れた労働者が駈け込むように這入って来て、

「姉さん！　十銭で何か食わしてくんないかな、十銭玉一つきりしかないんだ。」

大声で云って正直に立っている。すると、十五六の小娘が、

「御飯に肉豆腐でいいですか。」と云った。

労働者は急にニコニコしてバンコへ腰をかけた。

大きな飯丼《めしどんぶり》。葱と小間切れの肉豆腐。濁った味噌汁。これだけが十銭玉一つの栄養食だ。労働者は天真に大口あけて飯を頬ばっている。涙ぐましい風景だった。天井の壁には、一食十銭よ

りと書いてあるのに、十銭玉一つきりのこの労働者は、すなおに大声で念を押しているのだ。私は涙ぐましい気持ちだった。御飯の盛りが私のより多いような気がしたけれども、あれで足りるかしらとも思う。その労働者はいたって朗かだった。私の前には、御飯にごった煮にお新香が運ばれてきた。まことに貧しき山海の珍味である。合計十二銭也を払って、のれんを出ると、どうもありがとうと女中さんが云ってくれる。お茶をたらふく呑んで、朝のあいさつを交わして、十二銭なのだ。どんづまりの世界は、光明と紙一重で、ほんとに朗かだと思う。だけど、あの四十近い労働者の事を思うと、これは又、十銭玉一ツで、失望、どんぞこ、墜落との紙一重なのではないだろうか——(1)。

大正期の新宿における一膳飯屋での一場面である。一膳飯屋の様子を知ることができる史料がほとんどないなかで、この描写はやはり貴重である。

ドロドロに汚れた労働者が十銭硬貨一枚きりを握りしめて、駆け込んでくる。ここで朝食を食べるということは、この四〇歳前後の労働者はおそらく、出稼ぎ者か独り者であろう。働いているのは一五、六歳の娘。この娘もまた、他所から働きに来ているに違いない。ご飯と肉豆腐と味噌汁でちょうど十銭。肉豆腐は一膳飯屋の定番である。どうやらお茶は飲み放題らしい。嬉しそうな労働者。それとは逆に、一足先に飯屋に入ってその様子を眺めながら、自分も身を置く「どんづまりの世界」の光と影を見るカフェーの女給である「私」。彼女は尾道から一人で出てきた。三人の登場人物はみな、東京で働く労働者であり、それぞれが自分の胃袋を自分で満たす必要がある人びとである。こうした孤立した胃袋が集まる一つの場所、それが一膳飯屋なのである。

林は「私」が食べる姿を次のようにも描いている。

飲食店にはいって、ふっと、箸立ての汚ない箸のたばを見ると、私には卑しいものしかないのを感じる。人の舌に触れた、はげちょろけの箸を二本抜いて、それで丼飯を食べる。まるで犬のような姿だ。汚いとも思わなくなってしまっている。人類も何もあったものではない。只、モウレツに美味いと云う感覚だけで鰯の焼いたのにかぶりつく。小皿のなかの水びたしの菜っぱの香々。[2]

世間では民主化だ、新しい世の中だ、平等だといわれながら、日々胃袋を満たす行為のなかでさえ、いや、むしろ日常のなかだからこそ、決して平等な社会を感じることができない憂鬱。それでも生きるためには何かを食べなければならないという現実に対する苦悶。その二つがこの短文には込められているように思われる。

ところで、十銭とはいったいどのくらいの金額なのか。『放浪記』の随所に登場するモノとその値段を列挙してみよう。食堂での酒一五銭、よせなべ二人前六〇銭、飯が一皿五銭（三七頁）、アンパン一銭（一四頁）、新宿の木賃宿一泊三〇銭（二一頁）、うどん二杯一六銭、鯛焼十銭（三二頁）、間代二畳で五円（四三頁）、ちゃぶ台一円、飯茶わん二〇銭、すい物わん三〇銭、沢庵一一銭、箸五銭、餅網一二銭、（一四七頁）、原稿用紙一帖八銭（二七三頁）、職業紹介の手数料三円（三五六頁）、紫めいせん二反五円（三六六頁）。

それに対して、彼女の給料はどのくらいなのか。粟おこし工場日給二三銭（一〇頁）、二週間の子守二円（二〇頁）、玩具のセルロイド色塗り日給七五銭（三七頁）。これらを合わせて考えると、十銭玉一つで食事ができる一膳飯屋はかなり安い外食店の部類にはいるが、日雇いや内職で暮らしている彼女にとっては決して安い食事ではなかったことがわかる。

今和次郎のカケ茶碗調べ——食器の社会化

『放浪記』の「私」がこんなふうに一膳飯屋で丼飯を食べていたのとちょうど同じ頃、東京のとある食堂では、食事のたびに使った茶碗の欠け方をスケッチし、一週間かけて四八枚の茶碗の絵を集めている男がいた。考現学者の今和次郎である。一九二七年にまとめられたそのスケッチは『モデルノロヂオ「考現学」』という本におさめられている。[3] まずはその絵を見てみよう（図1-1）。

今がいうには、毎日通う食堂の茶碗がいかにも汚く、欠けている茶碗が多数であったため、このスケッチをはじめることにした。今は原寸大の平面図と側面図をポケットに入れていき、昼飯ごとに数個ずつスケッチするという徹底ぶりである。

「一二三本條の入つたのはまだ許さるべしとして、周囲ぐるりと鋸の歯のやうなのだの、カサブタのやうなのだの、猫の足のやうなの、欠損の深さのひどいの、そして実に四〇番の如きは！　完全な廃

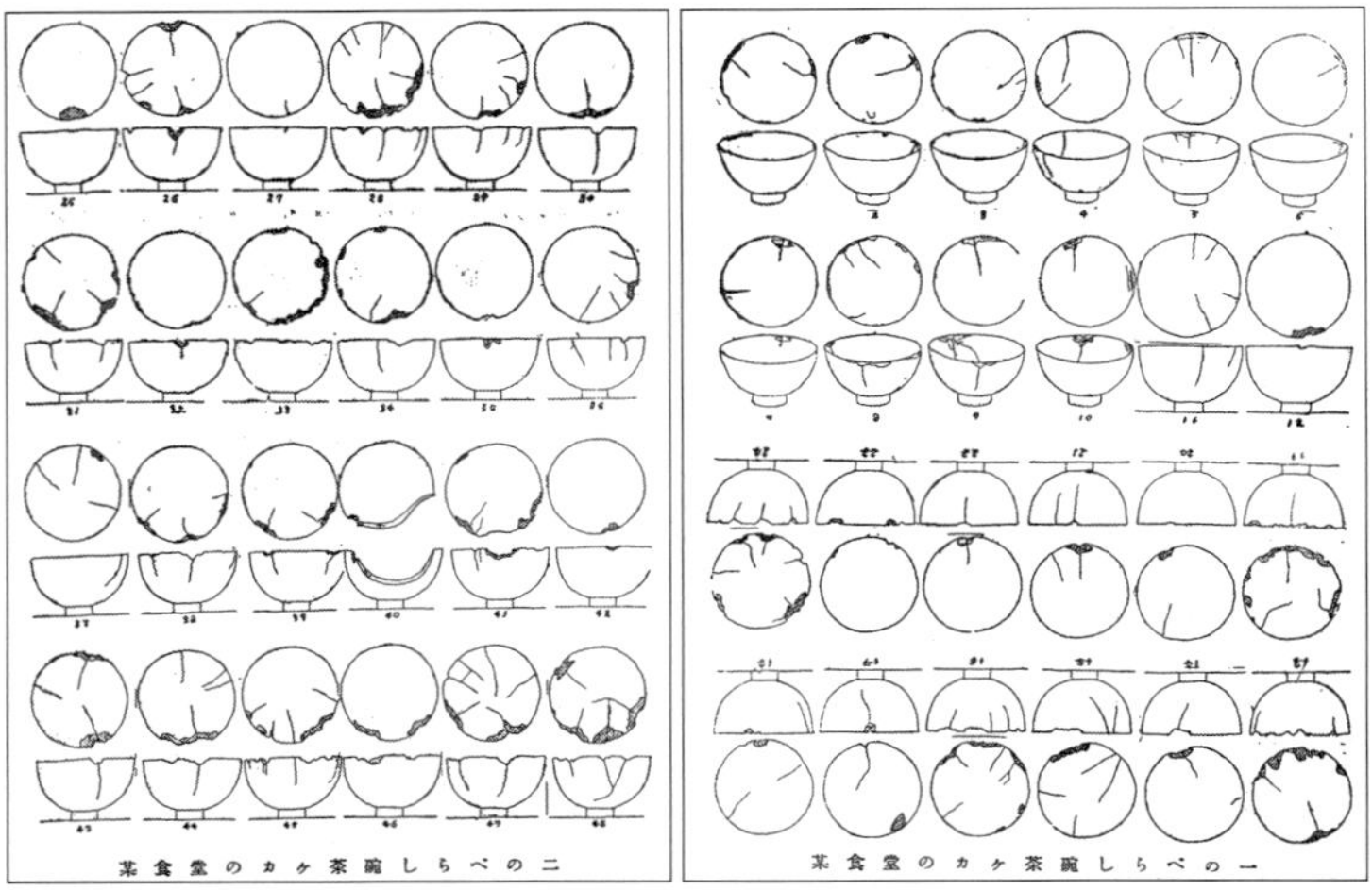

図 1-1　カケ茶碗調べ

出所）今和次郎『モデルノロヂオ「考現学」』春陽堂，1930 年，209–210 頁。

物ぢやないのか！　そしてそれらの欠け口は何れも茶渋で色付けられてゐるのです[4]」と憤慨しつつも、的確に分析している。本当にこんな茶碗で食べていたのか、といまからみると驚いてしまう。

しかし、重要なのは次の指摘である。

> 陶器類の扱ひ方といふものは、此頃益々公営的な食堂が殖える趨勢にある際に、考へ直さなければならないのだという気がして——即ち在来は家庭のなかの柔かい手ばかりで比較的少数のそれらが扱はれてゐた状態からの新らしい進展に際して、考え直さなければならぬ気がして、——このしらべものを無意義に終はらせずにすむと思はれるのです[5]。

みんなで使い回す茶碗だから、じつは誰の

ものでもない。そうなると、食堂の茶碗は使えればよいということになって、これだけ欠けていても、それを気に留める人はいない。これを今は茶碗が「公営的な食堂」で使われるようになった結果と説明する。言い換えると茶碗の「社会化」である。食卓の「社会化」とさえいえよう。家族で所有している食器ならば、食堂よりも大事に扱われ、ここまで欠けることはないのかもしれない。胃袋が家族から離れるということは、食器もまた家族から離れ、不特定多数の人びとが集まる集団のなかで集合的に使われることになったことを意味する。その結果、今が明らかにしたように、食堂では欠け茶碗が多数、という状況になったのである。

こうしてみてくると、当時の一膳飯屋という場所は、欠けた茶碗と、はげちょろけになった竹箸が食卓に並び、その器でご飯、肉豆腐、ごった煮、香々などを食べる人びとがひしめく喧騒のなか、食べものにありつけたというその一瞬を喜ぶ朗らかさと同時に、日々どん底を実感せざるをえないある種の憂鬱さが同居している空間であったことがわかる。

二　舌で書く食堂経済学——石角春之助

丹波の綾部と東京養育院

このような一膳飯屋と食堂が興隆する都市の雑踏を、また別の視点から見つめ続けている男が浅草にいた。フリーのライターであり、ジャーナリストであった石角春之助である。[6] 石角は一八九〇年（明治二十三）に、現在の京都府綾部市で誕生した。

これは全くの偶然ながら、近代日本社会の最底辺の苦難を生き、大本教の教祖となって救済思想の底流を牽引した出口なおの出生地も綾部である。[7] 彼女は天保飢饉がおきた一八三六年（天保七）に生まれ、米騒動がおきた一九一八年（大正七）に没している。「ほんとうに胃袋が小さうなったと思ふ位に、腹一杯食べたこともない」と述懐する貧しい彼女のくらしはまさに「食べるための」苦難に満ちており、それでもなお生きていかなければならない現世への無意識の抵抗の叫びを伴うものであった。綿作と糸紡ぎの内職が盛んであった綾部に器械製糸の波が到来したのは、明治二十年代初頭であった。安丸良夫によればこの頃の綾部は、社会体制の大きな変動のなかで、これまで身につけた能力や技能が役に立たなくなっていく人たちが多く住む地域となった。出口なおもまたその例外ではなく、機械化の波のなかで糸紡ぎの職を失い、屑拾いへと転落したひとりであった。石角が綾部でこの世に生を受けたのは、出口なおが苦難のなかに生きていた、まさにその時期であったのである。

石角は関西大学、日本大学などに籍を置き、最後は明治大学を卒業したのち、『報知新聞』の記者となった。その後、フリーとなってからは多くの文章を残すことになる。代表作といわれる『乞食裏譚』[8] は一九二九年（昭和四）、彼が三九歳の時に書かれた。

『乞食裏譚』の舞台であった当時の浅草は、彼の言葉でいえば「噛みしめると味があり、きりゝとした辛みがあり、渋みがあって、而かも、そこには何とも言へぬ気軽さと、親しさがある」[9] 街であった。またその反面「人間の一番醜い腸《はらわた》を引っ張り出したような、不潔と、不純と、憎悪とが、こんがらがって[10]」いるような街でもあった。その街で彼は「どんなに落魄しても、なお生きていかざるをえない女たちや浮浪者の生活[11]」を記録し続けた。乞食一人ひとりの名前まで記録した石角の文章を読むと、好奇心や同情心からではなく、いかに彼らの目線で当時の浅草の雑踏を描こうとしたかが伝わってくる。

妻子はなく、限りなく底辺に近いところで暮らしていた石角は一九三九年（昭和十四）、病に倒れ、東京市板橋養育院病院に入院し、四八歳でこの世を去った。養育院とは、渋沢栄一によって設立された日本で最初の公立救貧施設である。綾部に生を受け、身寄りのない子ども、老人、路上生活者や障害のある人などを救済する目的で設立されたこの施設で最期を迎えた彼の人生と重ねながら、彼が書き残した作品をみてみたい。

江戸と東京──浅草食堂経済学

石角は長らく浅草に住み、『乞食裏譚』（のちに『近代日本の乞食』として復刊）などの貧民街のルポルタージュを残した。その彼が一九三三年（昭和八）に著した一書が『浅草経済学』である。明治・大正・昭和の変遷が書き留められているという点で、浅草の経済史ともいえる同書には、食堂に関する記述が非常に多い。「嘗て浅草の食堂を片っ端から歩いたことがある[12]」石角によれば、浅草は大衆を吸収する消費経済の現場であった。その最たるものが「食」であり、それが雑然、混然と集まっている場所が浅草にほかならないという。「浅草は総ゆる食堂が大衆の呼吸を確乎《しっか》り握っている」[13]、「だから私は特に食堂に付いて、全力を傾注し、出来る限りの紙数をさき、詳細を極めんとするものである」[14]という石角は、「食堂の研究は浅草全体の研究」[15]であるといい、自らの「舌」で浅草の食堂経済学を描くことにこだわった。このタイトルにはアカデミズム経済学への痛烈な批判が込められているようにも思える。経済とはそもそも交換によって食べものを分配するためのシステムだと考えるならば、食をめぐるさまざまな問題こそがもっと重視されてもよいのではないか。そう主張するために石角は、あえて「舌」で、言い換えれば「食べること」から「浅草経済学」を描くことにこだわったのではないかと想像されるのである。

石角によれば、一八八四年から八六年(明治十七〜十九)にわたる公園地の整備が近代浅草の第一の変革期であった[16]。浅草の食堂は、この時期にほとんど雨後のタケノコのごとく増加した。一九三三年(昭和八)時点で公園界隈だけで四百数十軒の食堂があり、あちらこちらから「いらっせぇー」と声が飛ぶ[17]。料理別にみると、割烹店、小料理屋、カフェー、支那料理、寿司屋、そば屋、喫茶店、大衆食堂が軒を連ねるようになっていた。

近世からの盛り場である浅草は、近代になってもやはり人びとが集まる「食」の場であり続けた。

縄暖簾から大衆食堂へ

「浅草の食道楽は明治末期に至ってひどく大衆化した[18]」と石角はいう。その頃に、今まで一膳飯屋であった「縄暖簾《なわのれん》」の食堂が、次々と大衆的な食堂となり、同時に和洋折衷の「簡易食堂」となった。浅草では縄暖簾の飯屋は近世からの名物であったが、それらの飯屋が食堂へと変化したのである。

近世の煮売屋や縄暖簾については飯野亮一『居酒屋の誕生』(19)に詳しい。同書によれば、じつは縄を幾筋も垂らして簾とした縄暖簾自体も一八世紀後半頃から店先にかかるようになった新しい風習である。それまではタコや削り節など、その日の売り物をぶら下げていたが、次第に縄暖簾の店が増えたのだという。そして明治期に入ると、「縄暖簾といえば居酒屋。居酒屋といえば縄暖簾」というイメージが定着することになった。そして、それがさらに明治末期に食堂へと姿を変えていったというわけである。消費の現場と密着した「食」の場は、今も昔も変化が止むことがない。

さて、それら新たに姿を変えた浅草の食堂を少しのぞいてみよう。この時期の浅草には同じ食堂というスタイルのなかにも客層の違いがあり、労働者だけでなく工場主も通う店があり、婦人同伴で食事ができる店もあれば、無産階級の「ルンペン」を相手にする店、乞食居酒屋もあった。

たとえば、明治四十一年に開業した一膳飯屋「武蔵屋」は、朝五時から夜の十時まで入れ替り立ち替り繁昌している。ここでは五銭で立派に食事ができる。「それも人の食い残したダイガラとか、余り物とかなら、五銭が三銭でも決して安いとは言へない。所が炊き立ての御飯に、馬に飲ませる程大きな丼におみおつけが一杯、それにおしんこが附いて、これで勿驚《おどろくなかれ》たった五銭玉一つだ」(20)。石角が歩いた頃には、ほかにも洋食類、ビール、ブラン、酒なども あって、大衆食堂としての特徴を備える

図 1-2　一品洋食売り

出所）三谷一馬『明治物売図聚』中公文庫，2007 年，144 頁（原画は『太平洋』1903 年，洗鱗画）。

ようになっていた。彼の著書『近代日本の乞食――乞食裏譚』によれば、ダイガラとは寿司屋から出る残食物を専門に集めて食べる乞食のことである。この頃の浅草には、寿司屋が林立したため、ダイガラたちは当面空腹から解放されることができたという。

三河屋では、「鍋類一切、十銭均一、丼一杯何でもかんでも十銭均一とは、本当に娑婆の出来事とも思へない安さ」であった。十銭玉一つで食事ができる、というのがこの時代の人びとを惹きつける一つの条件であった。十銭を石角は「テンセン」と読み、当時の浅草の食堂では、「テンセン均一」、「テンセン主義」の店が少なくなかったとも書いている。

聞き取り調査によれば、大正期には店を構えていない形態、つまり屋台の飲食店も存在した（図 1-2）。たとえば一九一八年（大正七）に洋食の屋台をはじめた河野金太郎は、四つ車の屋台を引いてカレーライスを十銭均一、カツが十銭、それを両方どんぶりに乗せたカツカレーを二〇銭で売り出して繁昌させた。[21] 屋台に七輪を積んでそれで調理をしていたという。史料や統計にはほとんど残ることのないこのような屋台も、当時はおそらく無数にあったことだろう。[22]

なお、塩見鮮一郎が『貧民の帝都』(23)などで詳しく述べているように、浅草界隈は古くからの盛り場であると同時に、かつては溜や吉原と隣接した場所でもあった。それゆえに、明治期以降はとりわけ社会構造の大きな転換を経験せざるをえなかったことを、ここではふまえておかなければならない。石角が描こうとしたのは、そのような浅草に凝縮してみえる激動と矛盾のなかで生きる人びとの食べる姿にほかならなかった。

三 「天下の台所」の近代台所事情——大阪市の一膳飯屋調査

都市問題としての食

さて、舞台をもう一つの大都市、大阪に移そう。ここでは大正期に実施されたある社会調査(24)を資料として、一膳飯屋と都市の関係について考えてみたい。

都市が大きくなり、商工業が盛んになると、まず問題になるのは「食」であった。三大都市の一つである大阪市の産業部は一九一八年(大正七)に、その状況を次のように書き留めている。

都市の膨張、事業界の勃興は当然都市住民の生活問題、殊に労働者、無産階級生活上の諸問題を湧起し来り。……就中食料問題は最も直接に触るゝ緊要事にして、前年来大阪市に於ける魚菜其他日用食料品の暴騰特に著しく、其の市民に及ぼす影響は是を保健上より見るも物価調節上より見るも看過し難きものあり。(25)

まさに「食」が重大な喫緊の都市問題であったことが伝わってくる。このような問題に直面した大阪市は、市営の食堂の設置を検討しはじめていた。じつは大阪市には市営の食堂に先んじて「大阪自彊館《じきょう》」という民営施設が存在していた。この大阪自彊館が運営していた食堂が好評であったことに着目した大阪市では、このような施設をさらに増やしていこうという話し合いがもたれるようになっていた。(26)

そして、こうした施設の増設を実現するまえに、まずは一膳飯屋の調査をしなければならないということになったのである。なぜならば、市内の各所に散在して、おもに労働者や通勤者などの簡易食料供給の実際に当たっているのは、いわゆる「一膳飯屋」と呼ばれるものであり、その営業状態は軽視することができない、と大阪市が考えていたからである。

筆者が調べた限り、同時代における一膳飯屋の詳細かつ体系的な調査としてはこれが唯一のものである。そこで、以下ではこの調査を参考にしながら、大正期の大阪の一膳飯屋の実態、出入りする人びと、地域における一膳飯屋の意味などについて考えてみたい。

一膳飯屋のたたずまいと賑わい

一九一八年（大正七）の四月下旬から五月上旬に実施されたこの調査によれば、当時、大阪市にある飲食店中、通称「一膳飯屋」という店が四五八戸あり、そこで働く使用人は一四四一人、営業者と合わせると、一九〇〇人にのぼった。

営業者が女性であるのは一四五戸あった。つまり全体の三分の一ほどは女性の稼業であったことがわかる。単純にこれから一戸平均を割り出すと、各飯屋は従業員を三人ほど雇い入れ、若干女性従業員の割合が多かったようである。

建物と食堂の坪数でみると、一戸平均一二坪六合ほどである。ここには営業者自身の居住部分が含まれていることをふまえると、食堂は一戸当たり平均わずか四坪五合ほどになる。畳でいえば、九畳である。ここに食卓と椅子を並べて、客が入る。調査中、最も小さな一膳飯屋として、一坪五合から三坪の軒店に、七合から一坪の食堂を用意するのみの「半露店式」のものが数カ所あった。厨房は居住部分と共有であったのだろう。最も大きなものは、二七坪五合である。およそ十坪以上の食堂であれば、比較的大規模とみてよく、市内にはそのような一膳飯屋が一八戸あった。

では、どのくらいの人びとがこの一膳飯屋で胃袋を満たしていたのだろうか。

四五八戸の一膳飯屋に出入りする客が支払った飲食代金の正確な数値をつかまえるのは困難であるが、この調査によって、そのおおまかな数を知ることができる。調査員も、各店が申告する額がおそらく実態よりも少ないと理解しており、売上額に五割を増額した数値が「幾分事実に近き計数」であろうとしている。その数をみてみよう。

一日の平均売上は合計五四六〇円、延べ来客数五万一六〇〇人、一戸の平均は一一三人であった。当時の大阪市の全人口の三分三厘が、一膳飯屋で飲食している計算になる。営業者からの聞き取りでは、売上高の約半額が米代であることがわかっており、その金額二七三四円となり、日々九一石の米を消費している計算になる。四斗を一俵として換算すると、約二二八俵の米である。また、一石というのは千合であるので、一食一合と換算すると、九一石は九万一〇〇〇食を賄っていることになる。いうまでもないことだが、実際にはこれ以上となる。

ちなみに大阪市営の簡易食堂では、六月六日の開店から六月末までの二五日間で、来客数二万四三八八人、一日平均九七六人であった。簡易食堂は三〇坪であり、一膳飯屋よりも規模が大きいために、来客数も多い。とはいえ、全体でみれば、一日当たり、一膳飯屋では五万一六〇〇人、簡易食堂では九七六人の胃袋を満たしていたことになる。この比較でみると、当時の一膳飯屋がいかに重要な役割を果たしていたかがわかるだろう。

一膳の中身

次に気になるのは、「一膳」の中身である。人びとはここでいったい何を食べていたのだろうか。それは大きくわけて三つある。まずは「米」、そしておかずとしての「副食物」、加えて「酒」である。

米は通常茶碗か櫃に盛り切りとし、大盛、中盛、小盛の三種があった。大と小という二種にわける店もある。平均すれば、大盛は一合九勺六で五銭九厘、中盛は一合六勺八で四銭九厘、小盛は九勺二五で二銭九厘である。使用する米の種類は一定せず、なるべく経済的な種類を各店で研究して使用しているようである。業者への聞き取り調査によれば、朝鮮産の米が多かった。俗にフエと称し、炊き増し量が多く最も経済的であった。この米は、粒が小さいため冷飯になるとぱらぱらになって美味しくないのが欠点であるが、「一膳飯屋にして冷飯を客に提供するが如き場合は殆ど絶無」であるので、問題はなかった。一膳飯屋では、いつも温かいご飯が食べられていたらしい。

副食物は、価格が安く、嗜好の多いものとして野菜が最も多く需要されている。これに魚類肉類が次ぐ。これらの副食物は、一品最低五厘より、最高二〇銭に至るまで各種あり、だいたい皿小鉢に盛ってある。各値段別に台上に並べてあり、客は好みのものを取っていくシステムである。五厘から一銭の安いおかずは漬物である。野菜、豆などは四銭から六銭、魚類肉類が六銭から二〇銭という品書きである。

酒は一合売り、徳利または瓶詰売り、コップ売りの三種がある。一合売りは最低六銭から一六銭、徳利・瓶詰売りは分量がまちまちで価格が一定せず、コップ売りは大きさにより四銭（七勺）から八銭まである。全く酒を扱わない飯屋は市内全体で四八戸あって、総数の約一割であるから、ほとんどの飯屋が酒を扱っていたことになる。

一膳飯屋に集う人びと

さて、ここにはどんな人びとが足を運び、胃袋を満たすのだろうか。街の雑踏に耳を傾けてみよう。

一膳飯屋は来る者を拒まないため、呉越同舟、日夕種々の階層、職業の人びとを迎えている、と書かれている。ただし、だいたいは中流階級以下の人びとが中心で、特に労働者を第一の客とし、次の客としては行商人が多かったということも記録されている。さらに、一膳飯屋が営業する場所によって、ある特定の職種の人びとが集まる傾向もみられたという。表1-1は客の職業と地区の関係を示したものである。

大きくわけると、労働者をおもな客とする店は三五九戸で、全体の約八割と最も多い。それに次いで商人を相手とするものが七四戸、その他軍人、官公吏、会社員、学生などを主とするものが一二戸ある。あとは旅人を客とするものが七戸、雑種六戸となっている。とはいうものの、もちろん客の多くは混在しているのが実情であった。

さらに興味深いのは、客と場所との関係である。たとえば、砲兵工廠職工が多く来るのは工廠の所在地付近の店である。一二戸中、十戸はいずれも大正二年以降の開業であり、戦時下の職工増加と関係していることがわかる。また、足袋カバー工場が散在する地域、歯刷子《はぶらし》工場や電燈会社がある地域には、その職工たちが集まってくる。海沿いの地域には船員、造船人夫、石炭人夫が集まり、郡部と市内をつなぐ関門となる地域には屎尿汲取人が集まる店がある。市場の近くには行商人、細民街入口

表 1-1　顧客の種類別にみた一膳飯屋（大阪：1918 年）

職種	場所	東区		西区			南区			北区		合計
		東	玉造	西	九条	朝日橋	南	難波	天王寺	北	曾根崎	
労働者	一般労働者	11	16	40	74	23	26	48	23	25	38	324
	特種職工	4	9						2	1		16
	船員・造船職工・石炭人夫			1	15					1		17
	屎尿汲取人夫									2		2
諸商人	行商人	9	4	8	7	1	6	12	6	7	1	61
	市場商人			2								2
	米相場師									7		7
	商店員						1					1
	特種商人						2			1		3
官吏社員等	軍人		1									1
	官公吏・会社員			1	2							3
	電車乗務員・駅員		1		3		1	1				6
	学生								1		1	2
その他	旅人	1			2		3			1		7
	雑種				3		1			2		6

出所）大阪市産業部『大阪市商工時報』15，1918 年，22-23 頁より作成。

には出入りの商人、堂島には米相場師をもっぱらの顧客とする店がある。天満神社境内の露天商のみを専門とする店も一戸あり、青物市場商人、菓子問屋の仲買人や仲仕を顧客とする店、兵営の近くには兵士を相手とする店がある。そのほか、会社員、学生、電車乗務員、駅員、汽船の乗客および見物客、遊客、裁判所へ出入りの人びと、大学病院へ往来の人びとなど、一膳飯屋に足を運ぶ顧客はじつにさまざまな顔ぶれである。そのほとんどが、明治、大正期に新たに登場し、ますます盛んになっていく業種の担い手たちであった。

大阪市は、以上のような一膳飯屋

の実情を一通り理解したうえで、改善点として「衛生」状況を挙げている。営業場所、器具の消毒、蠅取器の設置、風通し、採光、消毒掃除、扇風機の設置、食器の洗浄と熱湯消毒、竹箸と箸立ての消毒など、かなり具体的な提案である。しかし、「二三者のみが余りに清潔になす場合は、一面顧客の品位を高めて例へば月給取階級の人を迎え易き代りに他而下級労働者は却て之れを厭いて遠ざかるの風あり、之が為め営業上に一利一害ありて労働者の入り易からんが為めに故らに設備を粗雑にするが如き傾向あり」ということにも気がついている。つまり、あまりきれいにし過ぎると、入れない客が出てくるため、それもまた困った問題であるというのである。誰もが入りやすい空間をいかにつくり出すかということがここでは肝要であり、食堂という言葉の上に、「簡易」、「大衆」を冠したことはその意味で重要であった。

そこで、大阪市としては、市の管理のもとに一膳飯屋同業組合なるものをつくらせる、要所に簡易食堂を設立して模範をみせる、市の指導に見合う模範的営業をしている店を指定食堂として補助をあたえる、という三つの代替案を出してはいる。

では、大阪市のその後の簡易食堂増設と一膳飯屋の関係はどのようになったのだろうか。次章ではその展開を追う。この問題については大阪市を中心としながら、東京と愛知を含め、都市政策との関わりで考えていくことにしたい。

水上の一膳飯屋――くらわんか船と水上行商

大阪は水の都である。そのため、特に近世以来、大阪では陸路だけでなく、港や河川でも荷物や人を運ぶ船の往来が絶えなかった。そこでは当然、この往来の船とその乗客たちを相手に、水上の一膳飯屋が賑わいをみせていた。図1-3は安藤広重が描いた淀川の風景である。大きな三十石船に漕ぎ寄せる小さな船が見える。この風景は、一九世紀はじめに十返舎一九によって書かれた『東海道中膝栗毛』には、淀川沿岸の宿場、枚方にさしかかる場面として次のように描かれている。

図1-3　京都名所之内　淀川（年代不詳）

出所）安藤広重『京都名所之内』国立国会図書館所蔵（国立国会図書館デジタルコレクション）。

商ふ船ここにこぎよせ、こぎよせ、
あきん人《ど》
「めしくらわんかい、酒のまんかい、サアサアみなおきくされ。よふ、ふ〔臥〕さるやつらじゃな」と、此ふねにつけて、えんりょなく、とまひきひろげ、わめきたつ。このあきなひぶねは、ものいひがさつにいふをめいぶつとすること、人のしる所なり[27]

「めしくらわんかい、酒のまんかい」と寝ている客を起こしながら、がさつな（荒々しい）言葉で飲食を商うこの茶船は、そのユニークな呼び声から通称「くらわんか船」と呼ばれ、近世から淀川の名物として知られていた。十返舎一九はこのくらわんか船と客のやりとりを面白おかしく、生き生きと描いている。おおよそ客商売とは思えないような言葉で、なかば客を挑発しながら、芋と牛蒡の煮物、酒などを売る商人に対し、客も負けずにやりかえす。水面に浮かぶ一膳飯屋の賑わいが聞こえてくるようである。

十石前後（約五メートル）の小船に二人ほどが乗り込み、火床を備え、餅や酒、寿司、牛蒡汁、煮しめなどを売っていた。一説によれば、関ヶ原の戦いで徳川軍の物資補給に協力したことから、以後、幕府に営業特権をあたえられたといわれている。[28]

さらに一九世紀後半に書かれた『淀川両岸一覧』にも次のような記述がある。

貸食船《にうりぶね》は当所の名物にして、夜となく昼となく、ささやかなる船に飯酒汁餅などを貯《たくわ》へ、上り下りの通船を目がけて、鍵やうの物を其船に打かけ、荒らかに苫《とま》引あけ、眠がちなる船客を起して、声かまびすしく酒食を商ふ、俗にこれを喰《くら》わんか船と号す[29]

「貸食船」は「煮売船」のことであり、この記述からも、扱う品は飯、酒、汁、餅などであったことがわかる。くらわんか船は公文書には「茶船」として登場する。[30]嘉永六年（一八五八）の「茶船請負之事」によれば、茶船を借用して商売をするには、一艘につき一カ月に三貫五〇〇文の借用料が求められた。くらわんか船で供されていた食べものの売り値がおおよそ十〜二〇文ほどであったとすると、借用料を支払うには少なくとも三五〇食以上を売らなければならない。食べものや薪炭の仕入れ経費も含めると、さらに売らなければならない。とはいえ、文書をみる限り、船を借りて商売したいほど、この茶船商売は繁昌していたようである。(31)

さて、この商売は近代になると、どうなったのだろうか。くらわんか船に関する、おそらく唯一のまとまった論考である泉雄照正『くらわんか船考——柱本茶船の様態』には、近代になると、川蒸気船の出現と鉄道の開通により、淀川交通は影をひそめ、茶船もまたその姿を隠したと書かれている。(32)

ところが、大阪市立中央図書館に三十石船に漕ぎ寄せる小舟のくらわんか船の写真絵葉書が所蔵されていることがわかった（図1-4）。おそらく大正期から昭和初期のものと思われるため、くらわんか船はかつての繁盛ぶりはないとしても、この時代も健在であったようである。ちなみに左上に写っている「くらわんか茶碗」は、波佐見焼（長崎）、砥部焼（愛媛）など、大

図 1-4　くらわんか船とくらわんか茶碗。手前の小さい船がくらわんか船（写真絵葉書，年代不詳）

出所）大阪市立中央図書館所蔵。

量に生産されるようになった焼物が用いられ、今でも淀川の川底から見つかることがあるという。

もともと、主要港湾で停泊中の廻船の乗組員や渡海船の乗客に飲食物を売る煮売船は、より広い意味では「売々船《うろうろ》」、「うろ船」と呼ばれ、くらわんか船はその一つに含まれていた。近代になると通称「ウロウロ」あるいは「沖売」と呼ばれる水上行商人たちが同様の商売をしていたことがわかっているため、くらわんか船に類似した商売は、近世とはまた違う形態で、いわば「水上の一膳飯屋」として、近代にも引き続き存在していたことになる。(33)

大阪市社会部は一九三〇年（昭和五）に「水上生活者の生活と労働」という調査を実施し、そのなかで、この水上行商人に触れている。(34) この調査によれば、同年、水上生活者としては艀《はしけ》労働者が約三二六九人、砂採労働者が約六四二人、そして水上行商人が約七八四人いた。

水上行商人の扱う商品は近世に比べて多種多様になっていて興味深い。具体的に彼らの商品をみてみよう（表1-2）。なんといっても飲食物が多い。水上行商人の半分以上は、飲食を扱う船（五五％、四三三艘）であった。大正七年の大阪市の一膳飯屋が四五八戸であったことを考えると、水上行商人もそれと同じくらい存在していたことになる。次に屑物売買の「荷粉《にご》」が二一％、雑貨商、靴及修繕、新古洋服商、売薬商がそれに続く。靴、化粧品、万年筆、貴金属にいたるまで、何でも揃っている。

飲食物では餅、菓子、寿司、焼芋、果物、青物、生魚、酒、醬油、味噌、豆腐、漬物などがあり、ぜんざい、アイスクリーム、冷飴などもある。また、残飯を扱う船が五艘もあるという点も興味深

表 1-2　大阪における水上行商人の扱う品目（1930 年）

品　目	食	船（艘）	%	品　目	食	船（艘）	%
飲食物	○	292	37.2	アイスクリーム・冷飴	○	5	0.6
荷粉（屑物売買）		164	20.9	名刺・印刷		5	0.6
和洋雑貨		39	5.0	理髪用具		4	0.5
靴及修繕		31	4.0	酒・醤油・味噌	○	4	0.5
新古洋服		24	3.1	雑貨・化粧品		4	0.5
飲食物雑貨	○	23	2.9	漬物	○	3	0.4
あげ・豆腐	○	21	2.7	諸油	○	3	0.4
青物・生魚	○	17	2.2	文房具類		3	0.4
果実・青物	○	14	1.8	陶器類		2	0.3
船具・漁具		13	1.7	玩具類		2	0.3
貴金属・装身具		13	1.7	乾物類	○	2	0.3
餅・菓子	○	12	1.5	縄莚・叺・麻袋		2	0.3
餅・菓子・寿司	○	12	1.5	テープ		2	0.3
新聞・書籍・雑誌		10	1.3	石鹸粉		1	0.1
饂飩・ぜんざい	○	8	1.0	呉服・太物		1	0.1
日用品・荒物		7	0.9	木炭		1	0.1
売薬・化粧品		7	0.9	掛額・彫刻		1	0.1
雑貨・売薬		6	0.8	帽子類		1	0.1
古壜（空壜）		6	0.8	毛布・布団		1	0.1
麺類・野菜	○	6	0.8	焼芋	○	1	0.1
残飯	○	5	0.6	万年筆		1	0.1
飲料水・果物	○	5	0.6	合　　計		784	100.0

出所）大阪市社会部調査課編『水上生活者の生活と労働』大阪市社会部調査課，1935 年より作成。

注）飲食物に関係しているものには○を付記した。

い。[35] これらは船の乗客だけでなく、艀《はしけ》労働者、砂採労働者、その他船の乗組員たちの胃袋にも入っていったに違いない。また、大きな商船の炊事場へと運ばれていくものも少なくなかっただろう。

水上の価格は陸で取引する価格よりも一、二割増しであって、たとえば陸にて六銭で仕入れた豆腐を水上では十銭で売っていたから、水上で商売をすることにはそれなりのメリットがあった。水上行商人は水上で飲食物その他の物品を売買交換している人びとであり、陸と水との違いはあっても、営業形態は陸の小売商人と変わらない。ほとんどが独立の自営業者であった。船の所有でみると、三六七人（四七％）は持船であり、残りは借船か、通船や仲間の船に便乗して商売をしている。彼らは大阪府令水上行商取締規則第一条による営業者として「大阪艦船商業組合」を組織していた。

第2章　食堂にみる人びとの関わり

——食をめぐる政治と実践

一　都市労働者問題と民営食堂

大阪自彊館の簡易食堂

大阪市が注目していたという民営食堂の事業主は、大阪自彊館であった。同館は一九一二年（明治四十五）六月二五日に西成郡今宮村に私立の宿泊救護および職業紹介部を併設した授産事業の施設として創設された[1]。食堂事業は「第一簡易食堂」として、一九一八年（大正七）からはじめられている（図2-1）。今からちょうど一〇〇年前である。

大阪は、近世からすでに地方からの出稼ぎ者が次々と集まってくる地域であった。そのため奉行所は彼らをできるだけ一つの地域内に住まわせる政策をとり、当時の宗右衛門町から長町にかけての一帯には、近世末期までに多くの木賃宿が集まることになった。明治時代に入ると、都市開発や治安上の理由から、市内での木賃宿の営業が制限されるようになり、当時まだ大阪市域ではなかった西成郡今宮村の釜ヶ崎周辺へ木賃宿の関係者、利用者、あるいは野宿生活者、そして明治三十六年の内国博覧会の開催に合わせて立ち退き命令が下った人びとが集団的に釜ヶ崎（現・あいりん地域）へ移住した。

　このような歴史的背景によって、近代以降、この地域には多くの都市労働者や貧困者が集まり、彼らは公的な扶助が行き届かない明治期において、劣悪な生活環境のなかで暮らすことを余儀なくされていた。一九一一年（明治四十四）、内務省の一行が釜ヶ崎を訪れることになるが、それはこの状況を国や大阪府、大阪市が都市問題の一環として認識していたからにほかならない。この視察の一行のなかには、司法省を退職したばかりの小河滋次郎がいた(2)。この時に案内役を務めたのが大阪自彊館の創設者、中村三徳である。

　当時、大阪府警察部の保安課長であった中村は、この視察の数日後に警察部長から「衛生的で規則正しい生活を送ることができる施設」の建設を打診され、以後、資金調達、建物の建設、運営に奔走することになる(3)。

　敷地九四六坪、うち三四〇坪に二階建ての二棟が建ち、炊事場、手芸室、納屋、事務所、販売所、舎宅、

図 2-1　大阪自彊館の簡易食堂外観

出所）社会福祉法人大阪自彊館所蔵。

便所等を設置した同館の定員は一五〇人であった。布団・入浴付きで宿泊料は一泊五銭、食事はご飯三銭五厘、おかず二銭、味噌汁一銭、漬物五厘であった。三歳以上一二歳未満の宿泊料は半額、三歳未満は無料であった(4)。創立当初、大阪自彊館の正門脇には次のようなことが書かれた看板が掲げられていた。

一、本館は戊申詔書の御主旨を本として出きたのであります
一、本館は困窮てをる人の為めに設へた安宿であります
一、本館は廉価で清潔で便利で目的を立てたいと思う人の為にはなくてはならぬ處であります
一、本館は精神の善い人の為めには何處までもお世話致します
一、館内には食物其外日用品一切利益をとらずに売る方法が出来ております
一、泊まりたい人は受付けで詳しくお聞きなされ　少しも遠慮はいりませぬ

評判は広まり、開館から一年後には一日平均一二〇人が利用するまでになった。

一九一七年（大正六）から翌年にかけて、第一次世界大戦などの影響もあって、輸入品が減少し、国内物資の不足から、物価が高騰した。大正七年に富山で米騒動が発生したことを受けて、大阪自彊館では米や醤油、木炭などを廉価で販売する「実費廉売所」と「分配所」を開設し、市内八カ所で、最長九カ月にわたり販売した。廉売所には連日にわたり長蛇の列ができるという状態をみて、大阪市も公設市場を四カ所開設した。

さらに大阪自彊館では一九一八年（大正七）六月六日に、安価で食事ができる「第一簡易食堂」を大阪市南区日本橋筋東一丁目に開設した。一〇二坪の土地は地元の有力者、井上重造から無償で借り受けることができた。この食堂は七一坪で、客席が一〇〇席あり、一食十銭で食べ放題であった。ここにも長蛇の列ができ、一日の利用者が一〇〇〇人を超える日もあったという。

今いちど図2-1に戻り、入口上部に掲げられた看板に目を凝らしてみると、「何人《なんぴと》でもお入りなさい」とあり、その左端には背広と帽子の紳士が、そして右端には車夫が描かれている。この対照的な風貌、階層の人たちが同席できる場であるということが、この小さな食堂の理想であった。

同食堂は急拵えの仮設建物ではあったが、小ざっぱりとした居心地の良い「民衆的食堂」であった[5]。入り口には緑滴る植木鉢が並べられ、客は入口の手洗い場で汗と埃に汚れた顔を洗って、一食十銭の食券を買い求める。ささやかな花瓶の花が置かれている食卓につくと、定食の膳が運ばれてくる。食堂内には蓄音機から音楽も流れていた。図2-2からは、当時の賑わいが聞こえてくるようである。また、図2-3からは、食堂のための大規模な炊事場の様子がわかる。炊事夫はすべて男性であったようである。

「始め之を企画するや、全国未だ嘗て類例のものなく、従つて参考資料に乏しく、開業後の成績は将に勃興せんとする社会事業の前途に至大の関係を及ぼすべきを慮り、料金の均一、食料の新鮮、価格の低廉、使用人の選択、器物及調理の衛生的なるべき等、最も意を致したり[6]」とあるように、全国で最も早い試みであったこの簡易食堂の実践は、急速に膨張する都市が抱えるさまざまな問題を緩和するための社会事業のはじまりとして、重要な意味をもっていたのである。

図 2-2　大阪自彊館の簡易食堂内観

出所）同前。

図 2-3　大阪自彊館の炊事場

出所）同前。

食と職

大阪自彊館の目的は、その日食べることに困っている人びとの胃袋を「食」によって満たすというだけでなく、これから先の日々を暮らすための「職」にたどり着く入り口を提供することにもあった。それは職業紹介と授産事業の二つの実践によって進められた。具体的には授産事業として、大阪市から一二台のミシンを払い下げてもらい、女性を対象に縫製作業をスタートさせた。また、男性には一日五銭の使用料で荷車の賃貸事業をはじめた。これは非常に好評で、大正八年に同事業が廃止されるまでに、約二万六〇〇〇人が利用した。

大阪自彊館は二〇一八年(平成三十)で創立一〇五年を迎える。救護、障害者支援、高齢者介護、介護予防支援、地域包括支援など、運営する事業は今日的要請に応えて多岐にわたるが「自彊不息(自ら勤めて励む)」という精神は変わらずに引き継がれ、現在に至っている。同館の給食事業に長らく携わっていた職員の言葉によれば、[7]「衣食住のうち、食の提供は毎日、毎食ごとの勝負であり、刹那的でありながら安定を求められる、直接処遇の最前線」である。その最前線にあって、自彊館の食堂ではこれまで二つのことを大切にしてきた。一つは対面盛り付けである。ご飯を誰かに目の前でよそってもらう、お代わりをしたい時には対面でそれをお願いするという行為のなかには、食を通した人との関わりが含まれているからである。もう一つは仕切り皿ではなく小鉢で、温かいものは温かく、冷たいものは冷たく、揚げたての物は揚げたてで提供するということである。ともすると合理化が進められやすい集団食の場だからこそ、食事は単なる栄養補給ではなく、「文化」としての側面をもっていることを食堂の食事を通して利用者が実感することができるように、という実践である。

大阪自彊館において、食は社会へとつながる一つの窓であった。食堂や食事がもつこうした多面的な意味については、大阪自彊館のような民営の福祉施設だけでなく、次節以降で行政の対応もふまえたうえであらためて考えてみたい。

二　胃袋に対する行政の関与

公営食堂の誕生

公営で食堂を設けるということは、大阪市だけでなく、当時の都市部では同じように検討されていることであった。東京市社会福利課の食堂掛長がまとめた「公益食堂の経営――兼東京市設食堂事業報告(8)」をもとに、その沿革を追ってみよう。

第一次世界大戦後の物価高騰により、大衆の生活難が著しくなり、一九一八年（大正七）七月には米価が一俵三〇円を超えた。各地の取引は停止し、同八月にはさらに暴騰した結果、米騒動が勃発したことはすでに述べた通りである。この米価暴騰に対する社会政策的施設として、各都市では公益市場と公益食堂の設置が計画されるに至った。大正七年一月に、東京市内において平民食堂を設置したのがそのはじまりであり、続いて大阪、神戸などの諸都市でも相次いで設置された。大正八年一一月の山形で撮影された簡易食堂の写真がある（図2-4）。「本町青年簡易食堂」という名前から、町の青年団が運営主体となっていたことがうかがわれる。

経済生活の切迫は、低額所得者の食事を困難にし、屋外勤務者は、市中の飲食店を利用して栄養の保全を図ることが難しくなっていた。貧困と疾病は人生の二大不幸であり、それらは相互に関連するものでもある。その解決策として従来の簡易食堂の観念を発展させた「公益保健食堂」の経営が必要であるというのが食堂掛長の説明である。この食堂では、一般飲食店における周囲の喧噪、酒類の勧誘、チップの暗黙的要求に煩わされることがないという主張から、逆に先に述べた一膳飯屋の実態をも推し量ることができる。

いずれにしても、公営食堂の誕生は、市民の胃袋に行政が積極的に関わろうとする動きであったという点で、一膳飯屋とは異なっていた。

時代がやや進むが、一九二七年（昭和二）の六大都市の市営社会事業に関する調査(9)には、簡易食堂の数が記録されている。これによれば、大阪市には委託経営五、東

図 2-4　山形県本町青年簡易食堂（写真絵葉書, 1919 年 11 月）

出所）筆者所蔵。

京市には直営五、委託経営四、名古屋市には委託経営二、京都市には委託経営二、神戸市には直営六、横浜市には委託経営二の簡易食堂があった。

東京市の簡易食堂は、東京臨時救済会の寄付金により、大正八年に神楽坂、上野に設置され、次に三菱合資会社の寄付金により、日本橋、神田橋、太平町、三味線堀の四カ所に開業した。しかし、まもなく一九二三年（大正十二）の大震災に遭遇して、神楽坂食堂をのぞく全食堂が廃業した。

その後、震災善後会からの指定寄付金を受けて、復興事業として日本橋ほか九カ所に仮設食堂が設けられ、一時は利用者が殺到したが、改築その他の事情により次々と閉鎖し、内務省交付金による食堂五カ所（真砂町、猿江、大塚、芝浦、丸之内）、帝都復興計画による食堂十カ所（三味線堀、神田、柳島、九段、緑町、上野、新宿、茅場町、田町、深川）の竣成をみた。(10)

大阪市では一九一八年（大正七）九月から翌年七月までに幸町、天満、九條、今宮、築港、西野田の六カ所に簡易食堂が設置された。割烹業に長年の経験をもつ市内の業者を指定して食事の供給を請け負わせる形式ではじまった。(11) 私設としては、恵美須町日の出屋、上福島富士、市庁舎地下室食堂があった。(12)

場内に満ち渡る食器の響き

一九二一年（大正十）の秋、ある夕暮れのこと、小雨が降る都内のとある簡易食堂前には人だかりができていた。

> そぼ降る雨の昨夕、昌平橋際簡易食堂の食事時には五時開場の一時間も前から労働者、職工、商店員、学生、洋服着など千近くのお客が濡れ乍ら押すな押すなで入口に立ち尽くした、そこへ開場合図の鈴がガランと一つ響いたと思う間もなく二方の入口に追っかぶさった大群は全く怒濤の如くにあの小狭い場内に殺到し数百の席は一瞬間に鮨詰め満員となる、入り遅れて土間に立ち往生の面々の表情は見るからに惨めで場内に満ち渡る食器の響きの内に他の貪り喰う有様を咽を鳴らして待たねばならぬ、ここの一食は十銭、膳には一合五勺余の飯を盛った丼に生烏賊と里芋の煮付と切牛蒡の油いための向う付とが並ぶ、之が六時頃の雑沓と来たら寧ろ物凄い程であった、一時は夫程でもなかった此食堂が最近又もや斯うして大景気に返って毎日売切締出しをする、そこには明ら様に近来の米高や物価高の影響永雨に封じられた屋外労働者の懐減り等が窺われるのである[13]。

押すな押すなの声、開場合図の鈴の音、食堂に入る怒濤と鮨詰め満員の熱気、場内に満ち渡る食器の響き、食べものを貪り喰う音と咽を鳴らして待つ様子、食堂の外と中の雑踏。この新聞記事を読むと、目の前にその情景が広がり、音が聞こえるようである。

大正七年にはじまった東京市の食堂政策は、大正十年に至って極めて盛況であるとみえる。同年は不況で失業者が問題になっていた時期であると同時に米価の高騰と物価高がそれに加わったなかでの盛況ぶりに注視する必要がある。食堂主任へのインタビューを載せたこの記事によれば、一日の客はだいたい三〇〇〇人ほどであったところ、最近は三二〇〇、三三〇〇と増加し、ついには三八二八人に達したという。

もう少し記事を読み進めてみよう。

一方上野車坂の市設公衆食堂も近頃同様入場者増加で一日三千人を下らずという、此処は朝が十銭、昼が十五銭、夕が十五銭で昨夕は一合五勺の飯に鯖の煮付と福神漬との副食物があった、仕出しは「だるま」の請負で昌平橋の如に直営ではない、牛込神楽坂近くの横寺町にも市設食堂があってこれはお客の七分方迄学生で他とは鳥渡《ちょっと》変った趣きがある車坂と同様飯塚春之助の請負で昨夕はてっか丼に煮豆が出ていた、「この頃急に入場者が殖え一日四千人近くは入ります」と事務員はいう、昌平橋のに較べると車坂、横寺町共市設の分は館も大きく綺麗な割にお客が少ない、それは食費も高いが寧ろ直営と請負によって客扱いの差異があるからだとも言われている。

一九二一年頃はどの市営食堂も盛況であったようである。市設にも直営と請負の違い、立地する場所の違いによって客数や客層に違いがみられるというのは重要な指摘であると思われる。

深川食堂と深川飯屋

さらに別の簡易食堂に入ってみよう。ここは東京市の深川食堂である（図2-5）。入口のドアを開けると、水色、桃色、緑色、白、カラフルで細かなタイル張りの階段が見える（図2-6）。当時としてはハイカラな、新しい建材を使ったモダンな建物であったに違いない。小さな小窓の前に並んで食券を買う。タイル張りの階段は緩やかにカーブして二階へ続く。二階は一膳飯屋と同じような低価格の食事ができる場所であった。それに対して一階ではそれよりも少しぜいたくな嗜好品や飲物、菓子、果物を食べることができる場所であった。『東京百年史』第五巻の「東京市設食堂条例施行細則」によれば、当時のメニューを知ることができる。(14)

定食は朝の甲十銭、乙八銭、昼と夕はそれぞれ一五銭、十銭である。嗜好品は和洋食ランチ類四〇銭から五〇銭、親子丼三〇銭、天丼・ハムライス二〇銭、カレーライス・肉ウドン類一五銭、サラ

図 2-5 深川モダン館（旧深川食堂）の外観

出所）2015 年 3 月筆者撮影。

図 2-6 深川食堂の階段。現在は深川東京モダン館として当時の面影を残している

出所）同前。

ダ・フライ一五銭、パン・飯（大盛）七銭、並ウドン・飯（小盛）五銭、香ノ物（上）三銭、（下）二銭である。さらに飲物菓子および果物では、ケーキ類十銭、カステーラ・ソーダ水類七銭、ミルク・コーヒー類五銭、生果時価、緑茶二銭となっている。一膳飯屋よりも少々割高である。しかも、一膳飯屋と違ってお茶は飲み放題ではないらしい。メニューは和洋両方そろっている。

かつてこの食堂を利用した人の話として、いつも二階を利用するのだけれど、一階が気になってしょうがない、一階に行ってみたいと思いながら階段の途中に座り込んでいたことがあったというエピソードが残っている。(15) 一つの食堂のなかに、日常の食と憧れの食という二つの世界が階を違えて共存している興味深い建物である。

龍澤潤の「東京市設食堂の設置――東京市深川食堂を中心に」によれば、深川食堂は昭和七年の設立である。大正期にはじまった東京市営食堂の設置の流れのなかでも最後の施設に位置づけられる。座席数は九八席であった。(16)

ところで、深川といえば「深川飯」が有名であるが、これはまさに一膳飯屋の一品であった。松原岩五郎の『最暗黒の東京』には次のようにある。

是はバカのむきみに葱を刻み入れて熟烹《にくたら》し、客来れば白飯《めし》を丼に盛りて其上へかけて出す即席料理なり。一椀同じく一銭五厘、尋常の人には磯臭き匂いして食うに堪えざるが如しといえども彼の社会に於ては冬日最も簡易なる飲食店として大に繁昌せり。(17)

明治期には特に車夫たちが立ち寄り、

> 額上の汗を拭つゝ茲《ここ》に立寄りて一眼は往来を看詰め一眼は食器を見詰めて箸と茶碗を持ちながら四辺《あたり》を視顧《しこ》して客に注意し、よき鳥あらば食事の間も遁《のが》さずと鋭敏なる神経を峙《そばた》てつゝ怱々《そうそう》に食ひ了《おわ》つて箸を擲《な》げ食道のいまだ調のはざるに踵は既に旋《めぐ》つて客に追随する事一丁、[18]

であったという。車夫たちが丼飯をかき込むこのスピード感もまた、一膳飯屋の特徴である。大正期に入っても深川にはおそらくこのような一膳飯屋が何軒もあったはずで、それに対して新しくできた公営の深川食堂は、それらとはまた異なる雰囲気をもっていたことが、なおさら人びとの関心を引いたのではないかと想像する。

食堂と付属施設の多機能性

食堂という場は食べものを食べる以外の場でもあった。宿泊所、職業紹介所、人事相談所、理髪所などである。[19]正確にいうと、簡易宿泊施設が多機能性を備え、そこには食堂が付属していたという状況である。宿泊所では精神修養、貯蓄奨励、衛生思想などの啓発を目的とした講話会が開かれることもあった。東京では市営宿泊所が一四カ所あり、そのうち四カ所は無料であった。これら宿泊客に対し、無料宿泊所のすべて、有料宿泊所八カ所に有料の食堂を設けていた。先に大阪市の監督下ではじまった「大阪自彊館」は私立の施設であるが、ここにも宿舎、炊事場、食堂、事務所、浴場などがあり、おもに港湾労働者の共同宿泊所として運営されていた。[20] 少し前に戻って図2-4を見ると、山形の簡易食堂では品評会を開催していたこともわかる。

下田淳の『居酒屋の世界史』では、ヨーロッパでは居酒屋が多機能性をもつことに比べて、日本にはその多機能性はついにあらわれなかったと説明している。[21] これに対して筆者は、日本では居酒屋というよりも、一膳飯屋や食堂がその役割を果たしていたのではないかと考えている。食堂も酒を出すという意味では、場合によっては居酒屋となりうる。いずれにしても、食を媒介として人間関係が取り結ばれる場という意味では共通している。

したがって、食堂に足を運ぶ人びとのなかには、今日の胃袋を満たす目的だけではなく、明日からの胃袋のために職を探し、雨露をしのぎ、今後のことを相談する人びとが少なくなかったと思われる。東京市社会局が一九二九年（昭和四）に市内の木賃宿生活者と各市設宿泊所の宿泊人たちに書かせた日記が残っているが、そこには次のような文章がある。

二十七歳　十月二十八日　午前五時頃より小雨、一日床就。……今日の雨模様に仕事にあぶれた人々のなかには、家々の軒下に立ちすくんでは通行人をうらめしげに見ながら、知人に五銭貸して十銭貸して昼食をしないのだからなどと悲痛な言葉が数ヶ所で見聞する時、実に自由労働者の悲惨なる状況が出現される。数日来好天気にもかかわらず仕事は夏時分の半分しかないのに、今日の雨模様では実に一般労働者の財布が空になるのは当然な理由だ。

四十歳　十月二十七日　土工、一面より見れば一種の芸術なりと思ふ。凡そ陸上の事小は狭き径路より大は鉄道の如きに至るまで、皆始めは土工の力によりて基礎は成立するものである。然るに社会は土方と云つて軽んじ、又我々当人も自ら卑下するは如何であるか。[22]

日雇い労働者自身が残したこの記録は、断片的ではあるが、彼らが置かれていた状況と心情を生々しく伝えている。

『失業と救済の近代史』を著した加瀬和俊によれば、日本は一八八〇年代後半から近代工業の発展期に入り、一九〇〇年代に資本主義国家へと移行しつつあった。そこには就業者としてはまだ農民が多かったとはいえ、経済を動かす中心的産業分野は、家族経営による農業部門から、企業経営による工業部門に転換した。[23] この結果、農家、家族的零細商工業世帯の経営主以外の兄弟や子どもたちは被雇用者となって都市へ流入しただけでなく、世帯をつくるようにもなった。こうして人口は増加し、職を求める人も増える一方で、失業問題が生じる構造が拡大していったのである。このような社会的背景のなかにあって、失業あるいは日雇いという不安定な状況と社会の結節点となっていた場所、その一つが多機能性を備えた食堂にほかならなかった。

三　市営食堂その後

市営食堂の閉鎖と社会政策への批判

米騒動への対応、関東大震災の復興事業という意味をあたえられながら、一時は盛況であった市営食堂であったが、その後は利用者が減少し、閉鎖が相次いだ。東京市における一九二〇年から三四年（大正九～昭和九）までの食堂利用者総数と一日の一カ所平均利用者数の推移を図2-7、図2-8に示した。利用者総数は一九二四年（大正十三）、平均利用者数は一九二二年をピークとして、以後、減少の一途をたどっている。このような状況のなか、東京市は一九三六年（昭和十一）に『市設食堂経営策に関する調査――附、東京市設食堂改革意見』[24]を刊行した。

「本邦他の大都市に於ける市設食堂の現状」という文章は、米騒動を契機としてはじめられた当初の状況と今日の状況とのあいだには、大きな相違があると述べている。特に京都市は食堂を徐々に閉鎖し、近々すべてを閉鎖することが検討されていた。これを受けて、東京市でも「これを存続すべきか、将た又廃止すべきか、存続するとせば如何にこれを転換すべきか」という岐路に立たされていた。東京市によるこの調査は、東京市、大阪市、京都市、神戸市、横浜市、名古屋市の六都市を対象としており、いずれの都市も共通の状況がみられる、とまとめられている。

わずか数年後の市営食堂の衰退は、米価の高騰に対して、対処療法的に安価な食の場を提供することだけでは、根本的、かつ持続的な解決にはならなかった結果とみることもできる。たとえば一九二四年（大正十三）に『時事新報』に掲載された次の新聞記事は、社会政策が実施されることにまず評価をあたえたうえで、社会政策費を含む、国家事業費の出どころ、つまり、税収のあり方自体に問題

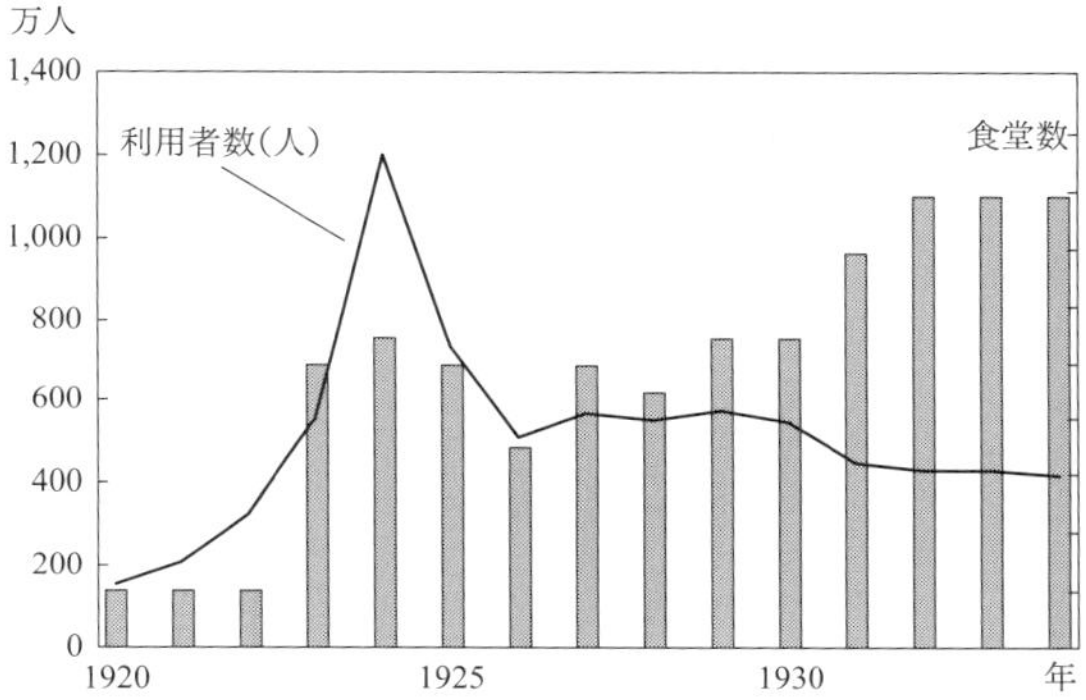

図 2-7　市設食堂数と利用者数の推移（東京市）

出所）東京市社会局編『市設食堂経営策に関する調査――附，東京市設食堂改革意見』東京市社会局，1936 年，1-3 頁より作成。

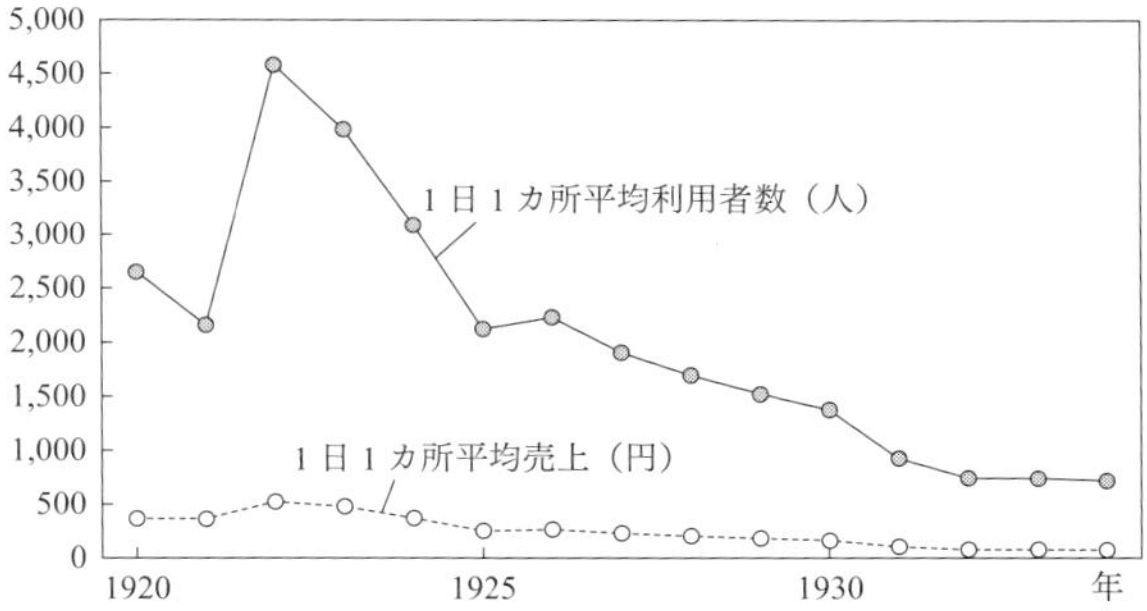

図 2-8　1 日 1 カ所当たり平均利用者数と売上の推移（東京市）

出所）同前。

を投げかけている。

国家社会を維持する重荷の大部分は強者富人が負担し、弱者貧人は極めて軽微なる分け前を負担せしむるを原則とせねばならぬ。然るに我国現在の租税は総額の十分の一に過ぎざる所得税で富者の負担を累加してあるを、二十分の一内外の海関税に奢侈品と其他に若干軽重の課税差を設けたる外は、概して貧富ともに同率の租税を負担するの制度である。……労働者が夕刻縄暖簾を潜つて傾ける一杯の酒も、百万長者の手にする酒と同率の税金を課せられ……、然るに我国庫の歳入二十億円の中、僅に所得税と輸入税の合計三億三千万円を除きたる他の大部分は、先づ貧富同率の課税で何処に社会政策の微光さへも見ることができるか(25)。

つまり、納税制度自体を根本的に変えなければ、貧富の差は埋まらないどころか広がるばかりであり、ともすると、貧民階級の納税が一部支弁されて公営食堂が運営されるという矛盾に陥るとこの記事は説明している。加えて、次のようにもいう。

一軒の公衆食堂が出来ると、付近にある多数おでん屋、小料理屋、蕎麦屋が揚がつたりで、失業者の群に入ることを如何するのであろうか。職業紹介所の外に幾百軒桂庵が廃業を余儀なくされるであらうか。公衆浴場、公設市場皆同様で、風呂屋、青物屋、米屋、薪炭屋及び家族従業員の幾千幾万人は皆糊口の道を奪はれて、暗黒界に落ち行くのである。

実際にどれほどの廃業があったのかは定かではないが、一軒の公営食堂ができることで付近への影響が少なくなかったことは確かだと思われる。このような公営食堂がかえって民業、つまり一般の飲食店経営を圧迫しているという世論も高まりつつあったことを見逃すことはできない[26]。こうした世論は、行政が人びとの食、胃袋へ関与することは一時的な救済にはなっても、それだけでは必ずしも抜本的な社会変革にはつながらないことを指摘している。食の問題を解決するには、胃袋の心配をしなければならない人びとの利害を社会政策に反映させるための普通選挙の実施と、租税制度の大転換が必要であるという指摘は重要であり、現代の社会政策を考えるうえでも示唆に富むものであるといえよう。

しかし、民業圧迫を背景として公営食堂が衰退したと説明するよりもむしろ、実際には人びとの外食利用率が高まり続け、民業による食の供給が増加し、人びとがそれを選択した結果とみる方が現実的かもしれない。人びとに選択の余地をあたえられるほどに、公営食堂だけでなく、民営食堂を含めた喫食の場が拡大しはじめたととらえることもできるのである。

東京市設食堂改革意見

「東京市設食堂改革意見」としては、最終的に政策の再吟味が主張された。社会局福利課が管理する市営食堂は、衛生試験所栄養調査部や教育局体育課が関わる学校給食と連携統一していく必要があるというのがその主旨である。また、学校や市立病院における炊事場も含めて市営食堂として、より

業団体経営の簡易食堂

種目と代価（銭）			営業時間	1日平均利用者数（人）	1日平均売上（円）
朝	昼	夕			
10	15	15	5時～20時	333	42.15
8	10	10	6時～21時半	2,267	241.00
10	15	15	6時～19時半	1,139	156.74
10	10	10	6時～19時半	110	6.45
6	9	10	5時～20時	55	4.32
5	8	8	6時～19時	102	6.80
8	13	13	5時～21時	123	23.62
1品2銭均一			4時～21時	263	13.92
8	11	11	5時～20時	82	8.18
5	5	5	5時半～19時	277	13.85
5	5	5	5時半～19時半	272	13.65
8	10	10	5時～19時半	200	17.00

広い社会改良事業の一環に位置づけて食堂を経営していくべきともいっている。「将来経営の基準たるべきものは、市民の日常生活に於ける食事炊事の社会化、科学化、並に機械化の観念の採択とその実行にあると思われる」[27]。そのために参考とすべきは、このころ設立が相次いだ「栄養食配給所」の設備と事業内容である、とこの意見書をとりまとめた吉川という人物は私見を述べている。

協同組合による食堂・炊事場経営——共同炊飯社

このような状況を受けて公営食堂以外の方法を模索するために、東京市は視点を広げて欧米のレストラン、ドイツの公衆給食所に触れ、日本国内でのその他の動きに着

表 2-1　東京市内社会事

名　称	所在地	経営主体	設立年（年）	従事員（人）
黒龍会自由食堂	麹町区	黒龍会	大正 12	8
昌平橋簡易食堂	神田区	神田慈善教会	大正 7	39
平民食堂	芝区	社会政策実行団	〃	18
二葉食堂	四谷区	二葉保育園	昭和 7	5
日蓮宗報幼園簡易食堂	浅草区	日蓮宗報幼園簡易食堂	大正 15	2
同朋館簡易食堂	本所区	同朋館	大正 13	4
相愛館食堂	〃	財団法人相愛会館	大正 9	4
天照園食堂	深川区	天照園	昭和 5	3
浄土宗労働共済簡易食堂	〃	浄土宗労働共済会	明治 44	3
上宮教会食堂	荒川区	財団法人上宮教会	昭和 8	5
上宮教会梅田食堂	足立区	〃	昭和 7	2
修養園汗愛食堂	向島区	財団法人修養園社会事業部	昭和 8	4

出所）同前，46–47 頁。

目している。すなわち協同組合や共済組合による食堂、あるいは共同炊事場の運営である。

たとえば東京市の一例として「共同炊飯社」が紹介されている。これは賀川豊彦の指導を受け、一九三三年（昭和八）三月に業務を開始した炊事場である。賀川は大正・昭和期のキリスト教社会運動家であり、戦前日本の労働運動、農民運動、生協組合運動において重要な役割を担った人物である。一九二〇年（大正九）に改造社から出版された『死線を越えて』(28)は、神戸の貧民街に住みつつ救貧活動を行った彼自身の経験をもとに書かれた。

共同炊飯社は彼が経営する産業青年会の裏側にある九坪の建物で、一日の配給炊飯白米は三俵くらい、従業員は三名ほどの小規模なものであった。炊飯が主であるが、惣菜も一種類売っていた。五銭より販売しているが、時には三銭の場合もあった。利用者の六割は組合員、四割は組合員以外のものである。

五銭、三銭でも食べものを手に入れることができる機会を設けているという点で、この炊飯社は一膳飯屋、市営食堂でさえも食べられない人びとのために設立されたとみてよい。さらにいえば、そういう人びとが実際には少なくなかった、という状況があった。これらの人びとは、宗教団体や共済会などによる社会事業団体経営の簡易食堂を利用していたと考えられる。東京市における社会事業団体経営の簡易食堂は表2-1に示す通りである。表中に見える二葉保育園が経営する食堂では、十銭で食べられない人びとのために、五銭の食事も出していたという。[29] 二葉保育園については、第7章であらためて述べることにしたい。

四　「地域」社会事業と実務家のネットワーク

食は行政と民間、つまり官と民のいずれかに担われるというものではない。これまでみてきたのは、実際にはその両者が住みわけしつつも場合によっては混在し、影響をあたえ合っている状況であった。じつはそこには、官と民をつなぐ、実務家レベルのネットワークが存在していた。このネットワークこそが、近代日本の社会事業の創設に重要な役割を果たしていくことになる。次章への架け橋として、本章の最後にそのネットワークをみておくことにしよう。ここでは、この時期の社会事業に関わった実務家を網羅的に取り上げるというよりも、「食」をめぐる実践という点に絞ってみていきたい。具体的には小河滋次郎、石井十次、大原孫三郎、暉峻《てるおか》義等、三上孝基、林曜三という六人の人物に焦点を当てる。

彼らは立場も活躍した地域も異なっているが、ほぼ同時代に生き、食を地域や社会の問題として考えていた点で共通している。そのため、近代の食の問題を描こうとする過程のなかでは、彼らが随所に登場する。そして、注意深くみると、彼らの間にゆるやかな、しかし確かなネットワークが存在していることがわかってきた。

小河滋次郎の監獄論と食堂論

本書の序章ですでに登場している小河滋次郎（一八六四～一九二五）は、監獄論と食堂論を展開した。この二つの論をつなぐのは「感化教育」を重視する小河の刑法思想である。

小河は『監獄学』[30]など近代監獄行政に関する専門書を何冊か著したが、そのなかに『獄事談』[31]という一書がある。これは彼自身が訪問した海外の監獄での見聞をまとめたものであり、それ自体じつに興味深い内容となっているが、ここではそのなかの一節、米国はニューヨーク州のエルマイラ監獄についての記述に注目したい。同監獄を監督していたブロックウェーは、監獄を「社会への復帰」を準備する「リハビリテーション」の場ととらえて、監獄内に事業を興し、収益を得る重要性を主張し、

図 2-9　監獄内の食堂

出所）小河滋次郎翻案『監獄夢物語』巌松堂，1911 年，70 頁。

図 2-10　監獄内の炊事場

出所）同前。

監獄の自律的な運営を目指した[32]。その一つの事業に「食堂経営」があった。小河はそれを、写真付きで詳しく説明している（図2-9、図2-10）。加えて監獄内の食堂では、刑の重さによって、食堂の利用に関わる規制が異なっていたことにも小河は注目している。つまり、監獄において食堂という場は、食事をする場というだけでなく、自律へのリハビリテーションの場であり、更生のための自戒の場としても意味づけられていたのである。

小河は一九一一年、監獄官僚を辞してから『監獄夢物語』[33]という一種のユートピア的作品を翻案している。同書を『獄事談』と読み比べてみると、明らかにその舞台となったのは、このエルマイラ監獄であったことがわかる。冒頭には「本書、構想の基く所は米国に於けるリホルマトリー、システム即ち感化式監獄制度と称するもの是れなり、感化式一に之をエルマイラシステムと称す」とある。同書のなかには「料理屋営業」という項目が設けられ、監獄改良の一つの具体的方法が「食堂」の運営にあることが示唆されている。ここでは炊事係も、配膳係も、そして客も囚人であり、そのすべてのプロセスに社会復帰への準備という意味が付与されていた。監獄論と食堂論は、小河のなかではこのような文脈でつながっていた。この後、小河は監獄という場に限らない、より広い社会という場での感化の模索へと重心を移していくことになる。そして未完の『救貧要論』を書き、『救済研究』誌にさまざまな社会問題に関する論文を寄せるようになった。そのなかの一つが一九一八年（大正七）に発表された「簡易食堂論」[34]であったのである。

「食即ち人生也（Was der Mensch isst, ist er）」という格言を引きながらはじまるこの論文は、生存条件として必須の衣食住の内、食の問題が最も重要であるという当時の小河の主張によって書かれた。一般的には“Der Mensch ist, was er isst”というこのドイツの格言は「人間とはその食べるところのものである」、したがって人間の食べものは、その社会的地位なり彼を取り巻く文明・文化なりについて証言しているという意味である。[35] 小河はこれを間違えて書いたのかもしれないが、ドイツに留学しドイツ語が堪能であった彼があえて前後の言葉を逆にしたとも考えられる。もしそうだとするならば、「食べることは、生きることである」というより単純な真理を確かめることからはじめるべきだ、というメッセージからこの論文ははじまることになる。それは「社会問題は胃の問題である」という彼の言葉とも合わせて、食べることの難しさを何とか解消しなければならないと考えていた小河の思想を裏付けている。

また彼はさらに、「昔は働かざれば食をするを得ずと称せし所のもの今は即ち働いて尚ほ容易に栄養を全ふするに足るの食を得る能わず[36]」という時代の状況を説明している。勤勉と倹約が安定したくらしを担保する、という通俗道徳の力がもはや通用しなくなる社会の変動が訪れつつあるなかで、働いてもなお十分に食べられない人びとが存在する社会を小河は見つめていたのである。

一九一八年（大正七）といえば、すでに書いてきたように、公営食堂が設置されはじめる頃である。監獄官僚であった小河は「犯罪其他各種の反社会的エレメント」の要因として、栄養不給、労働能力の衰退を挙げ、「今の社会問題なるものも究竟する所は即ち胃の問題たるにすぎぬ」と問題提起し、「多数民衆の胃に満足を与えてやることが出来るかと云ふことが所謂社会政策の骨子とするところである」と主張する。そのうえで、ドイツのピープルキッチンやズッペンハウス、英国のコッフィー・パブリックハウス、そのほかフランスやロシアの簡易食堂を紹介し、日本の簡易食堂の可能性を説明している。[37]

各国の簡易食堂を総括して、これらの実現をみたのは一九世紀半ばであり、簡易食堂は労働問題の勃興に伴って出現したという指摘は、小河が当時の日本の状況をかなり客観的にみたうえで、食堂論を展開していたことをうかがわせる。この意味で「簡易食堂なるものは、慈善的のものに非ずして社会的のもの[38]」であり、無料にしないことで、利用者は堂々と顧客として待遇される権利をもつことができる、その場が簡易食堂であるという主張は重要である。

小河の他にも、監獄における感化の重要性を説く人物がいた。彼の名前は留岡幸助（一八六四〜一九三四）という。岡山に生まれた留岡は、一八歳の時にキリスト教の洗礼を受け、同志社英学校別課神学科へ入学し、卒業後に丹波第一教会に赴任した[39]。その後、一八九四年（明治二十七）に北海道の空知集治監で教誨師を務めていたところ、巡閲に来た小河と出会っている。留岡は空知の経験から感化事業の必要性を知り、一八九四〜九六年（明治二十七〜二十九）、米国に留学し、感化教育を中心として社会事業全般を研究した[40]。留岡はまさに前出のエルマイラ監獄に滞在していたのである。そして帰国後ただちに『感化事業之発達[41]』を上梓した。同書の序文は留岡に請われて小河が書いている。さらに留岡は一八九九年（明治三十二）、東京巣鴨に「家庭学校」と名付けた感化院を設立した。小河は在欧中に留岡から『岡山孤児院年報』の送付を受けており、その返信で孤児院事業と監獄事業は共通性があると述べている[42]。この岡山孤児院を運営していたのは石井十次（一八六五〜一九一四）という人物であったが、おそらく岡山出身の留岡はほぼ同世代であった石井を知っており、小河は留岡を通して石井を知ることになったのだと想像される。

ところで、小河は大原社会問題研究所とも関わりをもっていた。小河は同研究所設立以前から、当時、倉敷紡績の社長であった大原孫三郎（一八八〇～一九四三）と面識があった。一九一六年（大正五）、小河は大原孫三郎が主催する倉敷日曜講演会に招かれ、防貧活動を行いたいと考えていた大原に意見を求められたのである。[43]そのためにはまず、社会問題を科学的に研究する研究所の設立が急務である、と安倍磯雄（同志社大学、早稲田大学教授）とともに答えたのが小河であった。

そして、その翌年、大原は、かねてから構想していた岡山の社会事業家、石井を偲ぶ「財団法人石井記念愛染園」を大阪に設立したのである。ここで小河と石井はあらためてつながることになる。

大阪のセツルメント運動と大原社会問題研究所

石井十次は一八六五年（慶応元）に宮崎県児湯郡で下級武士の家に生まれた。医学を志し、岡山で学び、代診医として赴任した先で、貧しい巡礼の人びとに出会った。それが一つのきっかけとなり、石井は岡山孤児院をはじめた（図2-11）[44]。最盛期には一二〇〇人の孤児がいたといわれるこの孤児院に金銭的援助を続けたのは大原孫三郎であった。大原は上京して遊学中の放蕩の数々が原因で謹慎しているときに石井と出会い、大きな影響を受けたといわれている。

石井は大阪でも岡山孤児院の分院をつくって活動し、一九〇二年（明治三十五）に、愛染橋保育園、愛染橋夜学校、職業紹介施設の同情館を開設した。しかしその後、一九一四年（大正三）に石井は早世した。大原はその活動を継続しようと「財団法人石井記念愛染園」を大阪に設立したのである。

慈善、救貧ではなく、「防貧」を目的とした活動を展開しようとした点が、この施設の特徴である。これには小河の思想も影響をあたえたのかもしれない。この愛染園のなかに、まずは救済事業研究室が設けられた。ここに一九一八年（大正七）には、東京養育院に勤め、内務省嘱託となっていた高田慎吾という人物が招聘された。高田は小河の教え子であり、小河からの誘いを受けて、愛染園にやってきたのである。[45] 高田は米国で児童社会事業を学んだ人物であった。

　米騒動や農民運動、労働運動が勃発する事態を受け、一九一九年（大正八）には救済事業研究室を発展させて、大原救済事業研究所が設立されている。その四カ月後には救済問題と社会問題という二つの部門からなる「大原社会問題研究所」が設立された。ここに小河も研究員として活動に加わったのである。この頃の小河は大阪市の社会事業にも中心的に携わっていた。また、この時、当時三〇歳であった暉峻義等（一八八九～一九六六）という青年が招聘された。先に研究員になっていた高田が大原に頼まれて暉峻に会いに行き、暉峻は入所を承諾

図 2-11　「岡山孤児院女子部塾舎ニ於ケル食堂」（写真絵葉書）

出所）筆者所蔵。

した。暉峻は一九一六年から警視庁の依頼で東京の細民街を調査していたところ声をかけられ、大原社会問題研究所へ移ってきたのである。

こうしてみると、この時期、社会問題を考えようと、大阪には続々とその担い手が集まってきていたことがわかる。一九一九年時点でみると、研究所を立ち上げた若き実業家であった三九歳の大原を中心に、研究員として五五歳の小河、三〇歳の暉峻、三九歳の高田らは、当時模索されはじめた社会事業に目を向けている気鋭の人物たちであった。彼らのほとんどが、その後の大阪、さらにいえば日本の救済事業、社会事業の実務的中核を担うようになっていくという意味で、同研究所の果たした役割は非常に重要であったというべきであろう。

愛知方面委員制度と三上孝基

一九二三年（大正十二）に関東大震災が起こる十日前、愛知県では方面委員制度が発足した。そして、震災後の復興事業が慌ただしいなか、ある男が数人の男たちを伴って大阪の小河を訪ねてきた。愛知県ではじめての社会事業主事となった三上孝基（一八九三〜不明）である。[46] 主事に任命された時には若干二八歳であったこの青年は、就任早々、蘇鉄町共存園の設立と、方面委員制度実施の準備にとりかかった。じつは彼もまた大原社会問題研究所の研究員であり、そこで以前から小河の薫陶を受けていた。この縁をたよりに、三上は小河を訪ねてきたのである。すでに大阪で方面委員設置を実現していた小河に会い、先進地大阪の事業を学ぶというのがその目的であった。

三上と一緒に大阪を訪れたのは、選ばれたばかりの愛知方面委員の面々であった。委員を選ぶ際には「最初に適任者を少数厳選し、十分訓練して、そののちに続く委員の手本を作ることが肝要」、職業の点からみると「従来、社会事業などに縁故の無かった商売人などの間に反って適任者がある。被援護者に親しく接しうることが必須の条件である」という小河からのアドバイスをたよりに三上は人選を進めた。

その結果、委員のなかには下駄の歯入れや靴修理を業とする人、軍隊の残飯販売を仕事にしている人、寺の和尚まで、さまざまな人びとが集まった。フロックコート、古い背広、古めかしい紋付羽織と袴、その下にゴムの短靴など、委員の個性そのままに、服装はさまざまであった。小雨に濡れた泥靴で訪れたこの一団を、小河は次のように歓迎した。

失礼な申し様ではあるが、今日この愛知県の方面委員の方々の御風体を拝見して、日頃私の主張通りの方々であることを知り、これなら愛知県の方面委員制度の発展は間違いないものと信じ意を強うした。(47)

この小河の言葉に、三上はホッと肩をなでおろした。

林曜三と起保育園、そして共同炊事へ

この三上に影響を受けた男が愛知県中島郡起《おこし》町にいた。林曜三(一八九二〜一九七七)というその

人物は、この地域の中心的産業であった織物業の担い手として、共林社という機屋を営んでいた。

次章で登場する起共同炊事組合の立ち上げに関わり、組合長を務めた人物でもある。それだけではない。一九二六年（大正十五）、起共同炊事組合長であった林は、近代における愛知の社会事業施設として起保育園を開園し、その運営にも尽力した。[48]その人物像について、娘である喜代は「商売は好きではないが、交流が上手で、必要だと思うことがあると行動する人」であったと話す。[49]「共同炊事組合長、起衛生組合長、機業組合長、起方面事業助成会幹事、町会議員、県工場会副会長、尾西方面託児所聯盟理事、其の他の公職を兼ね、又起保育園の経営者たり[50]」という略歴から知ることができるのは、地域の問題解決に力を尽くす彼の姿である。

この時期に林が交流していたというのが、先に登場した愛知県社会事業主事、三上であった。三上はのちに、松坂屋の伊藤次郎左衛門祐民らの出資によって名古屋市に設立されたセツルメント、「衆善館[51]」の主事となる人物でもあった。[52]織物業が盛んな起町では機業や出機で女性が働いていたために、子どもに目が届いていなかったり、糸を運ぶ大八車の籠に入れられた子どもが振り落とされたりするのを見るにつけ、かねてから林は町立保育園設立を要請していたが、理解が得られない状況が続いていた。[53]そのような状況のなか、おそらく林は三上との交流を通して、自らが中心となって民間による保育所の設立を着想したものと思われる。

織物業を営みながら共同炊事場の運営に奔走し、さらには保育所の設立を決意した林の目に、この地域、この時代はどのように映っていたのであろうか。それについては、のちに詳しく述べることにし、このようななかで彼が「起共同炊事組合」を設立したという事実をここでは確認し、次章では、織物工場と女工たちの生活を明らかにすることを通して、その具体的な意味を考えてみることにしよう。

第3章　共同炊事と集団食のはじまり

——工場の誕生と衣食住の再編

一　工場食の世界

女工の誕生

ここからは、「工場」という人びとが集まる場における、食をめぐる世界について考えていく。一膳飯屋とは違って、その集まり方は偶然性によるものではなく、工場経営の目的に裏付けられた、ある意味で制度的、体系的な集団化である。以下では工場のなかでも特に紡績・織物業を事例として、そこで働く女工たちの生活に焦点を当てる。

近世と異なる近代の特徴の一つは、女性が集団的に移動し、集まり、職を得る機会が工場によってもたらされたということである。まさにこの時期、「女工」という存在が誕生したのである。

女工たちは工場周辺あるいは遠隔地の農山漁村から出て、工場の寄宿舎に住み、職を得るとともに衣食住も工場によって賄われた。なかでも「職」と合わせて「食」にありつけるということが、農山漁村を出る動機づけになった。工場に職場を得て女工になると、農山漁村という地域、あるいは生まれ育った家とは全く異なる規模と規範と論理のなかで、彼女たちの衣食住は再編されることになった。

ものだと思われる。

工場の食堂と食事

工場での食事に関する記述で最も早いものは、おそらく富岡製糸場での生活を描いた和田英によるものだと思われる。

私共入場致ました頃は、皆自分のへやて食事を致ました。……其人数丈御飯もおさいも置て参るのて有舛。三度三度ニ半切ニ御飯を入て車て挽て参りました。不足の時は呼てもらひ舛たが、十一月頃から大食堂か出来まして、御飯の茶碗とはし丈持て行のて有舛。(1)

設立当初は各部屋で食べていたが、ほどなく大食堂ができたことが記録されている。

明治後期の工場と職工の調査報告である『職工事情』にも、工場での食事をめぐる状況が次のように記されている。

工女ノ住居ニ次テ起ルヘキ問題ハ、彼等カ日常食スル所ノ食物ナリトス。工女カ日々快楽トスル食物ハ一般ニ粗悪ニシテ飯ハ米七麦三ノ如キハ上等ニシテ、普通ハ米三分麦七分位ナリ。副食物ハ味噌汁、沢庵及ヒ菜大根芋等ノ煮付トス。工場主カ一般食費トシテ支出スル所ハ一日八銭乃至十銭ト見テ可ナリ。賄ハ大抵工場主ノ営ム処ナルモ、地方ニ依リ工女等ニ自炊セシムルノ慣習アリ。此法ハ各工女交代ニテ自炊当番ヲナスモノトス。工場ニ依リテハ別ニ炊事係ヲ雇ヒ置クモ、炊事係ノ給金ハ職工等ノ負担ニシテ、工場主其半額位ヲ補助シ又薪炭類ヲモ工場主ニ於テ補助スル所アリ。[2]

このように、工場を運営するうえで、食事とそれを賄う炊事は必要不可欠であった。工場が誕生した近代には、そこで働く大勢の労働者が集団で食事をする状況が生まれ、それを可能にする炊事体系が整えられることになったのである。[3]

『女工哀史』と『わたしの「女工哀史」』

今和次郎が食堂でカケ茶碗の調査をしていた頃、東京亀戸の本屋の二階に間借りして、毎日原稿用紙に向かっている男がいた。彼の名前は細井和喜蔵という。一九二三年（大正十二）七月に書きはじめられたこの原稿は、一九二五年七月に『女工哀史』として世に出た。そして彼は、この本が出版されてから、わずか一カ月後にこの世を去っている。

彼の妻は「としを」という。彼女は一九〇二年（明治三十五）に岐阜県揖斐郡久瀬村で炭焼きの子として生まれた。一九一三年（大正二）の三月に村へ女工募集人がくると、一二歳で屑糸拾いの幼女工として大垣の東京毛織株式会社で働くことになった彼女は、その後、奈良県大和郡山の紡績会社、名古屋の豊田織機を転々としながら働き、一八歳で上京して深川の紡績工場に入った。細井に出会ったのは一九二一年（大正十）、彼女が二〇歳の頃であった。『女工哀史』の記述は、じつは彼女の経験が書き込まれた部分も多い。のちに彼女自身の生い立ちや、工場での生活、細井との結婚生活、その後の人生などを綴った文章は、『わたしの「女工哀史」』[4]として一九八〇年に出版された。

世論の表舞台に立った『女工哀史』と比べて、としをの人生はいわば「忘れられた女工哀史」として長く彼女の胸の内にとどめられていた。二人が正式な婚姻届けを出していなかったために、細井の死後、『女工哀史』の印税が彼女のもとに届くことがなかっただけでなく、『女工哀史』のある意味モデルでもある彼女自身の人生は誰にも知られることなく閉じられようとしていた。二〇一五年に岩波文庫として再版された『わたしの「女工哀史」』の解説で、斎藤美奈子が詳しく述べているように、彼女の心を開いたのは、岐阜の女性史を描こうと、としをを訪ねた岐阜聖徳女子短期大学（一九九八年から岐阜聖徳学園大学短期大学部）の「現代女性史研究会」の学生と教員たちであった。彼女たちは県内の紡績、織物工場で働き、寄宿舎生活を送りながら短大に通う、いわば「働く女子学生」であった。そうした学生たちとの交流を通して、としを自身が筆をとる決意をして発表されたのが『わたしの「女工哀史」』であったのである。

としをの文章は集団的な女工の状況を描いた『女工哀史』と比べて、実在したあるひとりの女工の経験の記録となっている点で貴重である。以下では同書をたよりに、まずは女工の立場からみた大正期の生活と食について記述してみよう。

一九一三年（大正二）に一二歳、満で数えて一〇歳五カ月の時に大垣の毛織物工場で働きはじめたとしをの日給は一三銭であった。そこから食費九銭が引かれ、石鹼（九銭）やちり紙（一帖三銭）や一カ月に一足の麻裏ぞうりを買うと一銭も残らなかった。

食堂はきたなく、うす暗かったし、おかずらしいものもなく、毎日みそ汁とつけものばかりで、たくあんも古くてくさいし、みそ汁も実らしいものははいっていなくて、ときどきはハエや油虫が浮いていました。名づけて鉄砲汁といっていました。その上ご飯は外米の白米で、細長い米がねばりもなくばらばらで、箸にも棒にもかからんものでした。(5)

これだけを読むと、まずその劣悪な状況が目に浮かぶ。しかし、としをは次に働いた名古屋の織物工場についてはこんなことも書いている。

寄宿舎もわりあい居心地がよく、みんな仲良く親切でした。……そして今まで私が働いていたどこよりもたべ物もよくて、年上の人がみんな親切にしてくれました。夜業の時に夜中に食堂に行くと、炊事係のおっさんがみそ汁の実を山盛り入れてくれて、「ようけたべて大きくなれや、お前みたいな小さい者が夜中まで働かされてかわいそうやのう、日曜日にはあそびにおいで」といってくれました。(6)

工場制がはじまったばかりの明治期とは異なり、大正期になると工場経営における労働者の食事や保険などが少しずつ整えられるようになっていた。むろん、工場による差異はあったが、『職工事情』刊行の後、工場法の施行などともあいまって、工場食にも社会の関心が集まるようになっていた時代でもあった。

しかし、としをの言葉からはこのような工場の制度的な変化というよりもむしろ、工場で働くことに対するとしを自身の意味づけを読み取ることができる。名古屋の工場での彼女の言葉からは居心地の良ささえ伝わってくる。これはどういうことなのであろうか。

『女工哀史』が刊行され、細井が死去したのち、彼女は細井の妻であったとは明かさずに、工場で働き、同僚たちと争議に参加し続けることを望んだ。「私も紡績女工だといって仲間に入れてもらい、夕食にはにぎりめしと梅干、塩サンマのおかずで、久しぶりに働く仲間大ぜいとにぎやかな夕食をいただいて、そのおいしかったこと[7]」。大阪で「寄宿舎に案内され、夜になって二十人ほどの仲間の人びとに紹介された時はほんとうに嬉しかった。生き返った気持ちでした[8]」。としをにとって工場での生活と、そのなかでの食事は、一緒に働く仲間や、気にかけてくれる炊事係との関係にみるように、「孤独ではない」と確認する場であった。つまり、孤立した胃袋が、集団のなかで居場所を見つけた胃袋となる場であったのである。そこでは何を食べるかということよりも、誰と食べるか、どこで食べるかということが重要な意味をもっていた。もちろん、これはこの時期の工場労働の厳しさを否定するものではない。ただ、その厳しさのなかで拠り所があるとすれば、胃袋が集団化することで、とりあえずは日々の食べものを心配する必要から解放され、誰かと食べることで孤独にさいなまれることがなくなったという状況が工場の食堂にはあった、ということなのである。

飯場制から直営食堂へ――女工観の転換

集団で食事をするということは、近代以前にも行われていた。たとえば、林業や鉱業における労働者の食事は「飯場《はんば》」という請負制度によっていた。

この委託方式を、経営側の直営制にしていこうという動きがはじまったのが近代であって、それを最初に試みたのは、倉敷紡績工場を経営する大原孫三郎であったといわれている。先に述べた、大原社会問題研究所を設立した人物である。兼田麗子『大原孫三郎――善意と戦略の経営者』(9)によれば、倉敷紡績の場合は、三人の「飯場頭」が牛耳っており、炊事賄いや労働者への日用品の販売、職工の入社や退社などに関連しての搾取や不当利益の獲得、暴力による支配がまかり通っていた。このことを大原は後年になって次のように語っている。

職工賃金はその飯場が会社から受取り、食費その他を差引いて残りを職工に渡していた……そこで私は職工を集めて、……将来は会社で食堂の経営や物品の販売をするようにせねばならぬと話した。すると飯場は暮の三十一日に、会社が保証してくれねば女工に餅をやらぬといい出した。そこで会社は町内の餅屋で餅を買い集め、大急ぎで販売所を開いた。(10)

この頃、請負制度が職工問題の禍根となっていたことに気がついた大原は、飯場制度を全廃し、直営食堂へと転換した。こうして、同工場には炊事場、ボイラー室、食堂が増設され、最新設備も取り入れられることになった。

大原はさらに寄宿舎の改築にも着手した。それに先立つ一九〇六年（明治三十九）六月下旬、寄宿舎で腸チフスが発生し、死者七名を出す惨事となった。これによって引責辞任した父に代わり、三カ月後の九月には当時二六歳であった大原が二代目社長に選ばれた。このような経緯があって、社長就任後の大原の急務は、腸チフス流行の後始末と善後策に尽力することになったのである。ロバート・オーエン[11]の業績や他国の工場経営法を学んでいた大原が新たに建築した建物もまた画期的であった。労働者が土地に根を下ろし、工場が住民の共同作業場という位置づけになるように、寄宿舎ではなく職工社宅村を建設したのである。[12]

このような倉敷紡績の実践には、単なる功利主義的経営とは異なる側面を見出すことができる。これまでは一般的に、食事や住居を含む福利厚生を工場側が整えるのは、低賃金を実現し、労働力の安定的な確保にあるとみる向きがあった。しかし、大原が目指した方向性は決して功利主義的な経営ではなかった。かといって、当時、鐘淵紡績の経営者であった武藤山治（一八六七〜一九三四）が唱えて社会的に有名になっていた「温情主義[13]」でもない。

大原は「人格向上主義」という言葉を好んで使ったといわれる。これは労働者の人格を重んじ、一人前の人間として扱う、それと同時に教育によって人格が尊重されるようになることを助ける、という意味であった。つまり、倉敷紡績の直営食堂への転換は、単なる工場付属設備の更新ではなく、女工たちを一人前の人間として扱い、教育する対象としてみるという「女工観の転換」ともいうべき重要な意味をもっていたといえるのである。

救貧的な事象はしばしば裕福な者から貧しい者への「施し」、あるいは宗教的な規範やより広い「人類愛」によって動機づけられていると説明されてきた。しかし、大原の場合、むしろそのいずれでもなく、女工を「一人前」と扱い、経済的な格差があっても人間としては自分と「対等」であり、社会の成員としての差異はないという観点に立っていたように思われる。なぜ、大原がこのような観点に立つことができたのか、という問いに対しては現時点では十分な答えを提示できないが、少なくとも以下の二点は重要であったと筆者は考えている。まず一つは、彼が一九〇〇年代初頭から、教育振興に力を注ぎ、教育によって人間の可能性を引き出すことができると考えていたことである。もう一つは一九〇二年一二月からはじめた「倉敷日曜講演会」によって、さまざまな人びとに出会い、広く社会に目を向けるようになったことである。これによって大原は、大原家、あるいは倉敷紡績、そして岡山県に関心を向けるだけではなく、目の前で起こっているさまざまな問題の背後にある、より広い社会構造を洞察するようになっていた(14)。

大原の掲げた「人格向上主義」という理念はのちに、前章の末尾でみた、社会事業の実務家ネットワークを支える根本理念へとつながっていったとみて間違いないだろう。

工場における女工の食事

では、実際に工場はどのように経営され、そこで女工たちはどのように働き、生活していたのだろうか。

工場側の史料を分析して女工たちの生活を具体的に描いてみよう。一九二一年（大正十）の工場統計によると、全国のなかで工場数が多いのは一位が東京、二位が大阪、三位が愛知であった。この三都市はそれぞれ工業の種別では明確な違いがあった。東京は染織、機械、化学工業が同率で高く、男性職工が多い。大阪は染織と機械が多く、男性職工が七五％以上を占めていた。それに対して愛知県は染織が半分以上を占めていることを反映して、女性職工が圧倒的に多かった。先に登場した細井の妻としをもまた、岐阜や愛知で染織工業に従事した女工であった。一人の女工としての、としをの経験を歴史の流れのなかで理解するためにも、以下では女工が大勢集まっていた愛知県を舞台として、そこで展開した織物業と女工と彼女たちの「食」について考えてみたい。

愛知県の西側、木曽川左岸に位置する尾西毛織物産地には「献立予定実施表」[15]をはじめとして、女工たちの食の実態を知りうる文書が数点残っている。この史料は、かつてこの地域でも有数の機業家であった鈴木鎌次郎が経営していた鈴鎌工場の史料群に含まれている。これらの史料によって女工たちの食事を分析する前に、まずは同工場の状況を把握しておこう。

一八九一年（明治二十四）の濃尾大地震はこの地域の綿作へ大打撃をあたえた一方で、産業の復興をきっかけとして、改良織機の導入と、大作業場の建設を促した。震災復旧工事のため岡崎地方から来た大工によって初めてバッタン機[16]が製作されると、有力機業家がそれを導入した。また、震災によって自家工場と出機工場の破壊を受けた機業家の一部では、再建に際し、大工場の建設を試みる者が現れた[17]。ここで事例とする起町三条の鈴木鎌次郎がまさにその一人であった。創業当時の鈴木家は

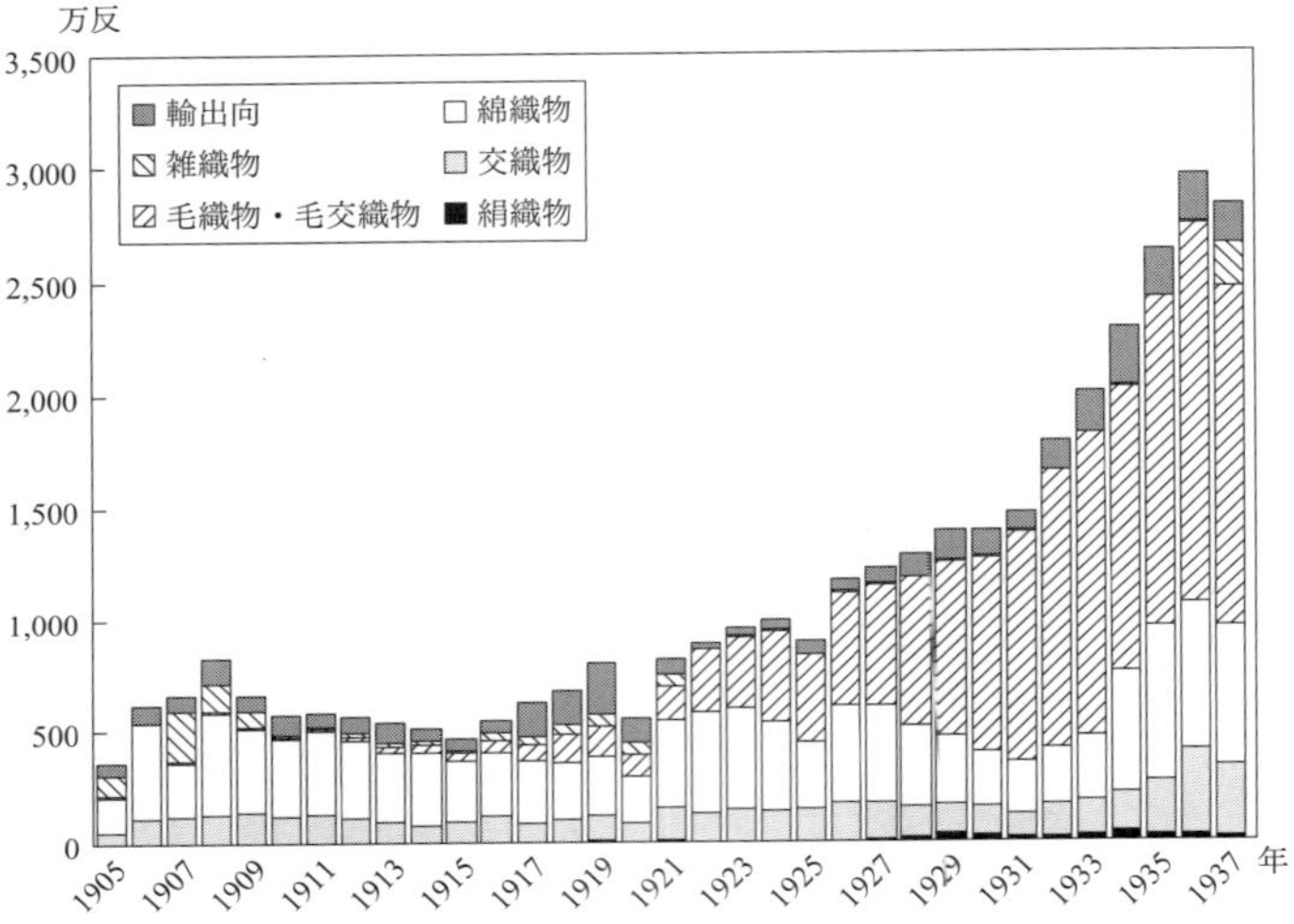

図 3-1　尾西織物生産の推移

出所）森徳一郎編『尾西織物史』尾西織物同業組合，1939 年，136-138 頁より作成。

手織機による機屋に過ぎなかったが、濃尾地震後には大工場を新築したうえ、率先してバッタン機を採用するなど、尾西織物業を牽引する有力機業家となった[18]。同工場は一九〇二年（明治三十五）時点では、尾西織物業地域で職工数の最も多い工場に位置づけられる[19]。図3-1は尾西織物生産の推移を示したものである。一九二〇年代に生産量は飛躍的に増加し、毛織物生産への移行がそれを促したことがわかる。

聞き取り調査によれば[20]、鈴鎌工場が毛織物をはじめたのは一九〇二年（明治三十五）頃であり、鈴木が日露戦争に兵士として赴いた時に洋服・毛織物時代の到来を確信し、一九〇七年頃から本格的に毛織物生産をはじめた。一九一七年（大正六）頃には工場の機械化を進め、一九二一年頃には商事部門をつくり、織物の販売にも着手した[21]。一九二〇年の女工雇入数は二五七人であり[22]、一九二二年には東工場、西工場、手織工場の三工場を所有していたことが確認される。同年までは手織りと機械織りを両立させていたが、この年以降、手織りを廃した。一九二三年には一三〇人を雇い入れ、うち男性が三二人（営業一一、意匠十、工場一一）、女性が九八人であった[23]。一九二四年には一五二人へと推移し[24]、概ね一五〇人前後の職工を雇い入れていたことがわかる。

工場での経営において、女工の食事はどのような位置づけにあり、いかに運営されていたのだろうか。その問いに答えるために、一九二一年（大正十）における鈴鎌工場の「金銭出納簿」を分析してみたい。この帳簿には工場における支出と収入が日々記入されており、その内容は織物業に関わる経費のみならず、女工の給料、食事、医療・保険、農業、教育など多岐にわたる。この帳簿は各年ごとに作成されたため経年的分析も可能であるが、ここではさしあたり一九二一年をみてみよう。同年は、鈴鎌工場がまだ手織りと機械織りを併存させ、機械を整備しつつ、毛織物生産を拡大していく重要な転換期にあたるからである。

同年は工場として一万二七六二円の利益があり、経営状況は良好であった[25]。収入のうち、七五％が織物、一六％が染色工場によるものであり、合計九一％は染織部門から得ている[26]。手織工場からの収入は、動力工場によるそれの約十分の一程度であった。一方、支出は織物生産に関わる経費が約三三％、給料が約三六％であり、この二項目だけで約七〇％が占められている。織物生産に関わる経費には「機械」の購入、運搬、設置、修理、部品や油の購入などが含まれており、まさにこの時期に機械生産へ移行していく状況が記録されている。給料の支払いが二月と八月にひときわ多いのは、半期ごとに賞与の支払いがあるためである。[27] そのほかに、毎月「給料先貸」、「織賃先貸」という記載も頻出し、女工に対する給料の支払いには通常の支払い以外の方法もかなりあったことがうかがえる。

さて、興味深いのは、支出の残り三〇％の内容である。そこには燃料、電気料のほか、主に職工に関わる経費として日々の「食事」、自給野菜を栽培するための「農業費」、女工の入院費、薬代などの「医療・保険費」、雇い入れに要する「募集費」、布団や茶碗などの「住居費」などが含まれている。具体的に帳簿の内容をみると、たとえば六月三〇日には一五名分の「給料」支払いのほかに、「瓦斯継代」、「染料代」、「魚代」、「麦代」、「牛乳取替代」、「機械修理代」、「米代」が支出されている。まさに、このような生産と生活の混然一体となった内容が工場を運営するための支出の全体像であり、そのなかでは織物生産に直接関わる経費だけでなく、女工たちの生活に関わる経費を無視することはできない。いうまでもなく、とりわけ「食事」は工場経営には不可欠な要素であった。

工場の炊事場

工場が設立され、多くの職工が集まると、彼らによる食料需要が高まる。[28] それに対応して、尾西織物業地域では大小それぞれの工場が炊事場を設けた。鈴鎌工場のような、大規模工場は自前の炊事場を設置していた。[29] 鈴鎌工場には物品の購買部として「工場機械部」、「建築材料部」、「店用品部」に加えて、「食糧薪炭部[30]」が設けられており、米穀、味噌、醬油、砂糖、野菜、魚、鶏肉、魚、菓子、木炭、割木などが大量に購入されていた[31]。さらに、鈴木家に残る「献立予定実施表」などからは、より具体的に当時の女工たちの食事や生活を垣間見ることができる。

まず、一九二四年（大正十三）九月の賄状況をみると（表3-1）、炊事に要した経費は一一五一円であった。その内、主食である穀類が五五％を占め、一カ月に要する穀類は、白米一一石六斗八升（約二九俵）[32]、台湾米二石五斗（約六俵）、改良麦三石（約八俵）で合計約四三俵にのぼった[33]。次に多いのは炊事燃料としての薪炭であり、これは経費の一二・四％を占めている。青物は「買入」分と、「自家用野菜」として農夫を雇って栽培するという二つのルートから入手していたようである。聞き

表3-1　鈴鎌工場における賄の状況（1924年9月）

品　　目	代金（円）	割合（%）
白米	502.24	43.6
台ワン	66.25	5.8
改良麦	54.60	4.7
ウドン	5.06	0.4
薪炭	142.30	12.4
豆腐・油揚・砂糖	10.00	0.9
青物買入	18.30	1.6
味噌溜代	64.10	5.6
自家用野菜代，見積，年貢，肥料，農夫給料および食費	87.90	7.6
魚類	50.00	4.3
漬物代	60.00	5.2
炊事夫給料および食費	80.00	7.0
炊事用器具	10.00	0.9
合　　計	1,150.75	100.0

出所）「大正十三年十月十日　労働調査ニ付事業票ノ内賄ノ部実地調査　九月一ヶ月分」鈴木貴詞家所蔵より作成。

注）当時総員数は152人であり，1日1人当たり0.25円の経費であった。白米は11石6斗8升，台湾米は2石5斗，改良麦は3石であった。

図3-2　鈴鎌工場の寄宿舎と自家菜園（1955年頃）

出所）鈴木貴詞家所蔵。聞き取り調査（鈴木貴詞氏，2014年8月3日）によれば，戦前期からほぼ変わらない風景であったということから参考資料として提示する。

取り調査によれば、工場敷地内に畑があり、近隣の農家から働きにくる女工の父親などに農作業を委託していた（図3－2）。野菜、調味料、魚類、漬物などの副食物は賄費全体の二五％を占め、残りの約八％が炊事道具や炊事夫の賃金であった。同年の鈴鎌工場の総員数は一五二人であったので、一日一人当たり、二五銭の賄費を要したことになる。

次に、一九二一年（大正十）のある一週間の食事をみてみよう（表3－2）。基本的な献立は米と汁と漬物であるが、汁には季節ごとの野菜を入れて、おかずとして食べていた。一九二二年から二三年の「青物通」[34]には、芋、ミカン、ハス、ちくわ、ウド、サト芋、エンド、スルメ、タケノコ、フキ、バナ、キウリ、キリボ[35]、カボ、ウリ、カキ、サヨリ、人ジン、林吾、カブラなどを購入したことが記されている。これらの野菜、果物、魚が炊事場で調理され、女工たちの食卓にのぼった。大正期の鈴鎌工場食堂の写真は残っていないが、ほかの工場を参照すると、図3－3の通りである。長机と長椅子がずらりと並び、その数は百を超える。机の中央に炊いた米を入れたおひつが置かれ、一人ずつに茶碗、副食皿、漬物皿が配膳されている。とにかく大量の食事である。

第二次世界大戦後の鈴鎌工場の食堂の様子は図3-4の通りである。女工たちが実際に「食べている姿」を映した貴重な写真である。当時の献立において、漬物が不可欠な一品であることは表3-2

表 3-2　鈴鎌工場における献立と費用（1921 年）

	朝食	(円)	昼食	(円)	夕食	(円)
1日	米	4.32	米	4.32	米	4.32
	汁	0.45	汁	0.45	汁	0.45
	漬	0.40	漬	0.40	漬	0.40
	薪	0.70	薪	0.70	薪	0.70
	給	1.50			風呂	0.60
2日	米	4.32	米	4.32	米	3.36
	汁	0.45	汁	0.45	汁	0.45
	漬	0.40	漬	0.40	漬	0.40
	薪	0.70	薪	0.70	薪	0.70
	給	1.50			風呂	0.60
3日	米	4.32	米	4.32	米	4.32
	汁	0.45	カボ	1.50	汁	0.45
	漬	0.40	ササゲ	1.00	漬	0.40
	薪	0.70	溜	1.30	薪	0.70
	給	1.50	薪	0.70	風呂	0.60
4日	米	5.28	米	5.28	米	5.04
	汁	0.45	汁	0.45	汁	0.45
	漬	0.40	漬	0.40	漬	0.40
	薪	0.70	薪	0.70	薪	0.70
	給	1.50			風呂	0.60
5日	米	4.80	米	4.80	米	4.80
	汁	0.45	豆コフ	1.30	汁	0.45
	漬	0.40	溜	1.30	漬	0.40
	薪	0.70	薪	0.70	薪	0.70
	給	1.50			風呂	0.60
6日	米	4.32	米	4.32	米	4.08
	汁	0.45	カボ	2.20	汁	0.45
	漬	0.40	溜	1.30	漬	0.40
	薪	0.70	薪	0.70	薪	0.70
	給	1.50			風呂	0.60
7日	米	4.32	米	4.32	米	3.60
	汁	0.45	汁	0.45	汁	0.45
	漬	0.40	漬	0.40	漬	0.40
	薪	0.70	薪	0.70	薪	0.70
	給	1.50			風呂	0.60

出所）「献立予定実施表」鈴木貴詞家所蔵より作成。
注）本史料は献立の予定と実施内容が併記されている。ここでは実施内容を抽出した。

図 3-3　毛斯綸工場内食堂（写真絵葉書）

出所）筆者所蔵。

図 3-4　鈴鎌工場内食堂

出所）鈴木貴詞家所蔵。

から読み取ることができる。これは同工場に限ったことではなく、『職工事情[36]』や『工場炊事要鑑[37]』にも、多くの工場において同様の状況であったことが記されている。[38]そのほか、夕食欄には「風呂」という記載があり、風呂を沸かすために、炊事と合わせて薪が消費されていた様子がうかがえる。

ここで注目したいのは、これだけ多くの食料や燃料が実際にこの時期に工場や寄宿舎内で消費されていたという事実である。その量は工場の増加や規模拡大とともにさらに増大していくと考えられる。これは鈴鎌工場に限った現象ではなく、尾西織物業地域全体にみられたと考えるべきであり[39]、労働者の増加に伴うこのような食料・燃料需要の増大は、地域差を伴いながらこの時期に日本全体で生じた産業地域形成の一局面であった[40]。

岸和田紡績争議——在日朝鮮人紡績女工の労働と生活

工場食は時に争議のきっかけになることもあった。大阪の紡績工場に目を向けてみよう。大阪は日本で最も在日朝鮮人が集中していた地域であった[41]。男性はゴム、ガラス、メッキなどの化学工業のほか、金属・機械工業などの零細工場の労働者や土木労働者として働き、女性は紡績業をはじめとする繊維工業の労働者となった。彼女たちの多くは済州島出身者である。大阪の在日朝鮮人たちは、いわば底辺労働者として日本の資本主義を支える存在であった。なお、この時期の在日朝鮮人紡績女工については金賛汀・方鮮姫『風の慟哭——在日朝鮮人女工の生活と歴史[42]』や、金賛汀『朝鮮人女工のうた——一九三〇年・岸和田紡績争議[43]』に詳しい。

当時の状況を、『大阪毎日新聞』(一九一七年一二月二六日付)は次のように報じている。

大阪府下に在住せる鮮人労働者の人員及び職業別に就き吾人の調査したる処に依れば実に下の如

きものあり、府下に在住する鮮人労働者数は総計約二千人を超え、内、大阪市に在るもの約千五百人に達せり。就中、職工、人夫の淵叢とも称すべき九条、四貫島方面に最も多く府下在住者総数の約三分一を占め居れり。郡部にありては逌に十三橋警察署部内は工場の数の多きだけ鮮人労働者の数亦比較的多数にして約三百名を算し、紡績及び織物工場多き岸和田方面之に次げり。然らば之等鮮人労働者の性別は如何というに、九割までは男工にして、女工は僅か百五六十人の上に出でず。之れ実に朝鮮総督府が鮮人労働者特に女子労働者の内地移住に就き細心の調査を行える結果に外ならず、蓋し若し之れなかりせば、紡績、煙草其他の工場は女工払底の折柄なれば競うて鮮人女工を迎うに至るべければなり。然らば全体彼等の職業別は如何というに、男女を通じて紡績職工最も多数を占めたり、紡績工場中近時増錘計画をなす向多くして職工の需要亦従って大なるも肝腎職工志願者は収入多き職工、造船方面に走って紡績を閑却せるものありて募集成績甚だ挙らず、されば之が補給策として鮮人労働者を迎えたるものにして、紡績の如き比較着《ママ》技巧を用うる事なき作業にありては鮮人労働者も内地労働者も左して能率の径庭ある事なければ今後も引続き鮮人労働者を募集し来らんとするものの如し。

紡績工場に多くの朝鮮人労働者が雇い入れられたこと、その中心は岸和田方面であったことがわかる。特に朝鮮人女工を多く雇い入れたのは岸和田紡績で、同社は第一次世界大戦による好況で女工不足が生じたため、一九一八年から朝鮮人女工の雇用を開始した。最初は五〇名、さらに百名を募集し、一九二一年には大阪府下に二五〇〇人の朝鮮人労働者がおり、うち五〇〇名が女工であるという状況になっていた[44]。

労働条件について、『神戸新聞』(一九二〇年三月一八日付)には次のようにある。

好景気に伴れて、労働者の鼻息が馬鹿に荒く、資本家連は労働者を雇入れるに非常な困難を感ずる処から、種々思案の揚句内地の労働者の様に八時間制を提出したり、賃金の増給を提議したりする厄介な労働者よりも、能率に於て七割しか働かないが約四割の給料で労働に従事する従順な朝鮮労働者を雇入れることに気が付いたと見えて、最近鮮人労働者の入込む者が急に殖えて来た……。

日本人女工に比べて約四割の給料で雇い入れていることがわかる。一九二五年二月に実施された堺朝鮮労働同志会の調査によれば、岸和田市、泉南郡春木町、堺市の各紡績工場の朝鮮人女工の日当は、初任給が五〇銭内外、一年後に七〇銭内外という低賃金であった[45]。

こうした状況が続くなか、泉州地方最大の紡績資本であった岸和田紡績では、一九二二年七月に朝鮮人による争議が発生した。賞与が日本人に比べて低額であったことに抗議して、朝鮮人職工二七一名(うち女工が二一九名)全員がストライキを起こしたのである。さらに、一九二八年八月には朝鮮人女工三〇〇名の内、約百名がストライキを起こした。その訴えは「おかずのもりを内地人職工と同じにしてくれ、畳を新しくしてくれ」という待遇改善の要求であった[46]。

「おかずのもり」に日本人と朝鮮人との間で格差があったという事実は重い。この記事は、労働賃金だけでなく、日々の工場食のなかでの差別が存在していたことを伝えている。また、他の工場での聞き取り調査によっても、日本人女工と食事の場所がわけられていたこと、朝鮮人女工には魚の頭や尻尾が盛り付けられたことなどが記録されている。[47]

私の工場では朝鮮人が四、五十人しかいなかったので、日本人女工と同じ食堂で食事をしましたが、食堂を半分に仕切って日本人は上席で、朝鮮人女工は隅のほうで、という具合でした。日本人女工のほうが御飯の量も多いし、それにめざしにしても一匹は余分についていました。たくわんも一切ですが、朝鮮人女工よりも多かったのです。そんな日本人女工の席に、朝鮮人女工の優等生だけ、二、三人を入れるのですが、私たちにはそれが羨ましくて羨ましくてしかたがありませんでした。[48]

二　共同炊事のはじまり

産業の盛衰は炊事場の双肩にかかる

工場の食事が飯場制から工場の直営制に変わったとはいえ、工場ごとに炊事をしている以上、食事の質や量に違いが生じることになる。その差によって、争議が生じることもあり、また、食事の差を理由に女工たちが工場を移ることもあった。したがって、安定した労働力確保のために食事の問題は無視できないものであった。とはいえ、中小規模の工場では炊事に専念する労働力を確保することもまた困難であった。

この問題を解決するために、愛知県の尾西織物業地域では、中小規模の織物工場主たちの集まりである第一区工場会（一宮・今伊勢・大和の生産業者）が、一九一八年（大正七）四月に織物業者間の有志者三四名で資金六五〇〇円を出し合い、起共同炊事組合を設立した[49]。

当地ノ織物ノ盛衰モ当炊事場ノ双肩ニカヽルモノト謂フベシ。
其ノ責ヤ重、其ノ任ヤ大ナリ。

一九二三年（大正十二）五月一日、新しい蒸気汽罐を設置して臨んだ炊事場の落成式で、林曜三はこのように演説した[50]。織物業の盛衰が「炊事場」の双肩にかかる、というこの言葉は、織物業を営むうえで、労働者の食事がいかに重要な問題であったかということを端的に伝えている。当時の林は、愛知県中島郡の起共同炊事組合の組合長であり、共林社という織物工場を営む三一歳の若き経営者であった。愛知県の尾西織物業者の出資によって一九一八年に設立されたこの起共同炊事組合は、日本における共同炊事場の嚆矢に位置づけられる（図3-5）。

一九一八年（大正七）に起共同炊事組合が設立された時いち早くその視察に訪れたのは、当時、労

図 3-5　起共同炊事株式会社竣工式

出所）同前。

務管理の啓蒙家として活動していた宇野利右衛門であった。宇野は自身が編集した『職工問題資料』B八拾八に、「尾張一宮に於ける共同炊事場」と題した報告を寄せている。[51]おそらく宇野は、立ち上がったばかりの起共同炊事組合の視察を通して、今後拡大する共同炊事の必要性と可能性を予見したことだろう。同組合の設立当時の史料は管見の限り見つかっていないため、以下では宇野が残した当時の記録によってそれを補い、その後の展開を起共同炊事組合の史料分析からみていくこととする。[52]

組合の規約には次のようにある。

第一条　本組合は機業共同炊事組合と称す、第二条　本組合は炊事場を一宮町に設置す、第三条　目的　本組合は衛生上適当なる食餌を供給す。[53]

この組合を訪れた宇野は、まず、次のように述べている。

共同炊事組合の如きは、従来五十余の工場に於て、各自に小さな炊事場を持ち、幾人かの係員を使用して、賄いつつあった職工の食事を、是等小工場主の醸出した資本金に依り、大規模の炊事場一箇所を設置し、此処で纏めて調整して、其れを各工場へ配達する仕組みになって居るのである。斯うする事に依って、此の地方の機業者等は、物価暴騰の為に蒙って居った苦痛を大いに緩和することが出来、加ふるに面倒な手数を省いて、安価にしてしかも品質の良好な食事を、職工に供する事が出来るのである。[54]

ここから、起共同炊事組合の設立は、第一次世界大戦後の物価高騰と、それに対応した食料配給体制の整備のなかで進められた動きであったことがうかがえる。また、設立当時を振り返って、林は次のようにいっている。

本炊事組合ハ工場衛生の完備ヲ達成セシト存ス。第一歩トシテ食料品ノ改善ヲ期シ工手ノ待遇ノ統一ヲ計リ兼テ衛生ト経済トヲ顧念シテ弐拾四名有志相謀リ組合ヲ組織シ資本金六千五百円ニテ大正七年拾月起ノ東郊ニ位置ヲ定メ起工、翌年壱月開業セラレタルモノナリ。[55]

興味深いのは「工手《こうて》ノ待遇ノ統一」という言葉である。先述したように、聞き取り調査によれば、[56]中小規模の工場間で食事の質や量に差が生じると、それが女工たちの不満となり、さらにはそれがきっかけで別の工場への移動が生じる場合があった。そのような問題の解決策として、工場間の女工

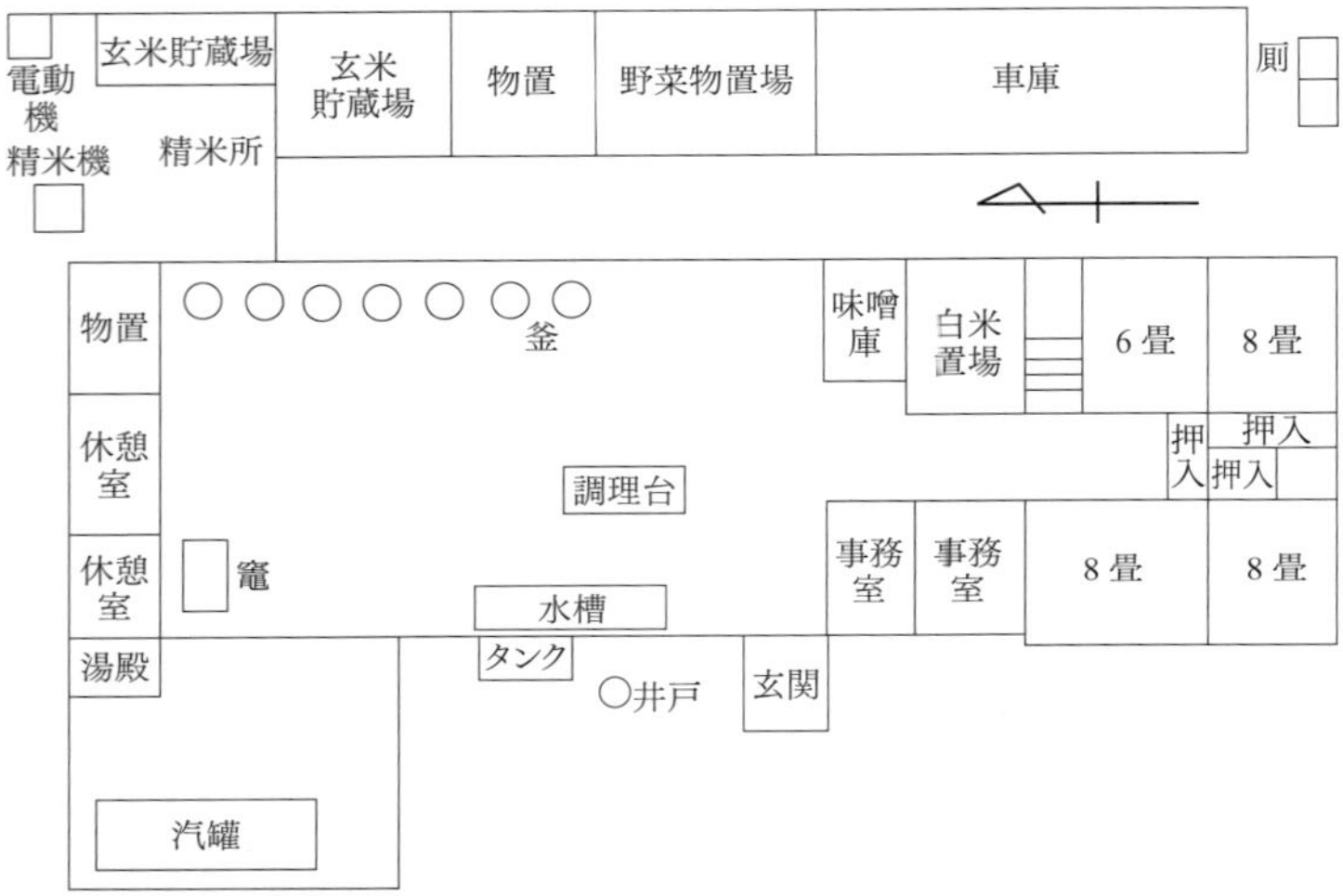

図3-6　起共同炊事場の平面図

出所）「起共同炊事組合書類綴」林喜代家所蔵より作成。

の待遇を平等にする、つまり食事に差を生じさせないために、共同炊事がはじめられたという側面もあったのである。

当時の図面から、炊事場を示すと図3-6のようであった。敷地一八八坪、建物約九六坪の炊事場に、最初は平釜式竈を備えていたが、一九二三年（大正十二）一一月に蒸気炊式に改め、原動機を設置し、翌年九月には電動機を設置して精米事業をはじめた[57]。本節冒頭の林の演説は、同組合でこのような合理化が進む最中に行われたものであり、ここであらためて、その意味が理解されよう。具体的な設備の変化は次の言葉からうかがい知ることができる。

ライスボイラーニハ食料品煮沸セラレ、
益々栄養価高キ清新ナル食料品ヲ経済ニ

支給スルニ到ル。嗚呼、之レガ完成ハ衛生上大ナル改善ト重視セラルハ勿論一日一人当リ七厘宛一ヶ年所謂衛生ト経済トヲ兼ネタル理想的炊事場ト云フベク。[58]

このようなコールニシュ式[59]蒸気機罐と福井式二重釜五個（三斗入二個、二斗五升入二個、二斗入一個）を備える炊事場では、毎日大量の食事が作られた。

献立と共同炊事の運営

では実際に、女工たちは日々、何を食べていたのか。

献立例をみてみよう。共同炊事組合が配食する食事は主食（日本米三合、台湾米一・五合、引割麦一・五合[60]）と副食からなる（表3-3）。朝食と夕食はご飯、味噌汁、漬物を基本とし、昼食はご飯、煮付、漬物という献立である。干大根、切干（大根）は尾張地域の特産物である。漬物は毎食欠かさず、一人当たり二切れずつ食卓にのぼっている。これは、当時の大規模工場の献立とも大きな差はない[61]。

炊事に必要な食料はほとんど近隣地域から調達された。主要な食料である米は、当地産と美濃産を組合で精米し、麦は主として岐阜地方産の改良平麦を使用、魚獣肉は一宮市場または三河蒲郡より求め、野菜は地方産を購入していた[62]。一九二三年（大正十二）六月三一《ママ》日現在の物品調書から、在庫食料および物品の量と値段を知ることができる（表3-4）。

表 3-3　起共同炊事組合による献立（1918 年）

	朝食（味噌汁）		昼食（煮付）		夕食（味噌汁）	
1日	味噌	8 匁	竹輪	半個	味噌	8 匁
	豆腐	10 人に付 1 個	蓮根	20 匁	若芽	5 匁
	漬物	2 切	醬油	1 勺	漬物	2 切
	薪		漬物	2 切	薪	
			薪			
2日	味噌	8 匁	味噌	8 匁	味噌	8 匁
	干大根	2 匁	卯の花	若干	菜	10 匁
	漬物	2 切	葱	5 匁	漬物	2 切
	薪		漬物	2 切	薪	
			薪			
3日	味噌	8 匁	切昆布	3 匁	味噌	8 匁
	葱	10 匁	切干	3 匁	菜	10 匁
	漬物	2 切	醬油	1 勺 5 才	漬物	2 切
	薪		漬物	2 切	薪	
			薪			
4日	味噌	8 匁	味噌	8 匁	味噌	8 匁
	菜	10 匁	菜	10 匁	菜	10 匁
	漬物	2 切	漬物	2 切	漬物	2 切
	薪		薪		薪	
5日	味噌	8 匁	黒大豆	2 勺	味噌	8 匁
	菜	10 匁	蓮根	5 匁	菜	10 匁
	漬物	2 切	砂糖	1 匁	漬物	2 切
	薪		醬油	1 勺	薪	
			漬物	2 切		
			薪			
6日	味噌	8 匁	味噌	8 匁	味噌	8 匁
	菜	10 匁	菜	10 匁	菜	10 匁
	漬物	2 切	漬物	2 切	漬物	2 切
	薪		薪		薪	
7日	味噌	8 匁	焼豆腐	半個	味噌	8 匁
	菜	10 匁	角麩	半個	菜	10 匁
	漬物	2 切	醬油	1 勺	漬物	2 切
	薪		漬物	2 切	薪	
			薪			

出所）宇野利右衛門「尾張一宮に於ける共同炊事場」同編『職工問題資料』B 八拾八，工業教育会，1918 年，10-13 頁より作成。

高まる食料需要を近隣地域からの移入で満たしたという状況は、この事例に限ったことではなかった。時代は異なるが、たとえば、一九三八年（昭和十三）時点で日本最大の規模であった栃木県の桐生共同栄養食購買組合では、朝六一〇〇食、昼七〇〇〇食[63]、夜六三〇〇食を賄うための食料として、群馬および東京深川方面から玄米を仕入れ、副食物の野菜は土地商人から廉価に求めていた。また、動物性蛋白質の供給源を魚肉に求め、日本水産の子会社である合同食品から特別契約で購入していた[64]。このような動向は、全国各地、とりわけ工場集積地域にみられた現象であったと推察できる。

　これらをふまえると、共同炊事とは、単に食事の合理化、労働力の安定的確保を実現したというだけではなく、食料需要を満たすための食料生産の合理化や流通網の整備などと連動する、近代地域形成の一翼を担う事業であったといっても

表 3-4　起共同炊事組合の物品調書（1923 年 6 月現在）

	品目	量	金額（円）	（%）
主食	白米	11 石 2 斗 5 升	393.8	46.8
	麦	5 斗	7.5	
調味料	味噌	2 樽（20 貫目入）	22.2	9.8
	溜	5 樽（3 斗 7 升入）	61.7	
副食	豆	6 俵	51.0	10.3
	切干	5 貫目	2.0	
	ザラ砂糖	20 斤	6.6	
	馬鈴薯	60 貫	6.0	
	牛蒡	10 貫	2.0	
	鯖	137 尾	11.6	
	削積	57 本	8.8	
燃料	薪	1,270 貫	105.8	29.6
	炭	1 俵半	5.1	
	石炭	13,000 斤	143.0	
消耗品			30.0	3.5
合計			857.1	100.0

出所）「起共同炊事組合関係書類綴」林喜代家所蔵より作成。

過言ではないだろう。

次に組合の運営状況を検討する。同組合では食費を一日一人五合、二五銭七厘と定め、別に一食につき原料のほか金六厘を課徴して、雑費および建物機械器具の償却費に充当していた。また、出資金に対しては、年五分の利益配当を行った(65)。

経営に関する史料は一九二三年(大正十二)のものが残ってはいるが、その後、一九三七年(昭和十二)までの間は欠如している。ただし、配食数については経年的データを入手することができた。したがって、ここではまず、一九二三年の状況を明らかにし、その後の経営動向については配食数の推移からみてみたい。

一九二三年前期の事業報告書によって事業の概況をみると、執業日数は一七〇日、総配食数は二三万八七三四食であった。これは前年後期と比べると、二万一八六〇食の増加であった。同年一月三一日には蒸気罐の備え付け工事が完了し、二月一二日午後二時半から汽罐に点火、役員立会いのうえ、二重釜の焚試をしている。そして五月一日には工手慰安会を兼ねた落成式が挙行され、林が先述の演説をした。また、一〇月二二日には東邦電力株式会社と電力使用を契約し、一一月一八日には精米場を新築した。同年後期の執業日数は一七七日、総配食数は二三万九三四五食であった。前期と比べてさらに六一一食増加している。単純に計算すると、年間執業日数は三四七日であり、休みはわずか一八日であった。

損益計算表をもとに、もう少し詳しくみてみよう。表3-5は収入と支出を示したものである。事業規模が少しずつ拡大し、かつ利益が得られていることが確認できる。表3-6によって支払金の内訳をみると、六割以上が主食の米麦であり、その後に副食物、給料、燃料、調味料が続く。直接炊事に関わる米麦、副食物、味噌溜、薪炭の合計で実に九割弱を占めていることがわかる。

表 3-5　起共同炊事組合の損益計算（1923 年）

（単位：円）

収支内容		前期	後期	合計
収入	食料集金	17,903	20,099	38,002
	当期残品	857	722	1,579
	別当収入		127	127
	当期利息		0	0
	合計	18,760	20,948	39,708
支出	先残品額	747	857	1,604
	支払金	16,675	18,636	35,311
	先期未払分支払		252	252
	家屋償却	967	423	1,390
	器具費償却	109	252	361
	当期利益	263	527	790
	合計	18,761	20,947	39,708

出所）同前。

表 3-6　起共同炊事組合の支払金内訳（1923 年）

（単位：円）

品目	前期	後期	合計	割合（%）
米麦	10,176	12,295	22,471	63.2
副食物	2,179	2,249	4,428	12.5
味噌溜	876	923	1,799	5.1
薪炭	976	1,017	1,993	5.6
消耗品	55	41	96	0.3
器具補充		82	82	0.2
電話料	25	25	50	0.1
保険料		15	15	0.0
修繕費	16	66	82	0.2
小口払	504	528	1,032	2.9
給料	1,444	1,466	2,910	8.2
年貢	62		62	0.2
運搬費	27	18	45	0.1
会費償却	336	164	500	1.4
合計	16,676	18,889	35,565	100.0

出所）同前。
注）大正 12 年後期は，先期未払分支払 251.82 円を含む。

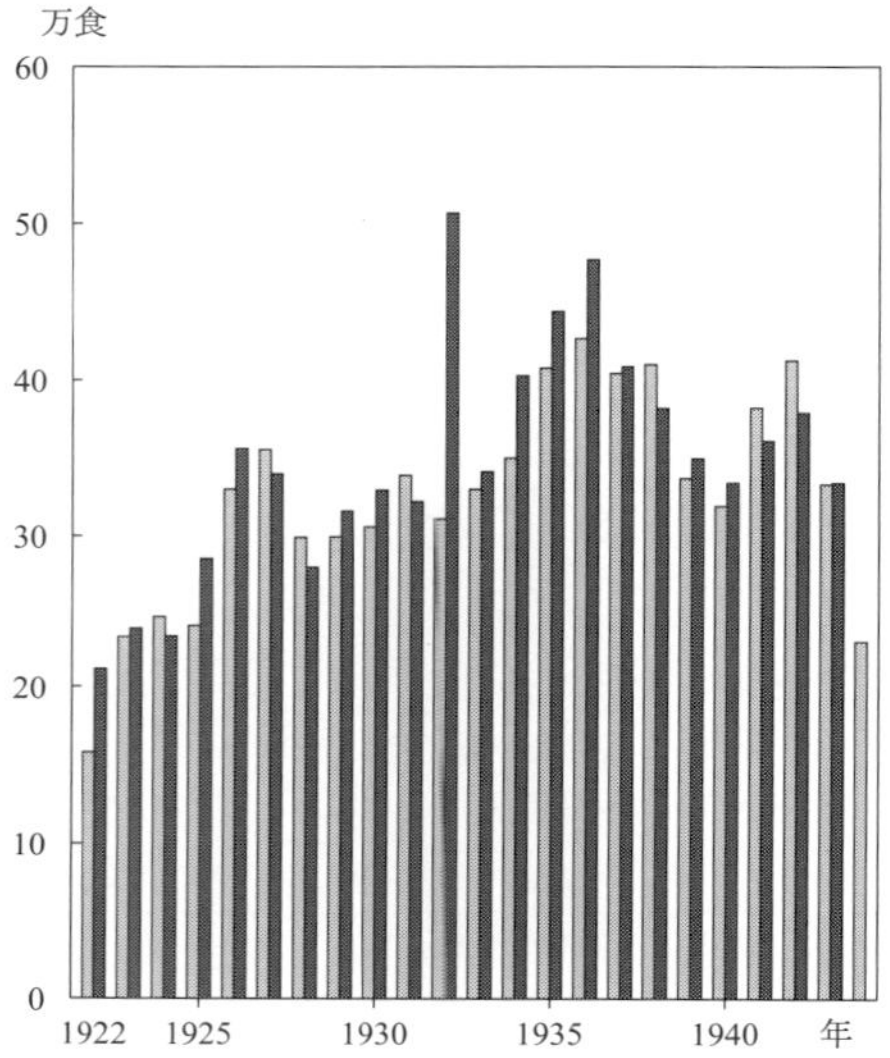

図 3-7　起共同炊事場による配食数の推移

出所）同前。
注）各年前期と後期のデータを示している。但し 1944 年は前期のみの数値。

次に経年的な経営動向を瞥見しておきたい。配食数の推移をみると（図 3-7）、一九三〇年代後半まで増加し、その後やや落ち込むものの、概して増加傾向にあることがわかる。組合が設立された翌一九一九年（大正八）には、『大阪毎日新聞』によって「成績頗る良好にて現在共同炊事場より食糧の供給を受け居れる職工数は二四工場六百余名なり。……大字小信三条の企業家よりも申込を受けつつあるも目下設備の関係上謝絶し居れり」(66)と、早くも共同炊事の好評が報じられている。このような状況のなかで設備を拡大した後、一九二六年（大正十五）には二〇口千円を増資した。途中、戦時下では織物工場が軍需工場に転換した時期があったが、工場経営そのものは継続したために、炊事組合の配食に対する需要も継続した。

この新聞記事が書かれた一九一九年（大正八）には配食対象が二四工場、六〇〇人であったところ、約二〇年後の一九三八年（昭和十三）には五四工場、二六六八人と大幅に増加している。工場数が約二倍であるのに対し、職工数が四倍以上であるということから、一工場当たりに働く職工数自体が増加したとわかる。起共同炊事組合で働く人は十人である。聞き取り調査によれば、組合炊事場前にはリヤカーや自転車の後ろに青い屋根付きの箱をつけた配食車がずらりと並び、朝昼夜と忙しく配食に回っていたという。[67]

しかし、その一方で、同年の事業報告書には「日支事変第三年ニ入リ、戦時経済体制ハ逐次統制ヲ強化セラレ、物価ハ騰貴シ当組合事業モ其ノ影響ヲ蒙リ、配給食数ノ減少ヲ見タルハ止ムヲ得ザル所ナリ」[68]とあり、戦争と統制経済の影響が無視できない状況となっていた。また、同年一二月九日には厚生省による全国栄養食共同炊事組合が開催されたようで、「当組合常務理事代理小川英雄出席ス、事変下ニ於ケル製産力ノ拡充国民体位向上ニ関シ協議アリタリ」とある。この時期に及んで、労働者の食事を賄うという行為と、それを食べるという行為には、さまざまな意味が付与されることになったのである。

食からみた女工の生活

ここで今いちど、林家を事例として女工の生活の視点に立ち返ってみたい。

林曜三の父栄三郎が設立した共林社は、大正期において、小幅の豊田織機を二五台、二幅の織機を一五台備える織物工場であった。寄宿舎は四部屋あり、四〇名ほどの女工が働いていた。[69] 彼女たちは、比較的近い岐阜県や、遠方からは秋田県や岩手県から出稼ぎに来ていた。さまざまな方言が飛び交い、生まれ育った故郷の食事と比べて、慣れない味に戸惑う女工たちの姿もあったと想像される。

林曜三の娘である喜代（一九一八年〔大正七〕生まれ）は、工場内の食堂で女工たちが食事をしていたことや、朝、その日の食事数を確認して共同炊事組合へ配食を注文していたことなどを記憶している。「カランカラン、と鐘を鳴らすと食事の時間になった」。織機の轟音のなかで響かせる鐘の音は大きかった。その時に配膳される共同炊事組合の食事を、自身も食べたことがある。朝と夜はご飯と味噌汁の組み合わせが基本で、昼は味噌汁の代わりに煮物などのおかずが付く。上手に調理してあるので、味は悪くなかった。食堂には四つの大きな机があり、長椅子が備え付けてあった。一つの机に十人ほどの女工が集まって食べていた。男性は敷膳の上に食器を載せて食べた。

喜代にとって一番おいしかったのは、うどん粉で作った餅を小豆と砂糖と水を煮た汁に入れる「ぜんざい餅」である。これは時々登場する献立で、共同炊事組合から「今日はぜんざい餅があるよ」といわれると、希望した人数分を特別に注文した。食器の準備や片付けは女工たちが分担した。また、食堂の隣には共同浴場があり、井戸の水を浴場にため、沸かす作業も女工たちが交代で分担した。

共同炊事から届く食事以外にも、工場ではいくつかの食事の場面がある。特別な行事の振る舞いは林家が準備した。一〇月一九日に祭が終わると、恵比寿講がある。この時には必ず魚が食卓にのぼった。魚とは川ボラである。それに加えて牡丹餅、人参ご飯、鯛の形をした落雁が楽しみであった。菓子屋に注文して作ってもらう落雁には甘い餡が入っている。また、共林社では、起町内の農家に頼んで、大根漬けを三〇樽作り、それを副食として供していたという。女工たちが自ら、小遣いをもって外食することもあった。工場の近くには菓子屋、うどん屋、八百屋などが並び、仕事を終えてから、あるいは休日に、うどん、あられ、みたらし団子、果物、大判焼き、鯛焼きを食べたり、みかん水やラムネを飲むこともあった。起町では一と六のつく日に「一六」という市が立ち、そこに出かけることも女工たちの楽しみであった。

また、当時は工場法による規制が厳しかったことも印象に残っている。「布団は白でないと」といわれ、寄宿舎の寝具を整えた。共林社では女主人が一宮の三八市に出かけ、女工たちのために買い物をする。中元や歳暮の贈答品、嫁入り前までに必要なものを買い揃えていくのである。また、呉服などは行商がくる。それを女工たちは「店のない呉服屋」と呼んで楽しみにしていた。

三　食と「地域」社会事業

林曜三の人物像と「共同」の意味

これまで、工場での炊事は、単に労働賃金の引き下げと効率的な労働力確保を目的とした事業として説明されてきた。しかし、倉敷紡績での直営食堂経営の開始や、鈴鎌工場における女工の生活、さらには起の中小機業家たちが立ち上げた共同炊事の試みをみると、食を通したこれらの実践が、地域の社会事業としての意味を合わせもっていたことがわかる。

特に林曜三の実践は、それを浮き彫りにする。娘である喜代の言葉を借りれば、機業経営だけでなく、「共同炊事や保育のことに心を砕いていた」林であったが、彼の目に、当時の社会、とりわけ彼が生きる尾西織物業地域はどのように映っていたのだろうか。綿織物から毛織物への転換、機械の導入と女工の増加、戦争による好景気とその後の恐慌、物価の上昇、労働賃金の高騰、周辺農村での小作争議、工場での労働争議が次々と起こった時代である。

中小規模の織物業仲間と話し合い、それまで各々の工場で作っていた食事を共同で作ることに決めた時には、織物生産の向上のために、栄養があり、経済的で、衛生的な食事を合理的に作るというだけではなく、地域内で生活を共同化することを通して、激変する社会に対応するための新たな組織をつくろうと模索していたのではないだろうか。そう考えるならば、共同炊事と保育所の設立はどちらも、近代において新たに求められた「地域」の生産と生活を再編するための社会的実践であったという点で共通している。(70) 本書ではこれを「地域」社会事業のはじまりと意味づけたい。(71)

関東大震災と共存園

林が愛知県の社会主事であった三上孝基との交流から薫陶を受けていたことはすでに述べた。どちらも当時、三〇歳前後の若者であった。林は三つ年下の三上とどのような話をしていたのだろうか。

林らが一九一八年（大正七）に起共同炊事組合を立ち上げたのち、一九二六年（大正十五）に起保育所を開所するまでの間には関東大震災が起こっている。この頃の様子を知ることは、保育所の立ち上げに至る経緯を明らかにするうえで重要であると思われる。

一九二二年（大正十一）に三上は社会主事に任命されると、方面委員制度の立ち上げと合わせて、早急に近代社会事業のモデルハウスを名古屋最大のいわゆるドヤ街（中区蘇鉄町）に設立することを命じられた。[72] 三上は翌年に木造二階建てのこじんまりとした保育園中心の隣保館（セツルメント）を建設し、「共存園」と名付けた。その年の九月、関東大震災が起こったために、同園はまずは避難者の一時仮宿泊所として利用された。ここに保母の最初の見習い生として金城高等女学校を卒業したばかりの水野よしをという女性が訪れた。[73] 関東大震災が起こった三日後、彼女は夏休みの宿題をまとめようと名古屋の寮へ戻ろうとしていた。途中の名古屋駅で見た光景を彼女は次のように記している。「東京方面から逃れてきた被災者たちが、駅の内外にあふれてそれは大変な混雑ぶりである。駅前の大広場には仮設の休憩所が設けられて、そこには、半焼けの衣服をまとった人や、満足に衣服もつけていないような人々が、何百人となくたむろしていた」。そして彼女は手伝いを申し出、被災者に声をかけながら五日間、名古屋駅前で働いた。この経験が彼女を共存園へと導いたという。また、彼女は在学中に賀川豊彦の『死線を越えて』からも感銘を受けていた。

東京から避難してくる人びとを満載した列車は名古屋で大勢の避難者を降ろした。じつはこの列車には、細井和喜蔵ととしをも乗っていた。着の身着のまま、食事もろくにとれないなかで、列車の窓から農家の人びとがジャガイモを差し入れてくれたことをとしをは記憶している。[74] 名古屋駅に到着したこの大勢の避難者を受け入れたのは、三上が立ち上げたばかりの方面委員を中心とした人びとであった。そして、多くの市民が救援に立ち上がった。

　林が方面委員に任命されたのは一九二六年（大正十五）であったため、関東大震災の救援活動とは直接関わりがなかったものと思われる。しかし、のちに方面委員に任命される林にとって、この震災と救援活動は、無関心ではいられなかった出来事だったのではないだろうか。その経験がのちの保育所開所までの経緯にどのような影響をあたえたのか、それを知るすべはないが、三上やその後の共存園の実践を通して、機業経営だけでなく、より広い視野から社会の問題を考える必要性を林は三上と話していたのではないかと想像する。実際、林は方面委員として仕事をするなかで、研修でみた名古屋市蘇鉄町保育園から多大な影響を受けている(75)。これらは、前章で述べた、大阪を中心とした社会事業の実務家ネットワークとも間接的につながっていたはずであり、その意味で林の生き方は、地方の一機業家、あるいは地方名望家という枠組みを超えた、より大きな意味をもっていたということができるのである。

四　共同炊事による胃袋の連帯

　ここまでは主に工場と女工の生活世界をみてきた。しかし、それは共同炊事の一部に過ぎない。病院、学校、軍隊、遊郭、監獄、会社、農村などでも共同炊事ははじまっていた。ここではそのすべてを取り上げることはできないが、当時の新聞や史料を手がかりにして、工場以外の共同炊事とその社会的意義について考えてみたい。

遊郭の食事と人権の獲得としての共同炊事

まず、遊郭ではじまった共同炊事の動きに目を向けよう。

そもそも遊郭の娼妓たちの食事はどのようなものであったのだろうか。それを知ることは簡単ではないが、大正期に実施されたある調査がわずかな手がかりをあたえてくれる。それは大阪市立衛生試験所の岩尾技師が実施した大阪における塵芥箱の調査である。

> 市民が家々の塵芥箱へ投り込むお台所の十二、三万貫、市では目下之が焼却後の処分問題について研究中であるが、岩尾技師は市民の食料問題—保健問題という立場からこの夏以来右の塵芥について化学上の試験に着手し、やっと一部の調査を終ってその成績を発表した、岩尾氏はまず塵芥の営《ママ》養分析をなすため手近な西区内八箇所の塵芥箱を取寄せ其中から、お台所の残り物と塵芥を選わけると残り物は平均全量の十六、塵芥は八十四という割合になった。……この調査の結果、栄養素の一番多いのは京町堀、阿波座これに比べて遊郭中心地の新町、松島などが一番劣等であるのは此の界隈に一体飲料が幅を利かせているので人間の口に入るのは水分ばかりが多くなって他との比例がとれないのだと認められる、……塵芥箱という塵芥箱が何処とも植物性—蔬

菜類の残物が幅を利かせて営《ママ》養素として主要な脂肪と蛋白が非常に少く殆ど全量十分の一にも及ばない点から見ると大阪市民が平素どれ位粗食に甘んじているかが覗われる次第でその辛抱強さに驚かざるを得ないと氏は舌を巻いている[76]。

この調査の結論は、大阪市全体で食事の栄養素は低く、とりわけ脂肪と蛋白質が少ないということであったが、注視すべきは地域的にみた場合、遊郭中心地が最も低かったという事実である。そのために他地域との比較が正確には難しいとしても、少なくとも遊郭中心地での食事は十分とはいえなかったという点は間違いないだろうと思われる。

ところで、近代の遊郭を内側から描いた山家悠平『遊郭のストライキ　女性たちの二十世紀・序説[77]』には娼妓たちのライフヒストリーが数多く描かれている。そのなかの一人、田淵スマ（一九一八年〔大正七〕生まれ）は長崎のある遊郭のなかで『放浪記』を読んでいた。彼女は次のように当時を回想する。

「作家になるのが夢だ」と語る客は来ても本ばかり読んで居た。あるとき、林芙美子の『放浪記』を貸してくれたが本を拡げても漢字が読めない、書けないので裏紙で幾度も練習し、次の機会に見て貰っていました。林芙美子さんも大変なご苦労をされた方だと思ったが、私から見るとまだ幸せです。あの方はどんなになっても人間です。女郎の私は、商品ですから主人の許可がなければ前の家にも行かれません。そこが大違いでした。楼主の奥さまたちは、今日は芝居見物、明日は三越と毎日いい着物を着て外出します。遊女が涙と尻で稼いだ金で賑やかに出掛けて行く。そんな姿を見て羨ましいというより、「何か世の中おかしか」といつも思うとりました。[78]

山家の言葉を借りれば、『「商品」』である女郎としての生活、つまり、売春という経験も含めた極端な疎外」がここにはあり、その苦悩を田淵は『放浪記』のなかの「私」は自分と比べてまだ幸せであるという言葉で吐露している。一方、そのなかで田淵は次のようにもいう。

後で考えると遊郭が私の学校のようなものでした。先生一人、生徒一人で頭の悪か私が分かるまで、お客の先生は教えてくれました。泥沼での救いでした。[79]

のちに田淵は遊郭のなかで通信生となり、卒業の免状をもって年季明けを迎えた。また、雑誌などを通して廓の外の世界を知りえた娼妓たちは、廓の内の世界を少しずつ変えていった。それが最も顕著に表れたのが「遊郭のストライキ」であった。じつはこの労働争議で勝ち取ったものの一つが、「炊事を一緒にする」ことだったのである。

場所は異なるが、一九二六年（昭和元）七月一六日付の『大阪毎日新聞』付録九州朝日の記事は、そのことを次のように伝えている。

炊事を一緒にし、各楼に配って楼主も娼妓と同じものを食べる。是が鹿児島の待遇改善。……従来は貸座敷が銘々に食事をしていたのを廃して、販売組合を組織し、一切の食料品を共同で購入、炊事をして、各貸座敷に配布。楼主も娼妓も同じものをたべることになって従来のごとく売れない娼妓を虐待することがなくなるわけである。さらにこの方法をお客の飲食物にまでおよぼせば、遊興費もやすくあがるのであるが、これは産業組合員でないものにまで物品を供給するわけで、産業組合法の規則に反するため、目下問題となっておる。[80]

それまでは食事が虐待につながっていたという点が見逃されてはならないが、さらに注意深く読めば、「炊事を一緒にする」とはすなわち、経営の合理化というよりもむしろ、娼妓たちが待遇改善を獲得することにつながっていたという意味づけを読み取ることができる。それに関連して、もう一つ記事を紹介しよう。

長崎市戸町遊郭貸座敷二十軒五百人の人々が、十五日から共同炊事を営んで、一大家族的生活をやっていることを記した。雇主と被雇人——それは多くの場合、利害相反したものだが、少なくともそれ等の人々が同じ釜の飯を食ひ、味噌汁を啜る時だけは、一寸温かい気持ちになる。同じ鍋に投げ込まれた色々な食物が混合融和して一ッの味ひを作り出すのと同じように、両者の意志が或程度まで融け合う和み合ふことだけは事実だ。[81]

こちらも楽観的に過ぎる感は否めないが、こうして長崎の遊郭で共同炊事がはじまったことは事実である。ここでもやはり、「同じ釜の飯を食う」ことが、雇主と被雇人との融和につながると意味づけられていることに注目しておきたい。

いうまでもなく、遊郭という場所もまた、孤立した胃袋が集まるところであった。地域で五本の指に入るといわれる大百姓の長女として生まれた田淵は、父母の離別によって他家の養女となった。そして小学校卒業とともに子守奉公に出された後、さらに紡績工場の女工となり、ついには養父が省林区で盗伐をしたことによる罰金支払いのために一六歳で遊郭の娼妓へと転落していった。いうなれば彼女の人生は、幼少期から長い間、家族からも地域からも孤立した胃袋を抱え、「知らぬ火」の飯を食べることを強いられてきた日々の連続であったといえよう。こうして考えてみると、何らかの抗いがたい理由で「知らぬ火」の飯を食べざるをえなくなった娼妓たちにとって、共同炊事という実践は、遊郭という泥沼のなかで「同じ火」の飯を食べることを通して人権を獲得し、「連帯」していくことを意味していたのである。

会社の平等食事主義と食堂争議

工場労働者ではなく、いわゆるホワイトカラーの人びとが集まる場所でも共同炊事がはじまった。これはいわゆる「社員食堂」のはじまりといってよいだろう。[82] それはおもに昼食の世界である。『大阪朝日新聞』は一九二二年（大正十一）二月から一一月までのあいだに、「『飯』から見た大会社の裏表」という興味深い記事を連載している。この記事によれば、重役から雑役夫に至るまでが同じ釜の飯を同じ容器、同じ部屋、同じ食卓で食べている会社もあれば、理事・普通店員・小僧の三階級に区別して、食物も部屋も別々という会社もある。この会社では、「階下の食堂で一食に十銭くらいの飯をシャアシャアと流し込む」平社員三〇〇人が「同餐会」という食堂委員なるものを組織し、彼らが一週間分の献立を決めている。また、食堂に対する社員の不平が絶えず、「食堂争議」がしばしば起こる会社もあった。あるいは職工と社員との「寄合世帯」のような会社もある。この場合、両者の胃袋が求めるものが質か量かという違いがあるという。いくつか記事を抜粋してみよう。

この会社は所謂筋肉労働者と精神労働者との寄合世帯なので筋肉労働者に属する工場従業員は労働が劇しいために「質」よりも「量」花より団子主義の者が多く副食物は何でも一向お構いなし、出来る丈け多く詰め込むが社員……殊に設計係などのように机に噛り付いて定規や算盤にコキ使われている階級は好物なれば一滴の汁も舐め尽す代りに嫌いな物は見向きもしないで直ぐ元の机に噛り付くと云った風に、それに反して社長、重役連と云った資本家階級連は黙って箸を動かせながら割合に大喰いをやる。(83)

日本銀行という厳めしい御役所風の所がまた平等主義の食事を採っているのは一寸珍だ、尤もツイ以前までは弁当持参主義だったのだそうだが近頃になって重役、行員給仕、婦人、小使二百名が一つ竈の飯を頬張り合うようにデモクラシイ化して来た、只部屋が重役行員給仕と婦人と小使との三つに分れているだけが御役人臭味の未だヌケ切らない気がする。

東京本店の六百名、全国十五、六の支店も右の大阪支店と同様で一食三十銭位の物を食わして

貰って食費は国庫負担で一切無料、全体で一年約十三万円を支出するとは大したものだ。(84)

弁当持参主義から共同炊事、行員食堂に変化してきたことがみて取れる。「一食三十銭」というのは一膳飯屋の三倍の食費である。しかも行員は無料であり、その食費は「国庫負担」であった。この記事が書かれた一九二二年(大正十一)は、本章前半で検討した織物女工たちの世界と同時期であることに、あらためて留意しなければならない。

商店と軒下食堂

大阪船場のある商店では、かなり恵まれた活気ある食事風景が繰り広げられている。

流石に暖かい昔の船場気分を脱しないで独身者と給仕は朝昼晩の三食、妻帯者は昼飯のみと限られている、そして月給七十円所で朝晩二食で四円五十銭である昼の副食物は、近頃では油揚げに大根煮のような田舎風のものや、時にはいずも屋のまむし以上にペコペコの腹の皮を躍動させる茶碗蒸しの温かい匂いが全店員をして正午の到来を待兼ねさせることもあるそうだ、食堂へ這入る順序なんか勿論定っていないが、食いたい盛りの給仕連は朝飯を九時頃に食う関係上午後一時過ぎに食うと頗る美味く食える訳だのに、その時分には重役や支配人なんかが食堂の中央に頑張って一堂を睥睨するので、コンマ以下の小者連は一番先きに失敬する訳だ。(85)

食堂のほかに、船場では弁当が重要な位置を占めている様子が次に挙げた記事から伝わってくる。弁当飯は大抵四〇銭と五〇銭の二種で、四〇銭は朝が十銭昼一六銭晩一四銭で、飯の分量は四〇銭のが三食で三合九勺、五〇銭のが五合だという。それと合わせて、饅頭屋、ぜんざい屋などの「軒下食堂」が繁昌していた。

下女を雇ッても寝させる所もない所から、自家で炊事をすることを廃めて、朝昼晩の三食を一切弁当仕出屋から取るのが多い船場、島之内に一町置き位に並んでいる弁当屋の御得意は大部分これらの商家だ。

斯うすれば、下女を雇う給料と木炭代と水道代が大に浮ぶことになるが、食い盛りの店員共は到底この弁当飯では腹一杯にならない、そして店の用事に妨げられて折角温かい物も冷たくなってから空腹に通すことが屢々だ、こんなことでは人間の身体に欠く可らざるカロリーが得られないので、番頭連は仕事の暇を盗んで附近の饂飩屋やぜんざい屋にモグり込んで漸く腹の虫を押え付ける。(86)

要するに、弁当では胃袋が満足しないため、その分を別のところで満たすのである。「商家の物惜しみが『軒下食堂』を賑すとは一寸珍な現象だ(87)」と記事にある。さらにそんなことをするだけの余裕をもたない丁稚小僧たちは、工面したわずかな金で芋を買ってそれを食べ、働く原動力を得ていた。

このように大阪では弁当と軒下食堂が人びとの胃袋を満たしていた。のちに詳しく述べるが、大阪に共同炊事組合がほとんど成立しなかった理由もおそらくこのような状況から説明できる。つまり、工場内に炊事場をもたない中小規模の工場での食事は、すでに存在していた仕出商を中心とした弁当販売、一膳飯屋、食堂の興隆がそれを支えることになったのである。

図 3-8　百一番食堂の看板

出所）『神戸又新日報』（1930 年 11 月 19 日付）。

「百一番食堂」の大量生産六銭洋食

一九三〇年（昭和五）、日本食料株式会社神戸支店が神戸市北本町に「洋食一皿六銭」の「百一番食堂」を開店した。それは新聞に取り上げられ、「何でもかんでも合理化の世のなかに、これはまた生きて行くには一日もなくてはならぬ人間の根本問題にふれた食料の合理化を標榜して『食料と時代の解決』と大きく銘打って生れ出た和洋食六銭均一の食堂がある」と報じられた(88)（図 3-8）。

値段は「和洋食一皿六銭八銭均一、白飯五銭、酒一合十銭、ハイシライス、カレーライスは各八銭、コーヒ三銭、汁三銭」と安価である。同社の株主は大阪の天満や雑喉場《ざこば》あたりの青物、生魚問屋の主人連や商人たちである。記事によれば、やがて中央卸売市場法が施行されることによる商売の制限縮小を見越して、大衆向きの食堂経営に可能性を見出したものであった。原料品を有利に買い込む玄人筋の天満商人が後ろに控え、大量生産と合理化に系統化された販売組織によって、既設の公設食堂より一、二銭安い値段を実現したこの食堂では、やがては十銭弁当も売り出す予定で、各工場、会社などへ大量に配給することも計画されていた。第一号店を「百一番食堂」とし、順次、一番食堂から前後して開店する予定であるという。記事には次のようにある。

さしあたり大阪市四貫島に工場を建てゝ、毎日五万食分の食料を製造して付近に散在する同社経営の食堂へ配給することになってゐるが、将来は尼崎付近に大工場を建設して、製造したそのまゝの食物を保温装置を施した三十台の自動車に積んで遠く京阪神の直営食堂で茶碗をたゝいて待ってゐるお客さんのお膳の上に、湯気のあがったテキやカツを出さうという超スピード的な一大食料王国の実現を期してゐる。

残念ながら、その後の店舗拡大の動向をつかむことはできなかったが、少なくとも百一番食堂は神戸に存在し、大量生産による安価な食事供給の試みは実施されたとみてよいと思われる。この食堂の運営会社の株主の顔ぶれをみると、当時の神戸や大阪では、都市化と産業化の結果生まれる大量の食料需要を商機とみて、大量食料供給という新たなビジネスが開始されたことがわかる。これは愛知県尾西地域の工場炊事とは異なる特徴を備えた、別様の共同炊事の展開であったといえよう。

五　胃袋と企業・国家・科学

共同炊事の広まり

では、共同炊事場は日本にどのくらい存在したのであろうか。

森川規矩によれば、共同炊事とは「特定の炊事場を設けるか、または既設の大きな炊事場を利用して、工場、学校、商店、常会、隣組、銀行、会社、旅館、料理店業者等が一定の料金か或はかかっただけの費用を支払う方法で、栄養食の共同炊事をし、各加入工場、家庭その他の人々に食事を配給する方法」である。[89] その特徴は、①栄養的、②経済的、③衛生的であることとされている。一九三八年（昭和十三）三月に厚生省労働局労務課が発行した『工場食の改善と工場栄養食共同炊事場』には、「工場栄養共同炊事場調査」という一覧表が含まれている。また、同年六月にはほぼ同じ内容を協調会産業福利部が発行した。[90] この二冊の関係は詳らかでないが、後者には一覧表の内容に加筆がされているため、以下では後者を用いて分析を進める。協調会の調査目的などには留意する必要があるが、共同炊事場の全国的把握を実施しているのは管見の限りこの二つの調査のみであるため、ここではまず、この一覧表をもとに、日本における共同炊事場の設立時期とその地域的特徴について考えてみたい（表3‐7）。

この調査によれば、一九三八年三月三一日時点において、共同炊事場は全国六九カ所に存在した。[91]

表 3-7　共同炊事場一覧（1938 年 3 月 31 日現在）

都道府県	名　　称	業　種	設立	組織	給食人員数（1カ月平均）	加盟者数	栄養士
東京	吾嬬栄養食共同炊事場	機械器具	昭和 11	社団法人	4,705	630	○
	東京第一栄養食調理配給組合	染色	昭和 10	任意組合	458	33	
	成増栄養食組合	化学機械器具	昭和 11	〃	408	15	
	板橋第一栄養食共同炊事組合	機械器具化学	〃	〃	3,499	48	○
	江東消費組合第一栄養食配給所	機械器具科学，染色	〃	産業組合	3,702	146	○
	江東消費組合第二栄養食配給所	〃	昭和 12	〃	5,889	232	○
	江東消費組合第三栄養食配給所	不明	昭和 13	〃	598	40	○
	八王子第一栄養食共同炊事組合	染色	昭和 9	任意組合	5,429	220	○
	八王子第二栄養食共同炊事組合	〃	昭和 10	〃	4,992	191	○
	青梅栄養食調理配給組合	〃	昭和 9	〃	500	57	
	城北第一栄養食配給組合	不明	昭和 12	〃	1,744	53	○
京都	西陣購買組合栄養食配給所	〃	〃	産業組合	3,935	97	
	保証責任岩屋信購買利組合栄養食炊事場	織物	昭和 11	〃	1,743	89	
	三河内共同炊事組合	織物，鐡	昭和 8	任意組合	1,500	92	
	浅茂川炊事購買組合	機業紋工業	昭和 9	産業組合	4,700	64	
	島溝川炊事購買組合	〃	〃	〃	1,930	35	
兵庫	西脇栄養食共同組合	織物	昭和 12	任意組合	3,039	57	

都道府県	名　称	業　種	設立	組織	給食人員数（1カ月平均）	加盟者数	栄養士
兵庫	重春栄養食共同調理組合	織物	昭和 12	任意組合	2,911	96	
新潟	十日町栄養食共同配給組合	〃	〃	〃	3,306	38	○
埼玉	川口市鋳物工場第一栄養食共同配給組合	鋳物，機械	昭和 9	〃	6,200	221	○
	川口市鋳物工場第二栄養食共同配給組合	〃	昭和 10	〃	3,275	103	○
	川口市鋳物工場第三栄養食共同配給組合	〃	昭和 11	〃	2,460	51	○
	前川栄養食炊事組合	不明	昭和 8	〃	600	7	
	小川大河栄養食共同調理配給組合	織物，染色，撚糸	昭和 9	〃	300	14	
	西秩父機業向上会栄養食共同炊事組合	機業	〃	〃	545	13	
	豊岡工場栄養食配給所	織物，印刷	〃	〃	410	10	
	所沢栄養食共同調理配給組合	織物，醸造	〃	〃	1,030	41	
	原谷栄養食配給組合	織物	昭和 11	〃	1,073	19	○
	高篠機業同盟会栄養食共同配給組合	不明	昭和 12	〃	2,933	40	○
	三澤栄養食共同配給組合	織物	昭和 10	〃	637	7	
	北部機業同盟会栄養食共同配給組合	〃	〃	〃	1,074	30	○
	秩父機業同盟会栄養食共同配給組合	〃	昭和 9	〃	3,822	79	○
	川越織物工業組合栄養食配給所	織物，簞笥製造	〃	〃	1,225	33	○

（つづく）

都道府県	名　称	業　種	設立	組織	給食人員数（1カ月平均）	加盟者数	栄養士
埼玉	飯能工場栄養食共同炊事組合	織物，撚糸	昭和9	任意組合	900	81	
	神鳩合同炊事組合	織物，撚糸，整理	昭和8	〃	1,450	42	○
	昭和会栄養食配給所	織物，染色，撚糸	〃	〃	576	15	
	加須栄養食共同調理配給組合	足袋，織物，鐵，製綿	昭和10	〃	684	77	○
	蕨工場栄養食配給組合	不明	昭和12	〃		50	○
	浦和工業栄養食共同炊事組合	染色	昭和10	〃	1,550	63	
	行田足袋工場栄養食配給組合	足袋，鐵工，染色，製綿	〃	〃	1,932	104	○
	幸手栄養食共同炊事組合	製糸，織物，編物，組物，機械	〃	〃	448	7	
	元加治工場栄養食共同炊事配給組合	織物，染色	昭和9	〃	690	19	
群馬	前橋撚糸工場栄養食共同配給組合	撚糸，織物	昭和10	〃	1,735	191	○
	有限責任桐生共同栄養食購買組合	織物，撚糸，鐵工，染色，整理整練，紋切	〃	産業組合	18,500	657	○
	有限責任伊勢崎栄養食購買組合	織物，染色，撚糸，整理加工，撚糸，鐵工	〃	〃	6,230	139	
	館林栄養食配給組合	不明	昭和12	任意組合	1,140	83	
三重	久居栄養食配給組合	織物	昭和11	〃		24	○
愛知	一宮撚糸栄養食共同炊事組合	紡績	〃	〃	1,415	139	○
	起共同炊事組合	織物	大正7	〃	2,668	54	○
	三河織物共同炊事場	染色	大正8	〃	3,814	56	
	蒲郡町共同炊事場	〃	大正11	〃	1,466	27	

都道府県	名　称	業　種	設立	組織	給食人員数（1カ月平均）	加盟者数	栄養士
愛知	宮町織富舎共同炊事場	不明	昭和 8	任意組合	473	14	
静岡	積志栄養食炊事組合	織布	昭和 11	〃	1,678	149	○
	長上栄養食炊事組合	不明	〃	〃	1,256	81	○
	北浜栄養食配給組合	〃	〃	〃	1,623	133	○
	南庄内栄養食共同炊事組合	〃	〃	〃	479	19	○
	村櫛栄養食炊事組合	織布，染色	〃	〃	1,497	43	○
	小野口栄養食共同炊事組合	織布	昭和 10	〃	1,711	66	○
	佐藤町栄養食配給組合	織布，染色	昭和 11	〃	3,390	129	○
	天龍栄養食配給組合	不明	昭和 12	〃	2,927	122	○
	三協栄養食炊事組合	織布	昭和 11	〃	2,541	93	○
	浅田栄養食炊事組合	不明	昭和 12	〃	2,501	59	○
岐阜	岐阜機業共同組合	機業	昭和 9	〃	2,400	105	
	鏡島共同炊事組合	機業，鐵工業，製材	〃	〃	1,180	103	
	有限責任笠松購買組合	機業	大正 8	産業組合	1,950	100	
	瑞浪土岐共同炊事組合	不明	昭和 12	任意組合	1,493	180	
福井	志北栄栄養食共同炊事場	織物	昭和 11	産業組合	750	39	
石川	大聖寺絹人絹織物工業組合栄養食共同炊事場	〃	〃	工業組合	3,870	42	○
福岡	直方工業栄養食配給組合	不明	昭和 12	任意組合	1,762	48	○

出所）協調会産業福利部『工場食の改善と工場栄養食共同炊事場』協調会産業福利部，1938 年，および『工場食の改善と工場栄養食共同炊事場』厚生省労働局労務課，1938 年。以上より作成。

一瞥してわかるように、それらは工業集積地域に立地している。その内訳は、機械器具工場が五、織物・染色・撚糸工場が四四、鋳物工場が三、不明が一五であり、織物・染色・撚糸工場が最も多く、全体の六四％を占めている。都道府県別にみると、東京に機械器具工場が多く、京都、兵庫、新潟、埼玉、群馬、三重、愛知、静岡、岐阜、福井、石川には織物工場が集中している。また、埼玉には川口市の鋳物工場が含まれていることにも注目しておきたい。

工場が多いはずの大阪市には栄養食共同炊事場が存在しないようである。同史料には大阪について、次のような記述がある。

大阪市工場地帯に於て、近時著しく発達し来れる弁当仕出商の問題がある。例えば大阪に於ては代表的なる大工場及び多数の中小工場並に商店に朝、昼、夕の弁当の配給を行ひ、大なる仕出商に於ては工場労働者に対して配給する個数が七千を超えると云ふ。又市内の仕出商は組合を結成し、中央市場との間に連絡組織を有し、或は又副食物の如きには整然たる分業組織を有して之を加工している。(92)

つまり、調査時点の大阪市においては、栄養食共同炊事場が設立される余地がなかったのではないかと推察される。すでに述べたように、大阪では仕出商のほかにも一膳飯屋をはじめとした外食店の果たす役割が大きかったことも関係していると思われる。これは近代以前の都市と食のあり方を反映する現象といってよい。

多くの共同炊事場は工場に付属して、複数の工場が加盟する任意組合として設けられていた。設立年に着目すると、ほとんどが一九三五年（昭和十）前後であるなかで、愛知県と岐阜県には一九一八～二二年（大正七～十一）という比較的早い時期に設立された共同炊事場が集中していることが特筆される。先にみた「起共同炊事組合」はこのなかに含まれ、かつ、表3-7のなかでは最も早くに設立された組合に位置づけられる。

こうしてみてくると、大正末期に衰退した公営食堂とは対照的に、大正期にはじまった共同炊事は、その後、昭和十年代にかけて徐々に広まっていったと考えられる。その背景には何があったのか。それを明らかにするためには、共同炊事を取り巻く、より広い社会的環境に目を向けなければならない。これまでみてきたように、工場食や共同炊事は愛知県のみにとどまる動きではなかったからである。キーワードとなるのは、食の「科学化」と「合理化」である。それは「栄養」と「衛生」という概念が、食に関わる重要な事項として登場してきたことと足並みをそろえて進んでいくことになる。

それを推し進めた三つの主体、すなわち企業、国家、科学（栄養学）が人びとの胃袋にどのように関与することになったのか、以下ではそれを考えてみたい。

労務管理としての食――胃袋と企業

工場法が施行され、国家や警察が工場の日常に関与する動きとは別に、倉敷紡績のような工場主自身の自発的な運営を重視し、それを促す動きがあった。これはのちに、労務管理という発想につながり、日本的労使関係[93]を形成していく底流となる。宇野利右衛門はその代表的啓蒙家の一人であった。工場が大規模になればなるほど、経営者と労働の現場は乖離していく傾向が強まった。そのような状況のなか、頻繁に工場視察に行って、現場の労働者や監督者と接触し、彼らの意識や行動を深く理解した宇野の活動は、企業にとっても現場にとっても重要な意味をもっていた[94]。

宇野利右衛門は一八七五年(明治八)に滋賀県野州郡小津村に医師の長男として生まれた[95]。父が早くに亡くなったため、生活が困窮し、彼は一三歳の時に中学校を中退して商家へ丁稚奉公に出、二〇歳でその商家を去るまで、商業に従事しながら文学と経済学の大要を独習した。一八九五年の春、宇野が三〇歳の時に母が病に倒れると、彼は母を連れて大阪で職工生活に入った。じつは彼の姉と妹はいずれも紡績工場で女工として働くうちに、結核にかかって亡くなっている。彼自身だけでなく、姉妹たちも職工として明治期の工場労働と深く関わり、そしてそこで家族を失ったことは、彼のその後の活動に深い影響を与えたと想像される。宇野の著作は一貫して、工場の現場からその状況を少しでも改善しようとする提案に満ちている。

明治末から昭和初期にかけて、産業界の中間指導者[96]として活躍した宇野と、彼が主催した労務問題啓蒙団体(工業教育会)は、日本の労働者の生活実態に即した労務対策を案出し、普及させるという重要な役割を果たした。宇野はおもに紡績織物工場の男工女工の処遇について、彼らの生活状態を含めた実地調査を行い、多くの報告を残している。

そのなかで炊事に関するものとしては、『職工問題資料』[97]第一輯所収の「食事改善論」と『工場炊事要鑑』上・下巻がある。前者は一九一二年（大正元）に刊行されたもので、工場の食事に関して宇野が複数の工場経営者にインタビューした内容がまとめられた。宇野が主催した「炊事会」と称する食事や食堂設備についての談話形式の報告には、経営者の目からみた工場の食事が詳細に記録されている。

後者の上巻は一九二五年（大正十四）、下巻は一九二八年（昭和三）に刊行された。これは、『職工問題資料』[98]Bで宇野自身がまとめた工場食堂、炊事場、食物調理に関する研究史料を編集したものである。ここには、日本各地の紡績・織物工場における実際の炊事場や食堂の写真が収められている。いくつもの炊飯釜が備えられた炊事場、大量の食器、広い食堂、漬物用の大根が山積みになっている様子などを見ると、あらためて、一同に集まる女工の多さと食料需要の大きさをうかがい知ることができる。

宇野によれば、工場炊事は軍隊や学校寄宿舎などの団体炊事と比べて、①食用者がすべて職工であること、②非家庭的群居生活の必要上というよりもむしろ職工優待機関として経営されていることが特徴であるとしている。そのため、経済、衛生、合理化に加えて、「愉快に食事せしむる」[99]ことを理想に掲げている点が興味深い。このように、工場食は近代を象徴する科学、衛生、合理化、管理の体系化と密接に関わりながら展開してきた。

宇野は「食事を改善して、より多くの栄養分を職工一般に給して、以て労力の保全を完からしめると云ふ事は、職工待遇上の重要な事項」と主張し、『職工問題資料』第一輯のなかで「食事改善論」を展開している。(100) 宇野によれば、明治末年時点の職工寄宿舎をもつ工場を見渡すと、なかには食事がよく整えられている工場もあるものの、大多数はまだ不完全で、改良すべき点が残っていた。それは第一に、職工から徴収する食費が低廉なため、会社の補助を加えても食物の品質が粗悪であるということ、第二に食堂の整備が不完全であるため居心地が悪いこと、第三に献立が単調で食欲を増進させられないという三点であり、この欠点が職工の栄養不足、胃腸の疾患、労力の不健康を引き起こすと宇野はいう。

「職工優待の第一義は、米と蒲団にある」といったのは鐘紡高砂の工場長、瀧川勝一郎であったが、宇野はこれを引用して、職工保護の二大要義は「食事」と「安眠」にあるとし、特に食事は職工の健康に直接、影響を及ぼすので研究を怠ってはならないと主張した。おもに工場の経営者を啓蒙する立場にあった宇野は、こうした内容に対して各工場の炊事担当者を集めて意見交換を行う目的で、一九一二年(大正元)九月一五日に「炊事会」という会合を開いている。京阪神の各社工場三十余りへ案内を出したところ、八工場から十人の担当者が参集し、工業教育会のメンバーが加わって、合計一四名の小集会となった。ささやかながらこの記録は、各社の炊事や食事を知りうる貴重な史料となっている。参加したのは尼紡津守工場、尼紡本社、毛斯綸《モスリン》紡績、日本紡績本社、小津細絲紡績、三重紡西成工場、帝国製麻大阪工場、福島紡績本社の面々である。

まず、食費問題についてみると、女工から徴収するのは一日三食分で八銭から九銭である。この頃、食費を少し引き上げて、食事の質と量を高めようという議論が起こっていた。宇野はそれを詳細な献立と経費の分析から主張している。それに対して、尼紡津守工場の担当者は次のように答えた。

何分米だけでも、既に拾銭近くもかゝる事であるから、どうしても彼等の不満足を免れないので、多くの女工のなかには、外出の度毎に、種々の物を食べるのみならず、寄宿舎の中へまでも持ち込むで来る事を見受けるのである。之が為めに、女工が浪費する処の金と云ふものは、決して少なくはなかろう。故に此際壱銭若くは弐銭を引き上げて、よし充分の満足は与え得られぬにしても、今少しく何とか改善したいとは、吾々の早くから考えて居ることであるけれども募集地との関係上、断行することを躊躇して居るのである。と云ふのは、私の工場の募集地は、九州のはてゞあつて、生活の程度が非常に低い處で、一日一人五六銭もあれば、十分に生活が出来るやうな処ですから都会の事情を知らない父兄は、八銭の食費を猶一二銭も引上げると云つたならば妙な誤解を起しはしないかと云ふ憂があるからである。(101)

企業側の言い分をみると、女工の処遇改善という視点は乏しく、労働力の質の改善を労働者自身の負担で実現しようとしている点にまず留意しなければならない。一方で、食費を安くしても結局は間食で女工たちが浪費してしまうこと、都市の物価高を募集地に周知することが難しかったこと、食費をめぐって工場と女工の家族とのあいだで信頼関係が揺らぐことを企業側が懸念していたことなど、食費の引き上げをめぐる、具体的な困難が伝わってくる。

その他の工場もそれぞれ食費の事情についての情報交換をしたのち、この会では食費の引き上げによって、食事の質を高めるべきという結論に至っている。司会である宇野は次のようにまとめている。

回顧しまするに、今から二年以前、私が始めて本会を設立しまして『職工問題の研究』を発刊した時分に、食費の引上は、会社職工双方の幸福であつて、職工問題の解決には、第一に此問題を解決しなくてはならぬと云ふ事を、極力論して置いたのであります。その当時には、それは理屈としてはよいけれども、実際には適しない空論だとして、大多数の方々が賛成されなかつたが、二年以後の今日に於て、斯様に全会一致の御同意を拝聴する事を得たのは、米価の高騰といふ事が一つの原因であるとはいひながら、職工問題に対する諸君の御思想の進歩と斯道の為めに慶賀に堪えざる次第であります。(102)

その他にもこの会では「飯の事」、「漬物の事」、「汁の事」、「副食物」が議題にのぼった。「副食物」に関しては、「一品だけ近頃女工にお与えになつて、評判のよかつた副食物」を紹介し合うというものであった。一部引用してみよう。

いつでも女工の好む副食物は、塩鮭とか干魚とか、塩の強い魚を焼いて給する。

牛蒡と蒟蒻と焼豆腐とに赤小豆とを入れ砂糖を沢山入れて煮た、所謂「従姉妹煮」と云うのがうけたやうです。

奴豆腐に花かつを等も、一寸気の利いたものであります。一銭の豆腐を半分、それにかつをと醬油を添えて二厘、即ち七厘で上るがその割に体裁もよく評判がよいやうである。

ゆば、かんぴやう、氷豆腐等を味をつけて煮ておいて、それにちりめんざこを加え、飯に混ぜたもの、俗にいうかやくめし等は、これは副食物ではないけれども、最も喜ぶ食物であらう。近頃これをこさえた所が、一飯に十三石も食べてしまひまして大うけであつた。

茄子の油煮等は随分喜ばれる菜であらう。それは鍋の中で油を煮立てゝ置いて、それへ茄子を適宜に切つたのを入れて、充分にいためておいて、それに醬油と砂糖と水を加へて味をつけたものである。

牛肉、玉ねぎ、馬鈴薯等の煮込み等は随分女工の喜ぶものです。

煮うどんを食べさせたが、女工が非常に喜びました。それはうどんを買つて来て、一度それをゆでゝおいて、それに葱、けづり牛蒡、油揚等を加えて、砂糖と醬油で味をつけて食べさせるのである。[103]

それぞれの工場の食生活が垣間見えるとともに、炊事係は漫然と業務に従事していたわけではなく、女工の食べる姿から評判を知り、好みを理解しようとしているという状況を読み取ることができる。

さらに一九一二年（明治四十五）一月には第二回炊事会が開催され、「食器に関する件」、「炊夫に関する件」、「食堂の整理に関する件」などが話し合われた。こうした宇野の活動と集まってきた炊事係との会話を通してみえてくるのは、企業が人びとの胃袋に関心をもちはじめ、その関与の仕方を試行錯誤していたということである。『職工事情』が刊行された時から、工場によっては状況が改善している場合もあり、また、このような宇野らの取り組みを通して、改善の必要性が啓蒙されつつあったようである。先に述べたように、この時期は大原孫三郎による倉敷紡績での女工観の転換が起こっていた時期でもあったが、それは倉敷紡績にとどまらない動きになっていたということができるのかもしれない。

ところで、社会問題研究所を設立した大原は、大原社会問題研究所にいた暉峻義等を倉敷に呼び寄せ、一九二〇年（大正九）二月に深夜の工場見学を予告なしで実施した。[104] その目的は倉敷紡績の労働者の労働環境を把握し、その改善の実務を当時三〇歳だった暉峻に任せることであった。こうして工場内に倉敷労働科学研究所が設立された。兼田麗子がすでに指摘しているように、[105] 暉峻は労働能率に偏重しているテーラー・システムを批判的にとらえており、「どんな体制下の下でも労働者大衆のためのもの」である労働科学の確立を目指した。つまり、欧米での動きも視野に入れつつ、単に効率の向上を目的とするものではなく、人間尊重の視点を重視した実践的学問としての労働科学が同研究所から生まれたのである。[106] 暉峻は過酷な勤務が女工たちにどのような影響を及ぼしているのかを調べて発表した。これは一九二九年の深夜労働を禁止する工場法改定の実施につながったといわれている。[107]

医学者であった暉峻はまた、疲労回復に必要な栄養についても研究した。その結果生み出されたもののの一つに「労研饅頭」がある。暉峻は二度にわたって満州へ旅行し、満州の人びとが常食としている小麦粉で作った饅頭を知り、それを倉敷労働科学研究所で改良して「労研饅頭」を開発した。「『パン』よりも製法が簡単で、従来の日本の台所用具を使つて出来、而も主食物への利用を増加するのであるからして、各団体、各家庭でこれを自給すると云ふのが労研饅頭の立て前である」、「岡山市や倉敷市で一般のために配供してゐるのは単価を一銭二厘五毛（即ち五個五銭で売るべきを四個五銭としてゐる）と限定してゐる。そして労働科学研究所推賞なる文字を使用することを許してある。……工場や軍隊方面にもぼつぼつ需要が増して行く」と暉峻自身が論文で説明している。[108] この饅頭は麦食を促す主食代用食として、工場、会社事務所、銀行、学校などの昼食弁当に適当であり、単価一銭当たりの栄養価は米飯、米麦飯、パン、うどんなどに比べて優れているという特徴があった。

京阪神で販売されはじめると、労働科学研究所から譲り受けた酵母で饅頭を作る販売店が続々と増え、全国で三七店が製造販売するようになった。

そのうちの一つである愛媛県松山の「労研饅頭たけうち」は、一九三一年（昭和六）に松山夜学校で、教師であった竹内成一が不況で学資に苦しむ夜学生を援助するために酵母を譲り受けて労研饅頭を作ったことにはじまる。[109] その後、松山夜学校から個人経営になり、二〇一八年現在、同店のみが、その当時の酵母を使って饅頭を作り続けている（図3-9、図3-10）。

警察による食の管理——胃袋と国家

大正期の工場炊事を調べていると、警察の史料にたどり着くことが多い。それは当時、警察が工場監督に関わる行政を所管し、工場炊事もその管轄下にあったためである。

図 3-9　松山夜学校工場前

出所）労研饅頭たけうち提供資料。

図 3-10　労研饅頭のラベル（復刻版）

出所）同前。

具体的な事例でいえば、愛知県は警察部工場課内に愛知県工場会を置き、同会は一九二三年（大正十二）に『工場飲食物献立表』を刊行している。そこには「今ヤ欧州大戦乱ノ結果ハ工業会ニ未曾有ノ発展ヲ来シ、事業ノ拡張及ビ新設等益々慇盛ヲ極ムルニ当リ毫セ《ママ》職工ノ健康ニ留意スル処ナク、徒ラニ目前ノ利益ヲ得ルニ急シテ永久ノ慮ヲ忘ル、コトアランカ[110]」とある。本章で事例として紹介した鈴鎌工場の史料群には同書が含まれていた。

また、一九二八年（昭和三）には、全国に先駆けて、愛媛県警察部工場課に栄養管理技手が配置されている[111]。もともと衛生行政は警察の管轄であり、職工の生活は、各県の警察部工場課によって管理され、時には調査が実施されたのである。

さらに警視庁工場課では、「労働者の健康を保持し進んで体力の増進を図り、生産能率の増大」を掲げて、一九三二年（昭和七）に『工場食の改善』[112]を刊行した。同書によれば、一九二九年（昭和四）八月に同課内に専門の栄養技手が配置され、工場で給与されている食事についての基礎調査を行い、一定の計画を立て各地で講習会を開催し、実地指導が行われた。

このような工場食への警察の関与は、工場法との関わりのなかで進められたと考えられる。一九一六年（大正五）の同法施行に先立ち、農商務省商工局内に工場課が新設され、翌年には各府県警察部に工場監督官が置かれた。こうした経緯のなかで、監督官は工場の立ち入り検査や工場法違反の取り締まりと指導にあたることになったのである[113]。

ところで、警視庁工場課による実地指導とはどのようなものであったのだろうか。警視庁工場課と東京工場協会が一九三一年（昭和六）に共催した講演会は、国立栄養研究所で開催され、講師は同所の所長であった佐伯矩《ただす》、警視庁工場課警察技師であった星合甚之助が担当し、各工場の調理主務者が集まった。これは具体的には「工場食改善講演会」というもので、特に栄養学の知識を中心とした指導であったようである。では、共同炊事に取り入れられた栄養学の知識とはどのような内容であったのか。次にそれをみていくことにする。

佐伯栄養学校と国立栄養研究所——胃袋と科学

もともと集団食への関心は、まず軍隊の食事を改善することからはじまり、その後、一九二三年（大正十二）の改正工場法によって寄宿舎を有する工場に献立表の作成が義務づけられたことによって、工場食にも関心が向けられるようになった。

それに先立ち、一九一四年（大正三）には佐伯矩（一八七六～一九五九）が栄養研究所を設立していた。佐伯は伝染病研究所で細菌学や酵素について学んだのち渡米し、十年間の留学を経て、栄養学を体系づけ、独立した学問にすることを決意して帰国した。そして私設の研究所を設立したのである。[114]一九二一年には内務省付属機関としての国立栄養研究所が設置されると、当時四五歳であった佐伯はこの研究所の所長に就任するとともに、一九二五年には栄養学校を設立した。[115]同年には国の食糧問題と食生活改善を目的とした「糧友会」も発足している。[116]当時の栄養研究の目的は食を健康・経済・道徳の問題として把握することであり、とりわけ工場食は産業立国を目指す日本において、特に重視すべき重要課題とされた[117]。共同炊事に対する栄養学校の影響は小さくなかったようで、先に述べた「工場栄養共同炊事場調査」には、栄養士の有無が記載されている。六九カ所の内、三八カ所は栄養士を雇い入れており、起共同炊事組合にも一名の男性栄養士がいたことが記載されている。

昭和十年代に協調会によって共同炊事場の調査が実施された背景には、このような工場食改善運動があったものと思われる。『工場食の改善と工場栄養食共同炊事場』は第一編「工場食事の改善」と第二編「栄養食共同炊事場設置の栞」からなり、とりわけ前者は栄養学の見地からさまざまな提案がなされている。その主旨は、「世の中が進歩し科学の発達したなかで食事ほど取り残され改善されていないものはない[118]」として、「栄養食」なるものを普及させるというものであった。当時、共同炊事で重要とされた「栄養食」とは、蛋白質、カロリー、無機質、ビタミンという四つの条件を備えた食のことである[119]。いうまでもなく、このような知識を備えた栄養士の養成は、食生活改善を通した富国強兵を目的としていたことにも留意しなければならない。

佐伯は一九二六年（大正十五）に『栄養[120]』という本を刊行している。本書によれば、西洋では食餌療法なるものが存在し、東洋でも食養という概念が古くから存在していたが、「栄養」のことを科学的に取り扱うようになったのは、比較的新しいことであった。日本では明治維新ののちに西洋の知識が輸入されてからのことである。それを独立の事業とすべく一九二〇年、国立栄養研究所が設立されたことをふまえると、佐伯自身が日本の栄養研究の第一人者であるといっても過言ではないだろう。

佐伯は栄養研究の必要性を、①生物学上の必要、②社会政策上の必要、③食糧政策上の必要、④体

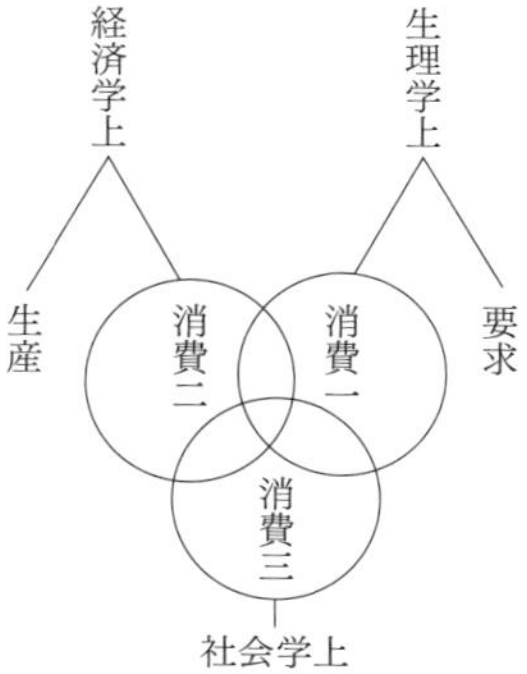

図 3-11　佐伯の栄養三輪説

出所）佐伯矩『栄養』栄養社，1926 年，16 頁。

格体質改善上の必要、⑤療病上の必要、⑥科学の精華としての必要という六つの観点から主張し、断片的であった栄養研究を、新たな様式によって統一、体系化するために、「消費」という行為を生理学、経済学、社会学の三方向からみて、それらを融和させる「栄養三輪説」を唱えた（図 3-11）。

それにしたがって、『栄養』は三篇、すなわち「天」養理篇、「地」調理篇、「人」食政篇から構成されている。同書の冒頭には佐伯自身が作詞した「栄養の歌」なるものと、「食品の成分と効果」についての図が掲げられている。これは先に述べた、起共同炊事組合の資料綴のなかにも綴じ込まれてあったことから、各地の工場や共同炊事場へも伝えられたものとみてよい。

佐伯の論がもつ独自性の一つは、「食政」という視点である。

人も国も食の上に立つ。……食の重きは人重きが故なり。食を忘れざる人は人を忘れざるが為めなり。一国の興隆には食政先づ講ぜられざる可からず。(121)

こう主張して、栄養研究は医学の一部に偏重することなく、経済、社会政策とも密接に関わるべきであるとした。米麦が農民のみのものではなく、富める人が食料を占有してはいけない。これを「飲食の道徳」あるいは「食物の社会化」と定義し、それを実現する場が「共同庖厨」および「公設食堂」であると説明している。特に工場食は重要であるため、工場法案にも就業員の栄養に関する事項を盛り込むべきだとも述べている。

佐伯のこうした主張や、国立栄養研究所での仕事によって、「栄養士」の養成が推進されることになり、彼らが工場の栄養士や警察部工場課の栄養技師として「栄養」という科学的知識と社会的実践を各地へ普及させていくことになったのである。

栄養食配給所と工場食改善運動

大正期にはじまった栄養学による胃袋への関与は「工場食改善運動」へと展開し、急激な普及をみた。国の社会局労働部はその動向を次のようにまとめている。

我国に於ける工場食の改善運動は、漸く最近十年間に極めて急激なる普及を来したるものであつて、其の発展の方向は先づ工場課又は保安課に専任技術者の配置が普及し、講習会、講演会等を開催しつつ栄養に関する理論と実際的方面の知識の啓発が行はれ、更に実地指導によつて良好な成績を挙ぐる方法が講ぜらるる一方、中小工場の集団せる地区に対しては組合組織による共同炊事場の設立が勧告されつつあり、将来国民体位の向上という与論に刺激せられ、益々発展普及すべきことが十分予想せられる。[122]

その実践の一つが「栄養食配給所」、あるいは「栄養食共同炊事場」と称される施設の設置であった。前掲の表3-7はこの施設の一覧を示したものということになる。

当時、日本で最大規模の施設は群馬県桐生市にあった。桐生といえば織物の大産地である。東京、大阪、愛知などの大都市とは異なり、農村地域に隣接する地方都市に立地した大規模工場には、大規模な炊事場が必須であった。最大規模ということもあり、当時、桐生には食品会社、栄養学研究者などが訪れ、その報告を残している。たとえば一九三七年（昭和十二）の『栄養と料理』には「桐生共同栄養食購買組合参観記」という記事が掲載されている[123]。

記者はバスを降りて工場へ向かう道すがら、「黄色い大型自動車が三台白い埃を舞ひたて乍ら疾駆してくる姿を見て、「トタンに第六感で、組合のだな、と見てとった」。そしてそれは記者が予想した通り、組合の配食車であった。有限責任桐生共同栄養購買組合は、一九三六年（昭和十一）三月に設立された。それに先立ち、一九三四年に群馬郡工場協会桐生支部が設立されたので、その事業として栄養共同炊事事業の研究がはじめられたのであった。出資金総額は六万三六二〇円、組合員は六四五人、戸数にして三八〇戸であった。職業別にみると、織物工業五七四名、商店四三名、鉱工業十名、雑業一八名である。配食数は約七〇〇〇食、一五か二〇人分を一つの容器に入れて五台の自動車で配食する。小さな小屋を配給所として五八カ所設置し、そこに備えた棚に容器を差し込み、古い容器を持ち帰るというシステムになっている。一番遠い配給所は一里半あるため、配食するには一時間半ほどかかったという。

同所専属の栄養士によると、献立は豆または豆製品が多く、動物性食品としては塩物や干物、罐詰、煮干粉の利用が多い。魚は大抵一日おき、肉は週に二回ほど使う。魚は日本水産株式会社（現ニッスイ）、米は主として群馬および東京の深川あたりから、野菜は土地の商人から購入していた。ただし、はしりの野菜は東京の方が安いことがあり、その時は東京から購入している。

記者は同所で一食八銭の昼食を食べて「どうしてなかなか美味しかった」と記している。おかずは盛り合わせで里芋と生揚げ、牛蒡、人参、するめの焚き合わせにあんをかけたもの。ご飯は丼一杯の七分搗飯であった。

調理場は平屋建一棟、ライスボイラー室一室、調理室、食堂、豆腐製造室、揚物室、消毒予備室、乾物庫、雑品庫、廊下、車寄からなる。他に、精米所、米穀倉庫、汽罐室、自動車庫、蔬菜貯蔵所、ドレン槽、水槽、貯炭場、寄宿舎などの設備がある。約五万円の投資をしてこれらの設備が整えられた。

ここで働くのは総勢六八名、うち調理部には炊飯が六名、調理十名、栄養士一名、機関室三名、精米所二名、配給の運転手六人、配給員一二名であった。いかに大規模な炊事場であるかがわかるだろう。図3-12は同所のライスボイラー室である。佐藤式自動三重型蒸気煮炊装置と土屋式釜蓋を配する二五台のライスボイラーがずらりと並んでいる。一つの釜で、味噌汁二石二斗、米六斗が優に炊けるという大きさであった。

興味深いことに、この写真は日本水産株式会社によって撮影されたものである。日本水産は当時拡

図 3-12　桐生共同栄養食購買組合のライスボイラー室

出所）日本水産株式会社編『栄養食共同炊事読本』日本水産株式会社，1938 年。

大しつつあった共同炊事や栄養食配給所を新たな顧客とするべく、その市場調査もかねて、全国的な調査を実施していた[124]。実際、この桐生共同栄養食購買組合では、日本水産の魚および魚肉を積極的に用いていた。このように、大量の食料需要の発生は、食品会社とも密接に関わりながら展開することにもなった。

農繁期共同炊事

　これまでみてきたような都市や工場という場だけでなく、農村でも共同炊事の必要性が唱えられるようになった。農村での共同炊事は、二段階で進んだ。

　農村部では第一段階として、大正後半期の生活改善運動のなかで栄養改善が提唱されるようになったことと連動して、農繁期に臨時の共同炊事が試みられた。大正期から昭和初期は主に

「栄養之合理化」を実践するための共同炊事であった[125]。また、農繁期には農村の女性たち、特に子どものいる女性たちが激務に従事する傍ら炊事を担当しなければならないことに鑑みて、健康の保持、幼児の発育、家族活動のためにも七、八月、もしくは七、八、九月の短期共同炊事が必要であるとされた[126]。こうして農村部の共同炊事は、「農繁期共同炊事」という形式で始まった。

その後、第二段階として、戦時下において「栄養」はますます重視され、その結果、都市部だけでなく、農村部でも栄養食とその共同炊事の必要性が一層強調されるようになっていった。それは農業共同作業と農繁託児所とを合わせた取り組みとなる場合もあった。

「国民の栄養状態は、欧米諸国のそれに比して著しき遜色がある」[127]。特に栄養摂取量、そのなかでも脂肪の不足が問題である。これは一九四三年（昭和十八）に刊行された『農村栄養　共同炊事の運営』という本の冒頭の言葉である。続けて次のようにいう。

農村共同炊事は労力調整、健兵健民、戦時生活刷新、隣保共助、母性保護、人口政策等々の目的を以て、全国に展開した事業であるが、今や農村共同炊事の目的は、戦争に勝つための農業経営、食糧増産、協同体建設の基底としての重要性が確認されて来たのである。

ここには農村共同炊事の目的は、戦争に勝つために重要であると明記されている。同書はそのための指南書であり、前篇の農村栄養では、「農村栄養」、「主食物栄養の摂り方」、「副食物栄養の摂り方」、「弁当栄養の摂り方」、「間食栄養の摂り方」、「妊婦栄養の摂り方」、「産婦栄養の摂り方」が述べられ、後篇の共同食生活では、「農村共同炊事の開設」、「共同炊事献立調理の実際」、「共同炊事衛生管理」、「都市女子青年農村勤労奉仕」、「共同炊事の新展望」、「農村炊き出しの仕方」、「農繁期農民栄養訓」、「農村共同貯蔵食の仕方」という内容になっている。このうち、農村における共同炊事の目的を端的に伝える「農繁期農民栄養訓」を次に書き出してみよう。

第一訓　体力と疲労に備えよ、疲れぬ前の栄養が第一
第二訓　満腹と栄養は別箇のもの、たゞ腹を膨らませて満足するな
第三訓　白い飯や偏つたおかずは疲労の因病の因
第四訓　働くによい七分搗き、節米忘れず、芋、糖分、油気などを副へよ
第五訓　肉、魚、卵、豆、味噌などを、すり減る血と肉の補いに
第六訓　疲労防止と、骨質強化に、野菜、海草、小魚などをとり合はせてとれ
第七訓　むらなくとれよ栄養食、早食、茶漬と咀嚼に気をつけよ
第八訓　疲労の回復には、まづビタミンBとC　重曹、塩に甘いもの
第九訓　お国のためだ、過労を避けて、妊婦に栄養、子は保育
第十訓　共同作業と共同炊事、お互いのため、国のため、勝つために(128)

第一訓から第八訓までは栄養の効用について説かれているが、第九訓と第十訓では戦時下での共同炊事は「国のため」であると加えて強調されている。

具体的な事例として千葉県をみてみよう。千葉県農会会議室では一九三九年（昭和十四）七月に「農業協同作業と農繁託児所及共同炊事」に関わる研究会が開催された。そこに出席したのは、県農会の幹事と技師、県庁の農務課と衛生課の職員、そして千葉県内の九つの町村の農家組合長や、農事実行組合長らであった。そしてこの研究会の記録は帝国農会がまとめて刊行した[129]。続いて帝国農会は千葉県農会に「共同作業・共同炊事・農繁託児所実施に伴ふ農村労力事情調査」の実施を委託した[130]。その目的は、「支那事変勃発後農村の労力は漸減し、従来労力過剰であると謂はれた農村は逆に労力不足の事態に横着した。農業労働力の不足は農業生産確保に致命的影響を与へる。労力不足に対応して系統農会が共同作業の全国的普及を図ると共に、その実態の客観的把握に立脚して適切なる指導統制を加へ来つたのも一に労力不足対策の完璧を期する為」であった[131]。こうして農村の胃袋は、銃後の労働能率増進のために、帝国農会、県農会、農事実行組合、農家という系統のなかに組み込まれることになったのである。

本章では工場炊事にはじまり、遊郭、会社、商店などの共同炊事をみてきた。そこには食事と炊事の合理化という以外にも、さまざまな目的があった。つまり、工場では女工観の転換と、遊郭では人権の獲得と、会社では平等主義の主張と密接に関係しながら共同炊事が実施された。一方、大阪の商業地域では自由闊達な個人主義のなかで共同炊事が成立しなかったことも明らかになった。

また、この時期に拡大しつつあった農村における共同炊事の動向からみえるのは、共同化によって実現する栄養摂取の向上と炊事の合理化が、最終的には「国」と「戦争」への貢献になるという極めて政治的な目的のために科学と国家が人びとの胃袋に関与するようになっていく過程であった。共同炊事によって実現する胃袋の連帯は、人びとが人間としての尊厳を勝ち取っていくきっかけになると同時に、時に人びとを統制する手段ともなり得たという側面にも留意しておかなければならないだろう。

第4章　胃袋の増大と食の産業化

——大量生産・大量加工時代の到来

一　食の産業化――大量生産と大量加工

これまでみてきた各種外食施設、集団食と共同炊事の興隆は、大量の食料消費の実現を意味し、それは近世以来の食料供給体制の大規模な再編を促した。とするならば、近代とは、「食の産業化」が急速かつ大規模にはじまる時代でもあったといえそうである。

明治から大正期にかけて、牛肉・豚肉・西洋料理・両国船料理・南京米・糸切飴・弁当屋・汁粉屋・雑煮・馬鈴薯が流行し、牛乳やパンが売り出され、副食となる蔬菜や果実なども多様になった。西洋料理が普及するにつれて、ソースやケチャップなど新たな調味料が加わった。氷を工業的に生産する業者が現れ、罐詰や洋酒の生産もはじまった。軽飲食店は近世には町人が最も多く利用したが、近代はそれがさらに広く普及した時代であった。明治末からコーヒー店、ミルクホール、喫茶店の類が増加し、そば、うどん、牛飯、かき飯、豆腐、茶漬飯、さつま汁、どじょう汁などを売る店も続々と誕生した。(1)

たとえば、一九二五年（大正十四）に刊行された『大大阪記念博覧会誌』によれば、当時の大阪市民の人口は二〇三万人であり、一日の食料消費量は蔬菜類一一万二三〇〇貫（一貫三・七五キロとして約四二一トン）、果実類三九万四一〇〇貫、鮮魚・塩干魚類七万六五〇〇貫、鶏卵類三三〇〇貫、鳥獣肉類八二〇〇貫、乾物類一万二二〇〇貫、穀物類六八〇〇石（一石は十斗、四斗で一俵として、一万七〇〇〇俵）、日本酒類〇・五一石、豆菽類〇・四石であったという(2)。

これら、大量の食料生産は誰がどのように支えていたのだろうか。

産業化、工業化の進展が、増加する労働者たちの食料消費を賄う食の産業化を同時に促したことについては、イギリスやアメリカを事例とした研究がすでにある(3)。しかし、日本においては、米食の普及とその生産供給構造の変化についての研究がある以外は(4)、この時期の食料生産を産業として構造的にとらえた研究はみあたらない。

結論からいえば、急速な工業化を支えた原材料、燃料、食料、労働力の供給源となったのは農山漁村であった。たとえば、生糸生産のための養蚕業、鉱工業の燃料となる薪炭生産、都市住民や工場労働者の食料増産、家内工業あるいは工場で求められる労働力の供給などはすべて農山漁村に依拠していた。これは農村が商品経済の渦中に一層深く巻き込まれていく過程にほかならなかった(5)。第一次世界大戦に伴う好景気、米価の高騰、肥料代の騰貴、賃金の上昇、農業労働力の流出といった一連の現象は、こうした構造的変化が表出した結果であった。

いうまでもなく、都市の食卓にのぼる食べものは、農山漁村で生産され、運ばれてきたものであった。つまり、この時期の産業化は、単に新しい食べものや食習慣が誕生したというだけでなく、食の大量生産と大量加工のはじまりを意味していた。

本章ではこのような農村と都市の食卓とのあいだにあるさまざまな現象を、「漬物」という食事の名脇役に注目して考えてみたい。

二　漬物と近代

香々、香々、沢庵、沢庵

これまでみてきた一膳飯屋、公営食堂、『職工事情』や『女工哀史』に記録された女工の食事、鈴鎌工場の食事、共同炊事の食事のなかに、必ず登場するのは「漬物」である。

「香々だがこれは大根の丸いなりを一分くらいな厚みに輪切りにし、こいつをさも惜しげに二切れだけ撮《つま》んでくれるのだ(6)」という記述がある『女工哀史』には、次のような献立表が資料として掲載されている。これがどれだけ貧しい内容であったのか、と検討する以前に目を引く単純な事実は、ほぼ毎日漬物が食卓にのぼっているということである。これは先に提示した鈴鎌工場、起共同炊事組合の献立でも同様である。大根の糠漬けを大阪では「香々」といい、東京では「沢庵」という。とにかく香々、香々、沢庵、沢庵なのである。

大阪紡績

	朝	昼と夜中	夕
1	菜汁、香々	空豆、香々	焼豆腐、香々
2	千切汁、香々	水菜漬物、香々	蒟蒻澄シ汁、香々
3	紅生姜、香々	昆布巻	菜の煮たの、香々
4	菜汁、香々	金時豆、香々	塩鮭、香々
5	麩汁、香々	馬鈴薯、香々	揚豆腐、香々
6	馬鈴薯、香々	ヒジキ、香々	菜の煮たの、香々
7	梅干し、香々	五目飯、香々	千切汁、香々

東京某工場（大正十一年）

月	大根汁、沢庵	油味噌、沢庵	ヒジキ、沢庵
火	蕪菜汁、沢庵	金時豆、沢庵	豆腐豚汁、沢庵
水	梅干、生薑	数の子、沢庵	大根、沢庵
木	大根汁、沢庵	大根、沢庵	塩鮭、沢庵
金	菜汁、沢庵	里芋、沢庵	福神漬
土	梅干、沢庵	豆腐汁、沢庵	大根、沢庵

日　豆腐汁、沢庵　干物、　沢庵　千切、　沢庵

当時の全国の工場の食事、あるいは一膳飯屋や公営食堂の一皿、さらには仕出商がつくる弁当にほぼ必ず沢庵が入っていたとすると、それはどれほどの量になるだろうか。また、その大根はいったい誰が生産し、誰が漬物にしたのだろうか。

新嗜好と大改革

柳田國男が『明治大正史世相篇』で「温かい飯と味噌汁と浅漬と茶との生活は、じつは現在の最小家族制が、やっとこしらえ上げた新様式であった」と述べていることはすでに指摘した。工場では体系的な炊事を整備することで、ほぼこれに近い集団食を作り上げたといえる。しかし、漬物は「浅漬」ではなく「沢庵」や「福神漬」である必要があったという点が重要だと筆者は考えている。浅漬は長期保存ができず、三日に一度ずつつくらいで新たに漬けなければならないからである。数人の食事を整えるのであれば、塩だけで簡単に漬けられる浅漬けは手軽な一品であろう。しかし、大量の食事を毎日用意するとなれば、少しでも手間を省くためには切るだけ、あるいは盛り付けるだけになっている沢庵や福神漬が炊事場では重宝されたと思われる。しかもこれらは長期保存が可能であり、まとめて漬ければよい点が利点であった。

『明治大正史世相篇』には「野菜と塩」について論じた部分に漬物に関する次のような記述がある。

香の物は今でも日本の村の香のことに顕著なる一つに算えられているが、これがはやりまたある時代の新嗜好であり、かつ偶然の発明であったとも言えるのである。我々の蔬菜の眼ざましい改良は、いたって近頃になってからの事実であって、……改良以前の蔬菜は茎ばかりよく伸びたのであった。……関西の方では香々の名は大根に限られている。すなわちこの香を賞美する人たちが、次第に適用を茎立以外のものに及ぼしたのであった。沢庵はいかにもこの名の和尚が考え出しそうな大改革であった。塩蔵の蔬菜が水づいて永く保たぬのを防ぐために、あるいは鮓の理法を応用したと見てもよかろうか。すなわち大根を十分に乾して後、塩に多量の米糠に加えて、一方には味と色とを添え、同時にこれによって残りの水分を吸収させて、この特殊の醱酵を完成せしめようとしたのは手柄であった。(7)

まず、漬物にも「時代の新嗜好」が見出されるという点が重要である。漬物というだけで、かなり古くからある副食物だと思いがちであるが、じつは漬物も大正期に大きく変化した。その第一は漬物の大量生産化である。各家庭で漬ける漬物だけでなく、集団化した胃袋のために大量に漬ける必要が生じたのである。もちろん近世以来、上方では「茎屋」、江戸では「漬物屋」という漬物製造専門の業者も存在したが(8)、大正期に入ると新規の業者が増加したと考えられる。第二は漬物の味の均一化である。これは大量生産に伴う現象でもある。家や地域に伝わる独自の味加減というよりも、農会、農業試験場、農学博士などによる科学的な漬物のレシピが登場したことがそれを後押しした。第三は新たな漬物の誕生である。沢庵は米糠で漬ける。[9] 福神漬けには醬油と砂糖が必要である。大量に漬けるには、大量の糠と砂糖と醬油が必要であった。その背景には白米食の普及や、台湾からの砂糖の移入が関わっていたと推測される。

柳田は漬物と蔬菜栽培の関係にも注目している。茎ばかりが育つ従来の野菜を改良して、そのほかの部分、つまり大根でいえば「根」を肥大化させる改良がみられるようになった。これは特に沢庵漬の興隆と関わらせて考えると興味深い指摘である。じつは沢庵というのは比較的新しい発明であり、明治期以降、それが大量に生産されることにこの時代の特徴があったのである。

大根のゆくえ

農商務省の『東京ニ於ケル蔬菜果実ノ販売組織ニ関スル調査』は、蔬菜や果実が生産者から消費者の胃袋に届くまでの経路を調査している。[10] これによれば、蔬菜のなかでも大根は「沢庵」としての需要が多いため、沢庵製造用の干大根には特別の経路が形成されていたと書かれている。

まず、北豊島郡の上練馬村、下練馬村、王子町、志村などの主産地には、村内に多くの沢庵製造者を兼ねた大根の生産者がいた。また、専門の漬物製造業者、地元仲買人を兼ねた生産者もいた。そのため、市場に干し大根のまま出荷するのは稀で、沢庵製造者を兼ねた生産者は沢庵にしてから漬物業者に販売するか、市内の漬物屋、料理屋、めし屋、八百屋、または問屋に販売するのが一般的であったと、明記されている。仲買人を兼ねた者は、自家生産の干大根と買い入れた干大根を大根専門の漬物業者に販売した。漬物業者はこの干大根で沢庵を製造し、市内の料理屋、めし屋に販売した。後述するように、在外日本人に送ることもあった。蔬菜の生産者が自ら小売行商となることはほとんどなかったが、人糞尿運搬の経路を利用して直接消費者に沢庵をもっていくことはよくあった。

蔬菜や果実が人びとの胃袋に届くまでには、複数の業者を経るために、小売価格は生産者の手を離れたあと二倍から四倍にもなる。たとえば北豊島郡王寺町北十条から大根百本を出荷する場合、生大根なら生産費が〇・八二円のところ、小売価格は二・五円（生産者利益〇・〇八円、問屋口銭〇・一円、仲買小売人利益一・五円）となる。沢庵にすると、生産費が二・三六六円のところ、小売価格は五円（生産者利益〇・二七九円、問屋口銭〇・二九四円、仲買小売人利益二・〇六一円）となる。大根の生産者にとってはひと手間かけて沢庵にした方が、利益が得られるということがわかる。また、沢庵を大量に買い入れる必要がある場合、小売価格は生大根の二倍になるため、コストを削減するには何らかの工夫が必要であった。これについては後述する。

三　工場・女工・漬物・肥料

集団で漬物を食べるということ

一九一二年（大正元）九月一五日に宇野利右衛門が京阪神の工場炊事担当者を集めて開催した「炊

事会」では「漬物の事」が議題にあがっている。(11)「漬物は、我国民の米に次げる主要なる食物であるから、寄宿舎の食堂に於ける漬物の問題は、なかなか軽からぬ問題である」とはじまるこの議論のなかから、それぞれの炊事担当者の言葉を拾ってみよう。

私の方では名古屋沢庵を買い入れて用ゐて居るが、是れは当地の漬物問屋で入札で買入れる事もあるし、名古屋の商人から取寄せる事もあるが、大抵一貫目二十二銭位な価額でありますが、何分一日に百貫目位食べる事であるから、随分是れが買入には骨を追つて居ます。

私の方では泉州で漬けたのを買入れますが、矢張百貫目二十二円位なものです。それで時々梅干、ラッキョ、茄子の新漬等を与へますが、梅干ならば三つ、ラッキョならば十七匁、茄子は塩漬にして長茄子を一個半の割合で与へます。……勿論これは朝だけであります。沢庵のいります量は、一日一人前三十二、三匁位づゝを要しますが、朝斯う云ふ風にして他のものを与へる時には、非常に沢庵の要り方が減じて来ますから、さまで不経済ではありません。

私の方は前に云つた通り請負でありますから、その請負人が漬物を買入れて来るのですが、どうも面白くないので、現今は……善い分だけをそのまゝ食べさせ、味の悪い分は刻まして、生姜醤油をかけて与へて居る。是れに就ては、近頃或計画を立てゝ、之が改善を計ることにして居るのである。又た、茄子等の新漬を、夜業の際に限って時々与へています。

一日の消費量をみると、たかが漬物とは片付けられない重要な事項であることが実感される。沢庵以外の新漬などは、毎日の献立のなかでも特別な一品だったようである。夜業の時だけ特別に食べることができる茄子の新漬があるというのは興味深い。逆にいえば、日常はいつも沢庵だということである。

これらの漬物は、入札や直接商人から買い入れる方法、請負で漬けさせる方法があることがわかる。そのほかに、次にみるように、自製で漬けるという工場もあった。

私の方は自製であつて、賄の請負人が漬物納屋を持つて居つて、地に酒屋のコキン桶を埋め、これへ毎年伊勢方面から大根を買入れて漬るのであるが、どうも押しはずれという分が出来て、多くの中には味の悪いのが混じて困るので、それを女工に与へると、一口食べて見て、直ぐに捨てゝしまふ。為めにさほど味の悪くない分までも、どんどん捨てるといふ訳で甚だ不経済であるから、さふいうのは、中程のよい所だけを昼と晩とに食べさせて悪い部分はきざむで醤油をかけて、朝食べさす事にして居りますが、どうも大きな桶に何百貫といふものを漬込むのは、成績が良くないので、矢張今度は小桶制度に変更せしめやうと思ふて居ます。

私の方では自製する事になつて居て、一穴三千貫目位づゝ入るべき、煉瓦を積み上げて其内部をセメントで塗つた、四角な漬物槽が十四ばかりある。これへ尾張と当地と両方で買入れた生ま大根を、そのまゝ一度塩おしをして、水分の充分とれた時に、他の穴へ糠と塩とを加へて漬直すのである。かういう風にして漬直して行きますと、誠に成績が善くて、これまで一度も失敗した事はありません。

炊事担当者にとっては、漬物を確保することが一大事であって、なおかつ大量に仕入れたり、漬け込んだりするために、品質を一定に保つこともまた難問であった。こうして炊事場から漬物をみてみると、集団食ならではの漬け込みシステムの工夫、購入の合理化が求められていたことがわかって興味深い。

図 4-1　毛斯綸紡織本社が買い入れた沢庵大根

出所）宇野利右衛門『工場炊事要鑑』上巻，工業教育会，1925 年，36 頁。

上の写真は大正期の紡績会社で荷ほどきされた沢庵大根である（図 4-1）。しんなりとまがったものばかりであるので、おそらく漬物用の干し大根であると思われる。これから自製の沢庵を作るのであろう。家庭用とは比べ物にならない大量の大根を買い入れていることに、ここではあらためて注目しておきたい。

沢庵大根買入実験談

宇野利右衛門は一九二五年（大正十四）に刊行した『工場炊事要鑑』上巻においても第十二章「漬物の事」、第十三章「沢庵の漬込みについて」、第十四章「沢庵漬込みの準備と其要件」、第十五章「沢庵大根買入実験談」を書いている。このうち第十五章には大根の仕入先である農村とのやり取りが詳細に記録されている。(12) 前述の図4-1は毛斯綸紡織工場の炊事場の裏に積み上げられた漬物用大根である。工場の依頼を受けて愛知県に行き、この大量の大根を仕入れてきたのは川村寛という人物であった。ここではその記録にもとづいて、川村に同行して愛知の大根畑へ向かうことにしよう。

川村が大阪の工場から愛知県まで大根を買入に行ったのは、産地と都会市場との間に価格差があるためであった。かつ、産地に行って選択すれば良品が得られるという理由もある。たとえば大阪の天満市場では大根は十貫匁で五〇銭、一宮では同量で二二銭と半額、一宮から大阪間の運賃配達料を加えても九銭八厘、割安であった。また、現金をもって農家に直接出向いて直接買い取る時には一宮市場の相場よりもさらに安く買い入れることができた。川村の実験によれば、一宮の問屋を通して買い入れる場合には、大根四七九三貫匁で八三円八二銭、それに加えて手数料九円一九銭、叺《かます》、俵、縄代で十円七六銭、人夫賃三円、積み出し費七円三五銭で合計一一四円一二銭、大根十貫匁につき二一銭七厘となる。これに対して御器所村の農家から直接買い入れた場合には、大根三五二二貫匁を六〇円五八銭で買い入れ、叺、縄代で七円九三銭、合計六八円五一銭、大根十貫匁につき一九銭四厘であった。比べると二銭三厘、割安となる。

「尾州地方に於ける大根の産地は、其区域は頗る広く、木曽川から東、熱田あたりまで、それから名古屋の北方、又た知多半島、三河あたりにも良質の品を出すので、其産額は実に非常な高に上るであらう」と実験談では述べられている。

この辺一帯はどこへ行っても沢山の大根が作られており、一二月頃になると、それが引き抜かれて「ハサ」に掛けて干されている。大根を買う時にはこの「ハサ」を目当てに行き、大根の品質、乾燥の具合を見て購入するのが良いという。

朝の汽車で稲沢か一宮へ行き、村の田畑へ足を運ぶと、畑の持ち主は大抵そこで働いているから「何《ど》うぢや此大根を売らんか」と口を切って、値段を聞いてみる。そうすると「何程位なら買なさる、値段をつけてみなされ」というような返事が返ってくるので、その前に大根の相場を駅前の旅館などであらかじめ聞いておくと良い、と細かい指摘もある。こうしたやりとりは「廉い物を買はうと思わず、善い物を得やうと心掛けること」が第一に重要であるとしているが、貨車に一両から二両分の大根を買い入れるため、少しの心がけで経費が削減できるということもまた重要であった。

川村はこのようにして千種に二回、一宮に一回、稲沢に一回、大府に一回、合計五回足を運び、二万六、七〇〇〇貫の大根を買い入れ、大阪に帰るとすぐにこれを自身の手で、二名の助手を使って漬け込んでおき、さらにまた買いに行くという具合にして、毛斯綸紡織工場の食堂で一年間に食べるだけの沢庵を商人の手を借りずに調えた。このため同社は非常に良い沢庵を極めて安価に得ることができたのである。

肥料渡帳と漬物――女工・漬物・肥料の循環

工場で働く女工たちの食卓に毎食ほとんど「沢庵」がのぼる、というこの単純な事実から、いったい何がみえてくるのか。再び鈴鎌工場に足を運んでみよう[13]。

鈴鎌工場には、一九〇〇年から〇五年（明治三十三～三十八）、一九一三年から二一年（大正二～十）の間に約十戸の周辺農家と肥料売渡の取引関係にあったことを記録した「肥料渡帳[14]」が残っている。この帳面に記録されている肥料とはすなわち、女工たちの糞尿である。

鈴鎌工場から農家への肥料売渡し動向をみて興味深いのは、次の二点である。第一点目は、肥料の内容が大便と小便に区別されていることである。たとえば大根栽培には水肥としての人尿は不可欠である一方、人尿は希釈して用いる必要があった。帳面をみると、農家は大便と小便を別々に購入して運搬していることが確認できる。これらは春（前期）と秋（後期）にわけて決算されており、半期で大便は百荷[15]、小便は二〇〇荷前後がほぼ毎年売り渡されている。金額をみると、大便の方が高価である。

第二点目は、支払いが現金だけでなく、藁、大根、麦種などの農産物、あるいは管巻などの織物関連作業によっていることである。農産物を農家から仕入れ、あるいは日当を払い、それらを差し引いた代金を下肥代として受領しているのである。たとえば、①「計　六円八十七銭、四円三十一銭　大根作、三円十六銭　大根代　引テ六拾銭相渡」、②「計　七円四十五銭、大根と差引スミ」、③「計　七円五十六銭、内一円　日雇代引、引テ六円五十六銭」、④「〆　七円三拾九銭、内四拾六銭ワラ四束、差引テ七円二拾三銭　勘定ス」、⑤「計　六円拾六銭、ワラ代、管巻代一円八十五銭　差引テ四円六拾三銭」などの記載がみられる。[16]一九〇三年（明治三十六）、一九〇四年の帳面には「大根」だけでなく、「玉子」と交換している記述も散見される。[17]周辺農村へ女工の糞尿が売り渡され、農家から大根が納入される。

その大根は工場の炊事場でおかずや漬物として調理され、女工たちの食卓にのぼる。それを食べて女工たちは労働力を織物業へ投下する。「肥料渡帳」からみえてくるのは、このような農村と工業とのあいだに成立している循環的な関係である。[18]

また、聞き取り調査によれば、女工の実家である農家に工場内畑の野菜栽培や漬物作業を頼むことがあり、野菜や薪炭を仕入れることもあった。[19]つまり、近代日本における農村と工場とのあいだには、これまでの研究が着目してきた生産に関わる「労働力」や「貨幣」のやりとりだけでなく、生産と生活の両側面に関わる「食料」と「燃料」、そして「肥料渡帳」が示すような「肥料」を介した物質の循環的な関係が成立していたといえる。

大根栽培には大量の施肥が必要である。[20]そのため、農家にとって下肥の確保は重大な関心事であった。[21]「町場に近いところでは都市住民宅に出入りして下肥を汲んでまかなった」、「鉄道用地の方に開けた新開地の借家へ汲みに行き、遠くでは名古屋の練兵場まで汲みに行ったこともあった。朝早く、大八車やリヤカーに肥桶を積んで出かけ、半日仕事であった[22]」という言葉は、都市の住宅地や陸軍第三師団東練兵場から下肥が農村へ供給されていたことを如実に示している。[23]

表 4-1　中島郡における農業生産の動向

（単位：町）

和暦（年）	西暦（年）	米	麦	実綿	藍葉	桑園	大根	蔬菜全体
明治 20	1887	5,862	3,247	1,095	850	—	—	—
30	1897	6,529	3,859	79	1,005	411	—	—
40	1907	6,846	4,071	13	146	455	651	—
大正 6	1917	6,804	3,729	1	120	794	1,044	—
昭和 2	1927	5,950	2,851	2	34	998	837	2,141
12	1937	6,078	1,074	2	1	516	722	2,322

出所）明治 30 年は『愛知県勧業年報』，そのほかは『愛知県統計書』各年より作成。
注 1）小数点以下は四捨五入した。
　2）記載のないものは「—」で示した。

四　蔬菜栽培の発展と漬物屋の増加

疾走する大根列車

工場と労働者の増加によって食料需要が増大することと連動するように、名古屋や一宮などの周辺に位置する都市近郊農村では蔬菜栽培が発展しはじめた[24]。もともと濃尾平野は木曽川の治水事業と新田開発の歴史を有し、平野南部の海東郡には高畝耕作の水田卓越地域、北西部の中島郡には島畑耕作の畑作卓越地域が広がっていた。この畑作地域はその後、二つの画期を経て、都市近郊蔬菜栽培地域へと発展していった（表4-1）。第一の画期は、綿織物業と綿作の衰退による作目転換が生じた一八八〇年代である。綿作が急速に衰退すると、綿に代わって桑や藍葉[25]が栽培されるようになった。藍葉の裏作には大根が栽培された。一八九五年（明治二十八）頃に印度藍の輸入がはじまると、桑や藍葉の栽培地が大根作へと作目転換され、蔬菜栽培の躍進がみられた[26]。これはその後、切干大根や沢庵漬けといった大根の加工業の興隆へとつながっていく。

第二の画期は、都市、商工業、交通網の発達による市場の拡大がみられた大正期である。「欧州戦役以来商工業の勃発は阪神地方への需要一層増加し昨冬の如き生大根を輸送したる額は実に莫大なるものたるなり[27]」という状況となり、大根を大量に積載して走る「大根列車」が登場した。「大阪、兵庫の如きは過半各工場に供給したるものなり。大根の出荷者は……各工場と特約出荷するものと、或いは各市場へ出荷するものとあり[28]」というように、工場との取引が増大したことがその背景にあった。この頃になると、大根は生大根だけでなく、漬物用塩漬け、漬物、切干大根[29]として、より遠隔地へも鉄道輸送されるようになっていく[30]。一九二七年(昭和二)になると、蔬菜全体の作付面積が記載されるようになり、大根がその三〇~四〇%を占め、そのほかにも数種類の蔬菜が栽培されていたことがわかる。

昭和初期にはこのような蔬菜の輸送のため、氷を使った冷蔵車による「冷蔵輸送」と[31]、通風車による「通風輸送」という二種類の特殊輸送法が用いられるようになっていた。通風車両は一九二八年(昭和三)一二月末時点で五四二両にのぼっている[32]。

漬物業の拡大——愛知の宮重大根と東京の練馬大根

一九一九年(大正八)に刊行された『愛知の蔬菜』によれば「沢庵漬は各農家一般に之れを行ふも、販売用として製造するは愛知郡御器所村を以て最とす。同地は前述せる如く其名声もっとも高し。……収穫は十二月上旬より之を行ひ五本或は十本づゝを一束となし、付近の樹本及『棚はさ』を作り之に葉部付着の儘乾燥し、二、三十日間を経て漬物業者に販売し、又は自家にて漬物となす[33]」（句読点は筆者による）状況であった。

図 4-2　御器所沢庵漬

出所）『尾張名所図会』前編，第 5 巻より一部抜粋。筑波大学附属図書館所蔵。

もっとも愛知郡御器所村は近世から沢庵の漬物を行っていた地域であった。『尾張名所図会』には図4-2のような絵がある。漬物業者はすでにこの頃から存在していたが、大正期になると需要の高まりとともに漬物業者の数は増加したものと思われる。

愛知県の宮重大根が沢庵用に重宝されている頃、東京近郊では練馬大根が同じように沢庵用大根として盛んに栽培されるようになっていた。この様子は一九三二年（昭和七）に刊行された小田内通敏の『帝都と近郊』に次のように詳しく記されている[34]。

農産加工品中最も産額の多いものは沢庵であり、大概の農家はこれを副業にして経営し、納屋の庇《ひさし》を長くして、漬け桶を備え付けている。副業というよりもむしろ主業ともいう農家もあり、東京沢庵漬は近隣だけでなく在外邦人の多い海外在留地へも輸出されている。具体的にいえば、交通機関が開け大いに販路が拡張すると、生産三万六〇〇〇樽の内、村内での消費量は二二五〇樽、残りの三万三七五〇樽は秋田、宮城、新潟、鳥取、岡山の諸県、中国や米国など海外へも輸出されていた。この時期、大量の漬物樽が列車に揺られ、あるいは船で海を渡ったのである。

また、それまでは乾大根として移出していたものが、大正期になると沢庵漬けに変わったという記述もある。「将来益々盛大となる見込なり」という状況となり、東京近郊の農家経営に対するその影響は小さくなかったものと思われる。

漬物の産業化——大根品種の固定化と漬物の規格化

疾走する大根列車に満載されていた大根に目を向けてみよう。貨車にはどんな大根が載っていたのだろうか。近世以来、愛知県は木綿や藍と並んで有数の大根産地であった。『尾張名所図会』には、神田に次ぐ青物市場となっていた枇杷島市場の活気や大根切干加工の様子が描かれている（図4-3）。蔬菜栽培のなかでもとりわけ宮重大根と方領大根はその中心であった。その様子は図4-4、図4-5からうかがい知ることができる。

これまで述べてきたように、大正期に入ると、愛知県内だけでなく京阪神地方も含め、工場をはじめとした集団食のための沢庵漬けの需要が急速に高まった。そして沢庵漬けも大規模に行われるようになった。こうした状況のなかで、原料となる大根そのものの品種改良も進んだ。つまり、沢庵漬けに最適な均一な長さと太さ、樽にちょうど良く入る大きさの大根が作られるようになったのである。愛知県農業試験場の農林技師であった尾崎五平治は一九二五年（大正十四）に「蔬菜園芸は長足の発展を来し販出期一時に偏し生蔬菜の山を築くこと珍しからずして適当なる貯蔵と加工とにより出荷調整を計るは斯業成敗に甚大なる関係を有するものでありましやう」といって、『澤庵漬』という技術書を刊行した。そこでは沢庵漬用の大根の品種について次のような説明がある。まず形状は太短く根端丸味のものよりは、細長く根端尖るものが良い。それにはたとえば次のような利点がある。

図 4-3　大根切干

出所）『尾張名所図会』後編，第 2 巻より一部抜粋。筑波大学附属図書館所蔵。

大根の形状細長く、根端は長く尖るものは澤庵漬としての形状も細長く美大にして、一般広く喜ばれ、殊に販売用として歓迎せらるゝ所なり、尚ほ根端尖るもの乾燥は最も迅速にして、乾燥中の失敗少きのみならず、如何なる程度の乾燥にも適し殊に本乾燥するに容易なるものとす、而して根端尖れるもの〻漬込の際、殊に四斗樽の如き小樽に漬込むこと容易なるのみならず、間隙なく漬込みし得るを以て、永期貯蔵するも品質の悪変すること少きを特点とす。[35]

図 4-4　枇杷島市場（昭和 4 年頃）

出所）名古屋鉄道局編『尾張の蔬菜と市場』名古屋鉄道局，1924 年。

図 4-5　切干大根の出荷風景（大正期）

出所）『尾張写真帳』の一部。筆者所蔵。

沢庵漬は、大根の乾燥および漬け込んだ後の貯蔵が重要であり、長細い形状はそれに適するのだという。次に留意するのは、大根の色である。「澤庵漬色澤の良否は自家用として大なる問題にあらざれども販売用として色澤は形状と共に大なる関係を有する」。そのため、根身純白色であるものが最も適しているというのである。

根身の全部純白色なるものは製品の色澤全部同一にして殊に着色を行はざるも全体鮮黄となり外観甚だ宜しく地方習慣に依れども今や鮮黄なる澤庵は一般広く歓迎せらるゝを以て根身純白色なるは澤庵製造に当り最も喜ぶべき所なりとす。(36)

それに対して青首の品種は色が一定でないため、あまり好まれなかった。沢庵に適した特徴を備える品種としては「練馬系大根」と「宮重系大根」の二種がある。とはいえ、各沢庵生産地における品種はいまだ多種多様であるため、品種の「改良」と「統一」が刻下の急務であると同書は述べている。(37)図4-6はいくつかある漬込み法のなかで最も優れたものとされた「平行漬（揃漬）」と呼ばれる漬け方である。このように隙間なく規則的に詰め込むために、均一の形と色を備えた大根の需要が高まりはじめたのである。

宮重大根の本場では、一九〇四年（明治三十七）に原産地である字《あざ》宮重の地に採種組合を設立し、委託採種地を設け、優良種の選出に努力するようになった。さらに一九〇七年、農会は総会の決議を経て、西春日井郡農会の監督と本場の指導とによって、農会直営の採種圃を設け、純系母本の選択を

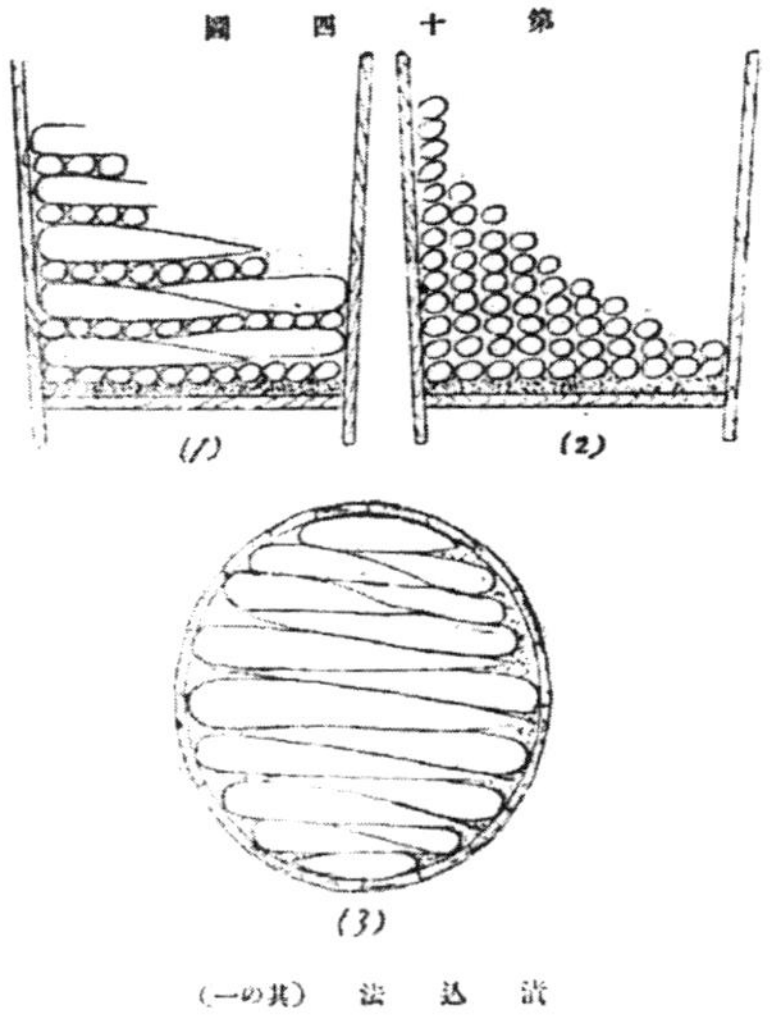

図 4-6　沢庵の平行漬

出所）尾崎五平治『澤庵漬』武藤書店，1925 年，97 頁。

なし、村内では交雑しやすい十字科植物の採種をしないようにして、統一された優良種子の産出に努力した[38]。こうして作られた種子の需要は年々増加し、県下で生産された五〇〇〇石以上に及ぶ種子は、一九一九年（大正八）頃にはほとんど全国に供給されるようになっていた。

村農会では、各農会員が普通に栽培した優良品を一二月中旬に部落ごとに差し出させ、各区長立ち合いのもと、本場技術員が形状、色沢等を検査し、固有の特性を備えたものを選抜したうえ時価にて買い上げ、農会特設の採種圃に定植することで種子を採収した（図 4-7）。これは「特種」と称して一部は地方からの需要に応じ、その多くは会員に分配され、愛知県下における宮重大根の栽培はますます盛んになっていった。

近代には近世の蔬菜生産とは一線を画した新たな産地形成がなされたことを種子屋《たねや》の歴史分析から明らかにした阿部希望によれば[39]、種子屋が選抜・育種技術を確立したことによる固定種の育成が、斉一性を備えた大量の蔬菜生産を可能にした。愛知県の宮重大根でもそれは同様であったが、ここでは

図 4-7　宮重大根原種採種園（写真絵葉書，年代不詳）

出所）筆者所蔵。

育種の主体として村や農会も加わっていたこと、品種の固定化は商品としての漬物需要の増大に伴う大根の規格化に不可欠であったことが明らかになった。この一連の変化は、工場の食卓に毎日のぼる一人二切れの「沢庵」という農産加工品の大量加工と、その原料となる大根の大量生産という「食の産業化」を実現するためにはなくてはならないものだったのである。

五　軍需と家庭——戦下の漬物樽

兵食の漬物

本章の最後に「漬物」を通して戦時下の食を考えてみたい。沢庵をはじめとする漬物は、これまでみてきた工場や食堂だけでなく、軍隊における食事にも欠かせないものであった。

軍隊でも漬物は嗜好に適し、三度三度欠く事なく一切六、七匁の沢庵をポリポリ喰む味は食事の味を倍加する。[40]

軍隊での食事を管理する陸軍糧秣本廠陸軍一等主計であった三好采女という人物は、一九三四年（昭和九）の『糧友』に「戦地追送漬物に就て」という報告を寄せて、こう述べている。この報告によれば、日露戦争時には六種の漬物が使用されたが、粕漬、沢庵漬、奈良漬などは皆無であった。それがシベリア事変では一五種となり、満州事変では二三種の漬物が糧食となったというのである。沢庵はシベリア事変と比べて満州事変時では約二倍、梅干もシベリア事変と比べてその消費量は二倍に増加した。

軍隊における漬物の効用は第一に貯蔵性、第二に栄養上、第三に便通の改善、第四に歯の衛生上、第五に食欲増進にあるという。特に「栄養上」について、熱量はほとんどないが、ビタミンと無機塩類の摂取に重要な役割を果たすことが説明されている。たとえば沢庵は、長く漬けるとビタミンCはほとんどなくなるが、糠漬けにすることによってビタミンBが含まれるようになる。脚気予防との関わりでこの点が重要であった。[41]

平時には弁当の副食として漬物を用い、梅干は防腐、伝染病の流行予防の効果を期待されていた。

このような戦地での需要をふまえて漬物を追送するように、というのがこの報告の主旨であるが、主計の希望として①保存に堪えること、②容器は輸送上堅牢且便利であること、③重量容積が軽少であること、④分配に便利であることが述べられている。特に「軍用漬物の規格」は表4-2に見る通

表 4-2　漬物の規格

其他の漬物規格

品目	品質	量目及詰込表
梅干	原形ヲ完全ニ保持シ粒揃ヒ果肉豊ニシテ漬加減適度ナルコト	正味漬梅四貫匁トス但シ先ヅ樽底ニ若干鹽漬紫蘇ヲ敷キ漬梅規定量ヲ收容シ上部ニ食鹽約〇、立五四〇（三合）ヲ撒布シ更ニ鹽漬紫蘇ヲ以テ之ヲ覆フモノトス
箱漬澤庵	一二、立六〇〇（七升）鹽ヲ標準トシテ漬込ミタル澤庵ノ〇瓩三七五（百匁）以上ノモノヲ選ヒ其漬糠ヲ去リ一番酒粕ニテ詰込ミタルモノナルコト	正味澤庵一一、瓩二五〇（三貫匁）ヲ一番酒粕三、瓩七五〇（一貫匁）ニ食鹽〇、立二七〇（一分五勺）ヲ混シタルモノヲ以テ詰込ムモノトス
粕漬瓜（茄子）	一割五分乃至二割鹽ニテ漬込ミタルモノニシテ漬汁ヲ除去シタル後一番酒粕ニテ詰込ミタルモノナルコト	正味一一、瓩二五〇（三貫匁）ヲ一番酒粕三、瓩七五〇（一貫匁）ニ食鹽〇、立二七〇（一合五勺）ヲ混シタルモノヲ以テ詰込ムコト
味噌漬大根	良質ノ赤味噌ヲ以テ詰込ミタルモノナルコト	正味一一、瓩二五〇（三貫匁）トシ三、瓩七五〇（一貫匁）以上ノ良質赤味噌ヲ以テ詰込ミタルモノナルコト
薤漬	形狀完全ニシテ粒揃ヒ肉豊ニシテ漬加減適當ナルモノナルコト	正味一一、瓩二五〇（三貫匁）トシ漬汁ノ適量ヲ入レ尚上等ノ立〇、立九〇〇（五合）食鹽〇、酢九〇〇（五合）ヲ加ヘ（内容總量）一五、瓩（四貫匁）ナルコト
紅生姜	原料選擇漬加減等適當ノモノナルコト	正味一一、瓩二五〇（三貫匁）トシ之ヲ漬汁ノ適量ヲ入レ約〇、瓩三七五（百匁）ノ紅紫蘇ヲ以テ上層ヲ覆ヒ内容總量ヲ一五、瓩（四貫匁）トセルモノナルコト
茄子辛子漬	原料ノ選擇、香、色澤等ハ總テ適當ノモノナルコト	正味液汁共一五、瓩〇〇〇（四貫匁）トス但液汁ハ過度ニ含マサルコト

出所）三好采女「戦地追送漬物に就て」『糧友』9（7），1934 年，32 頁。

り厳格に定められていた。図4-8は積出港に積み上げられた漬物樽の山である。

漬物の規格は先に述べた沢庵用大根に斉一性が求められたことにもつながっているとみてよく、その意味で、追送用の漬物とその原料を生産する農村もまた、銃後でありながら、漬物を介在して戦地へとつながっていた。

漬物の徴発と農村

戦時下において漬物は家庭用だけでなく、むしろ軍需用として生産されるようになっていく。それを中心的に担ったのは、専門の漬物業者と各府県の農会であり、各農業試験場による指導もそこに加わった。

図 4-8　樽詰類その他追送品の山

出所）同前，32 頁。

千葉県農会は一九三八年（昭和十三）に『軍需と家庭　漬物の研究』という冊子を刊行している。序にはまず、次のようにある。

> 軍需の供出それは吾々の責任だ。義務だ。軍需食料品として重要な一つである漬物の研究それは間接に国防の充実であり、銃後の護りを一層固くする所以ともするものである、また家庭にあっては御互日本人は何にがあっても三度、三度の食事に、否な御酒の肴に、御茶の友に、洋食のあとにも支那料理のあとにも必ずなくてならむものは漬物だ。[42]

同書がどれくらい読まれたかは不明であるが、県農会立家政学校で実験が行われたことと、農会が刊行したという性格から、県内各所へ啓蒙のために配布されたとみてよいだろう。また、漬物の栄養的価値や成分分析においては佐伯矩の『日本食品成分総攬』が用いられており、栄養学の知識を組み込んだ内容となっている。

同書の大部分は具体的な漬物のレシピとなっているが、末尾に添付された「千葉県臨時軍需出品取扱要綱」は農村から軍への供出経路を知るうえで興味深い。

要綱をいくつか抜粋してみよう。

一、農林省及陸軍糧秣本廠協定ニ基ク「農山漁村ヨリノ軍需品供出実施要綱」ニヨリ本県ヨリ陸軍ニ供出スル生産物ハ本要綱ニヨリ之ガ取扱ヲナスモノトス

二、本要綱ニヨリ取扱ヲナス生産物ハ叺、縄、漬物類、乾物類、塩干魚貝類等トス　但シ前項以外ノ生産物ト雖モ軍部ニ供出スルモノニ付テ本要綱ニ準ジ之ガ取扱ヲナスコトアルベシ

三、供出ニ関スル陸軍トノ契約ハ知事ニ於テ之ヲナスモノトス

要綱には「漬物」が供出品であることが明記されている。図4‐9を見ると、陸軍には主に干草、叺、藁、縄、乾物、漬物、塩干魚貝類が供出され、海軍には主に米麦類、木炭等、蜜柑缶詰、各種農村工業品、副業品が供出されていたことがわかる。これら供出品の末端生産者は勤労奉仕団、産業連合会、産業組合、農会、出荷組合、漁業組合、県販連、その他生産者団体とあり、さらにこれに個々の農家、漁家が連なっていた。これは千葉県に限ったことではなく、全国的に実施された供出体制の組織化とみてよい。

この構図は漬物を漬けることはすなわち銃後の責任、義務、護《まも》りであるという同書の主張とも重なる。つまりここでの漬物は、農村の日常生活が戦地の兵士たちの胃袋へとつながる一つの経路にほか

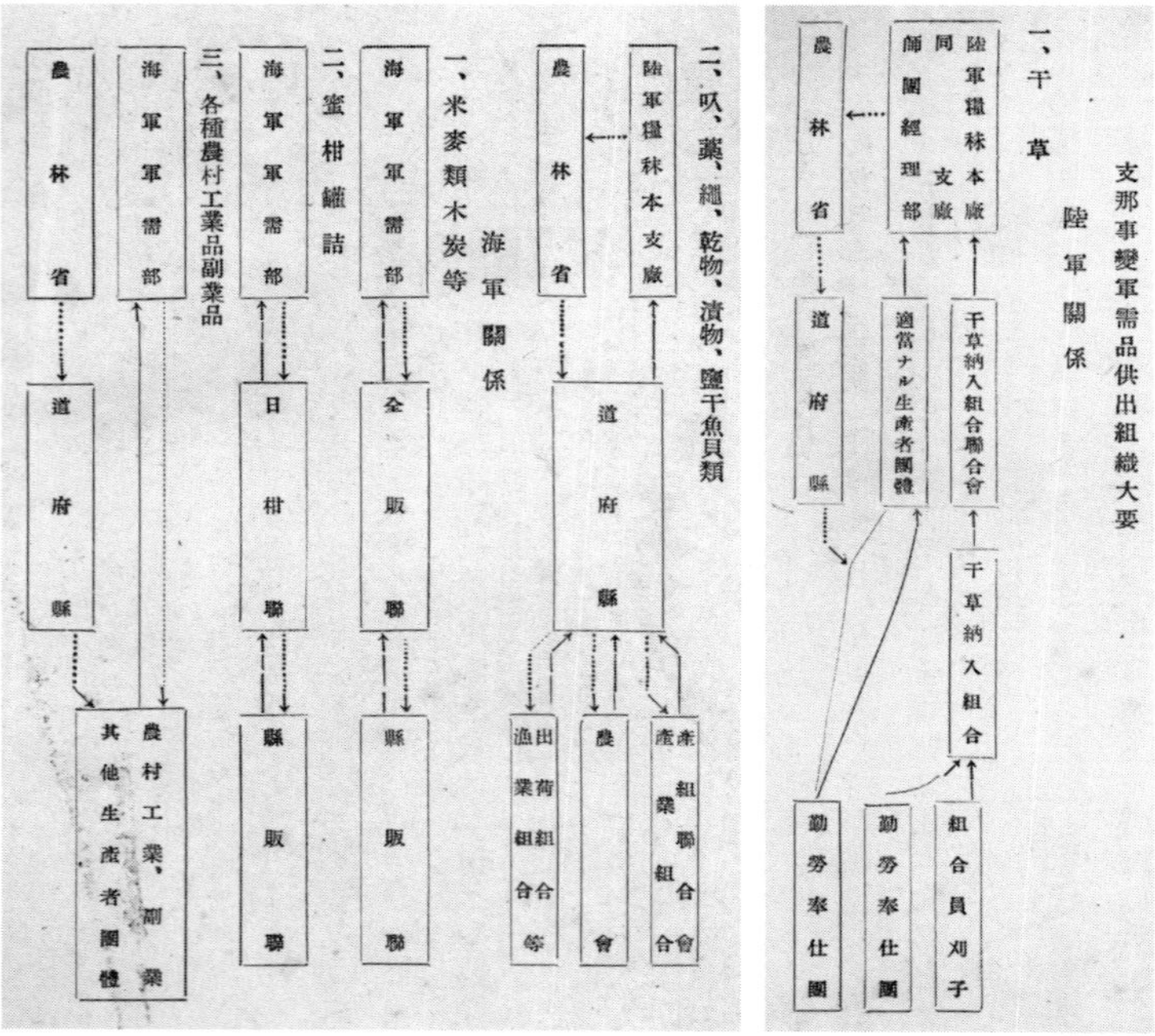

図 4-9　軍需品供出組織（千葉県）

出所）千葉県農会・山崎時治郎編『軍需と家庭　漬物の研究』千葉県農会，1938 年，227-228 頁。

ならなかった。

戦下の漬物樽からみた戦争

あらためていうまでもなく、戦争中にはたくさんの兵士たちが食べる食料が必要であった。こうした軍隊炊事は糧秣本廠が管理し、炊事に専門的に従事する兵士が存在した。奉天独立守備隊第二大隊付きの歩兵曹長であった後藤秀乾はその一人である。後藤は一九二一年（大正十）に二年間の糧秣事務を終え、新たな勤務に従事する前に、後継の炊事係のために、申し送り事項をまとめ、それが『軍隊炊事勤務の研究』として刊行されている。

同書によれば、後藤は「漬物の自営は、練炭の製造生野菜の貯蔵と相俟って、炊事掛が研究を要し、努力を要し、而して成果を挙げざるべからざる三大要項の一なり[43]」といって、自ら漬物を作っていた。一年間で自営した分は全体の五割強、一八四〇貫であり、次の年には八割の自営を目指すと書かれている。経理の帳簿にもそれを記録するため「所要品即ち大根、白菜、胡瓜、茄子之に要する食塩等を本簿より證丙の番号を以て受入れる[44]」ことにしていた。

漬物に必要な野菜は大量であるので旬の物を買って経費を低く抑えること、塩加減は隊員の嗜好に合わせて加減すること、沢庵漬は日数を要することが多く、容器と場所を要するので戦地での炊事には不向きであることなどが述べられている。また、唐辛子等を少量入れると食欲を増すので、特に初年兵などには喜ばれるという具体的な記述もある[45]。

図 4-10　富士演習場における近衛歩兵二連隊（1936 年）

出所）藤田昌雄『写真で見る日本陸軍兵営の食事』光人社，2009 年，176 頁。

図 4-11　歩兵連隊の昼食風景

出所）同前，124 頁。

右の写真は演習場や兵営における様子である。図4-10には兵士たちの前に、飯櫃、汁桶、漬物桶が並べられている。図4-11には食卓の中央に漬物壺が見える。これらの漬物は前述したように、各地から徴発されて追送されたものか、現地で炊事係が作ったものであった。いずれにしても、漬物は戦地や兵営で不可欠なものであったことは確かである。

平時兵食に比べて戦時兵食は弁当が多くなり、また生野菜の調達が困難となるために漬物の需要がますます高まった。そのため戦地では次のような様子もみられた。

支那の軍隊では漬物桶を車に積んで行軍し、途中徴発した野菜を此桶に投げ込み塩をし、食事の際取り出し早漬又は野菜として食すると云ふ。[46]

徴発という言葉が使われているが、要するに現地で野菜を入手して食料としたという意味を重く受け止めなければならない一文である。日中戦争や第二次世界大戦時の日本軍の残虐行為は、今なお両国間に深い溝を作っているが、それが起きた原因の一つに、日清戦争以来の日本軍の特徴といわれる「兵站の軽視」があったことが指摘されている。[47]兵站とは、前線の軍と後方基地との連絡線上に必要な施設や機関を設けて軍需の不足を補い、不用物を取り除くシステムの総称である。その整備が軽視されたまま前進したために、物資が途絶え、徴発という現地調達で物資を補給せざるをえなかった。兵站のなかでもとりわけ「糧秣」と呼ばれる食料供給が後回しにされたために、食料の徴発は時に強奪ともいえる事態に至ったことを看過することはできない。この実態を明らかにした飛田紗綾香の論文には、食料不足によって、空腹に苛まれる兵士たちの言葉が列記されており、戦地における胃袋の問題が生々しく描かれている。

漬物というよりは軍隊の食事全般に関わることであるが、元陸軍伍長として日中戦争時に炊事係となった杉浦右一のインタビューからも、炊事場からみた日中戦争の様子をうかがい知ることができる。[48]

〔食事時間は〕一分か二分です。目の前に来た料理を一気に口にかきこんで終わりです。素早い人は、みんなの配膳が終わる頃にすでに食べ終わっていました。なんでそんなことをするのかというと、急いで外に出て訓練の準備をすると、それを見た上官から褒められ出世に結びつくからです。

杉浦自身が日中戦争後にソ連軍の捕虜となった一年半の収容所での食事も、次のように書かれている。

食料も悪く、馬に食わせるようなコーリャンとか大豆を一か月分まとめてくれましたが、大豆だけを食べようとしても食べられるものではなく、大きな窯で大豆を煮て、それぞれに分けました。そして、みんなでどうにかして大豆を加工して食べようとしましたが、一か月それればかりでは、とても食べられませんでした。でも食べないと死んでしまうので、私たちはやむを得ず、そこら辺にある草やソ連兵が捨てる白菜の根をみんな拾って、大豆と混ぜて一緒に食べました。もう汚いとかどうとかは言っていられませんでした。結局、青いものを食べなければ体がもちませんでした。[49]

「社会問題は胃の問題である」という小河滋次郎の言葉を借りれば、戦争という極めて深刻な社会問題もまた、胃袋の問題にほかならない。食料難が戦争の原因となる、さらに戦争が食料難を引き起こす。戦地の漬物樽から見えてくるのは、どんな非常時であっても私たちは食べなければならない、というごく単純な事実と、それゆえに生死のあらゆる局面において近因としても遠因としても、胃袋の問題が関わってきたという重い歴史なのである。

第5章　土と食卓のあいだ

——食料生産の構造転換と農民・農家・農村

一　農村と都市のあいだ

「食糧の滞り無き供給」

人びとの胃袋に入る直前の食卓あるいは膳の上にある食べものは、どこで、誰によって、どのように生産されたのだろうか。本章では田畑の土を耕す人びとの視点から、近代という時代を考えてみることにしよう。

民俗学者である以前に農業経済学者であった柳田國男は、一九二九年（昭和四）に『都市と農村』を刊行し、都市の誕生と拡張に伴って生じた農村の変化を論じている。柳田は都市と農村の問題を、どちらか一方の立場から論じるべきではなく、特にこれまで農村の立場からこの時代の変化を考える論考が少ないことを批判したうえで同書を書きはじめている。「日本の都市が、もと農民の従兄弟《いとこ》に由《よ》つて作られた(1)」、つまり、日本の都市は、農村から流入してきた人びとが「労働者」となることによって成り立っていたことに気がついていた柳田にしてみれば、都市の問題はすなわち農村の問題であった。

かつて農村に暮らしていた人びとが、ひとたび土を離れて労働者になると、その胃袋は自分ではない誰かが作った食べものによって満たされることになる。食べものに関していえば、彼らは生産者ではなく「消費者」となるため、労働者の増加は食べものの「消費者」が増えることを意味していた。すでにこれまでみてきたように、都市にはこうして新たに誕生した消費者があふれ、食の産業化がはじまっていた。

この変化の渦中にあった柳田は、「都市の人びと」が消費者として「土を耕す人びと」に期待するところが、単なる「食糧の滞り無き供給」に収れんしていく世情を見逃してはいない。(2) 近世の日本の村には稲作、畑作だけでなく、漁撈や山稼ぎ、織物や細工物などさまざまな諸稼ぎを組み合わせた複合的な生業が成り立ち、人びとは自分の胃袋をある程度自分たちの生産したもので満たしつつ、一部を市場《いちば》に出して暮らしていた。(3) 近代の人口増加と都市への人口流入は、こうした土を耕す人びとのくらしの構造に根本的な変化を求めることになったのである。

柳田は、都市の食料と原料とを確保しようとする人びとが「特殊の農業は十分に愛護しながら、他の同種の事情の下に成長せんとした生業の、所謂農の定義に入らぬものを疎外し」、また「多くの農学者たちは、農家を農業者と称し農村を農のみにて立つ村と見ようとした」ことによって、農村で人が生きるという意味がはなはだしく単純化し、狭小化したことを批判的に論じている。

これは具体的にはどのような変化なのだろうか。本章では第3章、第4章と関連させ、再び愛知県をフィールドとして、特に名古屋市近郊の農村が経験したこの時代の変化について考えてみたい。

新しい農業

都市の誕生と表裏関係にある新しい農業の一つの形態は、ある特定の農産物を特定の地域で集約的に生産することであった。これを「主産地形成」という言葉で説明した玉真之介によれば、日本の場合、特に戦間期において「労働者の都市への集積という状況に見合った大量流通の体制」が「農産物市場の再編」によって整えられた[4]。都市における農産物需要が飛躍的に増大しただけでなく、食文化の洋風化によって、とりわけ青果物、畜産物の需要が著しく伸びた。第一次世界大戦後に進む鉄道網の拡充がこれらの広域流通を可能にすると、各地に青果物を中心とした主産地が形成されるようになったのである。

考えてみると、牛鍋を食べ、牛乳を飲むには牛の飼育が必要であるし、洋食屋で食べるとんかつは養豚やキャベツという西洋野菜の栽培なしには成り立たない。すでに前章でみてきたように、工場の食堂で毎日、毎食、沢庵漬けを供することは、漬物用大根の大量生産があってはじめて可能なのである。食の場や経験が大きく変わるということはすなわち、農業それ自体も新しい段階に踏み出したことを意味していた。

日本では明治期にまず、「米」に「繭」を加えた農業経営が広く普及するが、大正期から昭和初期にかけて、恐慌の影響もあり、「米」と「繭」の構造から抜け出し、新たな商品作物を加えて、その生産に特化していく動きがみられるようになった。前章でみた愛知県の「大根」生産はまさにその好例といってよいだろう。そこで以下では愛知県でこの時期に土を耕していた人びとを訪ね、そこで何が起こっていたのか、人びとはどのような状況に直面していたのかを考えてみたい。

愛知県は東京府と大阪府に次いで工場数が多かっただけでなく、農業生産額も全国のなかで上位に位置していた。一九二〇年（大正九）の農家戸数は全国一位、農業生産額は五位、主要農産物生産量としては蓮根、胡瓜、南京などが全国一位であった。[5] つまり、愛知県はこの時期、全国有数の工業県であるとともに、農業県でもあった。

一九一二年三月に『愛知県産業概況（抄）』は各業種の生産額を示し、県内の産業動向を次のように報告している。

自然地理ノ有利ナルヲ加ヘ輸送機関ノ施設亦甚タ発達セルカ故ニ逐年戸数ノ増加ト共ニ殖産興業ノ途倍々発展ノ傾向ヲ呈スルニ至レリ[6]

表5-1にそれを示せば、この時期すでに全体に占める工業生産額の割合が五〇%を超えていることがわかる。しかし、別の史料によってさらにその後の数値を加えると、愛知県の産業構造の飛躍的な変化はむしろ、一九一〇年以降にあるとみることができる。それは第一に生産合計額の急速な増加、第二に農業生産額割合の低下と工業生産額割合の増加によって引き起こされた両者の格差拡大に特徴づけられる。一九二八年には農業生産額は一四%、工業生産額は五〇%をはるかに超えた八一%に達しているのである。一九二一年の愛知県は工場七四五七（うち繊維工場は二九八四）、職工として男五万三五七六人、女八万八六三七人を擁する日本有数の産業集積地域であった。繊維産業の割合が

表 5-1　愛知県の業種別生産総額の推移

	大正元年（1912 年）		大正 5 年（1916 年）	
	生産額（円）	(%)	生産額（円）	(%)
農業	60,569,955	30.5	42,926,640	14.1
蚕業			23,862,197	7.8
畜産業	14,553,005	7.3	3,198,531	1.0
林業			1,561,254	0.5
水産業			3,948,278	1.3
鉱業			1,137,804	0.4
工業	123,583,323	62.2	228,637,462	74.9
合計	198,706,283	100.0	305,272,166	100.0

	大正 12 年（1923 年）		昭和 3 年（1928 年）	
	生産額（円）	(%)	生産額（円）	(%)
農業	156,712,419	19.9	132,476,180	14.3
蚕業				
畜産業	14,196,701	1.8	21,415,638	2.3
林業	4,582,607	0.6	3,184,484	0.3
水産業	15,314,930	1.9	14,552,198	1.6
鉱業	2,728,493	0.3	2,913,675	0.3
工業	594,254,660	75.4	752,802,640	81.2
合計	787,789,810	100.0	927,344,815	100.0

出所）大正 5 年（1916）は愛知県農会『愛知県農界案内』愛知県農会，1917 年，7-8 頁，ほかは『愛知県統計書』各年により作成。

高いために、職工に占める女工の割合が高い。工場数では東京、大阪に次ぐ規模である。中京はもちろん、阪神地域へも貨物の鉄道輸送が可能になっていたこの時期において、愛知県下の農家は工場労働市場へと労働力を送り出すとともに、都市住民や工場労働者の増大によって拡大した新たな農産物消費市場を満たす役割をも果たしていた。

愛知県庁文書「農事」には、「農業労働者ニ関スル調査（抄）」によって一九二〇年の各郡の状況が

表 5-2　愛知県の農業労働力に関する調査（1920 年）

郡	農業労働者数の増減に関する記事
愛知郡	一般的ニ農業労働者トシテ雇ハルルヨリ寧ロ都市ニ於ケル工業的方面ノ労働ニ従事スル傾向ヲ有ス……都市付近ニ於テハ逐年都市ノ膨張ニ伴ヒ加フルニ時局以来ノ各種工場ノ建設セラルルモノ多ク為ニ耕地ハ住宅地工場敷地トシテ潰廃セラレ農家ハ漸次耕地面積ヲ縮小セラレルト共ニ農業経営方法カ普通農事ヨリ園芸的農業ニ変移セントスルノ現況ニシテ
東春日井郡	各種産業ノ顕著ナル発展ニ伴ヒ農業以外ノ各種労働者ノ需要ノ激増ノ延テ従来農業労働ニ従事セシモノヲ駆ツテ之ニ赴カシメタルニ依ル農業労働者ノ数ノ減少ヲ補足シ来レリ，然レトモ尚各種類ノ農業労働者ヲ通シ其ノ需要季節ニ於テハ概シテ不足ヲ感ジツツアリ
中島郡	商工業ノ極度ニ発達セル時代ニ於テハ，殆ントガ労働者トシテ雇用セラルルモノ多カリシモ，一度逆転シテ不況ニ瀕スルヤ復農業労働者トシテ雇用セラルルモノ多キニ至ル
碧海郡	各種農業労働者は都市及工場労働ニ吸収セラレ漸次減少スル傾向アリテ集中著シキモノハ定雇男青年少年及女青年少年ニシテ之等ハ農業労働ニ従事スルヨリハ工業労働ニ雇ハルル方比較的収入ノ多キニヨリ作男作女トナルヲ厭フ現象アリ
渥美郡	近時商工業界ノ隆盛ニ伴ヒ農業労働者ニ於テモ比較的労銀ノ高価ナル地方へ赴ク蓋シ現時ノ趨勢ナリト雖恐ラク其ノ原因ニアリテハ農業経済ノ感念発達ト都市羨望心理ニ基クモノノ如シ

出所）愛知県庁文書「農事」1919 年，1920 年，愛知県史編さん委員会編『愛知県史資料篇 8　近代 5　農林水産業』愛知県，2000 年，377-388 頁より作成。

報告されている（表5-2、図5-1）。各郡のうち、都市化や工業化の影響により、農業労働者が著しく減少し、不足していることがわかる郡に着目すると、愛知郡では都市労働者への流出の他に、住宅地や工場敷地への転用により耕地が縮小したことが農業経営を変化させ、園芸的農業への推移を促したことがわかる。また、碧海郡や渥美郡では、工業労働による収入が多いために農業を厭《いと》う者が増えたこと、都市を羨望する心理がみられることなど、農業に対する人びとの認識、価値観にまで踏み込んだ指摘が目をひく。

しかし、見落としてはならない

図 5-1 愛知県の郡域

のは、割合は減っているとはいえ、実数でみれば、農業生産額自体は増加しているという点である（表5-1）。すでに述べたように、一九二〇年の愛知県の農家戸数は全国一位、農業生産額は五位という位置づけであったことをふまえると、愛知県では工業生産が急速に拡大する最中にあって、農業自体も革新が図られ、変化してきたと解釈することもできるのである。つまり、農業に従事した人びとは工業化や都市化を視野に入れながら経営内容を検討し、労働力配分を工夫し、時に都市への羨望と葛藤を抱きながら農業に従事していたことが想像されるのである。そこで次に、この頃の農村で生じていた変化を、特に青年たちに注目して素描してみよう。

表 5-3　農村青年子女の他出先（1923 年）

（単位：人）

	上級学校進学	店員	工場	その他
東春日井郡都市付近		6	6	
丹羽郡平坦部純農村		12	8	2
知多郡海岸部	5	9	23	3
碧海郡平坦部純農村	3	30	32	
幡豆郡海岸部	4		11	
東加茂郡山間部	9	6	5	
西加茂郡山添部	7	5	6	1
北設楽郡山間部		15	12	
名古屋市郊外地	16	26	60	
岡崎市郊外地		6	10	6
合　計	44	115	173	12

出所）愛知県農会『農村状態調査　大正 12 年度』愛知県農会，1924 年より作成。

注）各地域 1 集落を選定した調査である。

都市化と周辺農村の変化

農村から都市へと青年たちが出ていき、農業の担い手不足が社会問題になるのは、現代にはじまったことではない。その最初の波は、すでに大正期の都市近郊農村に訪れていた。

一九二三年（大正十二）に愛知県農会は農村状態調査を実施している。これをみると、各市郡の青年たちが村から出ていく様子を知ることができる（表5-3）。合計数をみると、同年に上級学校へ進学した者は四四人、店員になった者は一一五人、工場へ働きに出た者は一七三人、その他が一二人であった。次に地域別にみると、名古屋市郊外、知多郡からは工場へ働きに出るものが多く、とりわけ名古屋市からは六〇人と際立って多い。碧海郡からは店員や工場へ働きに出る者がそれぞれ三〇人ほどいた。一方、東春日井郡、東加茂郡からは全数でも一二人、二〇人と少ない。しかし、これを各地域の職業別戸数と合わせてみると、一戸から一人の他出と単純に計算しても、全体では二四%、名古屋市郊外では五〇%、実数は少なくとも東春日井郡では九%、東加茂郡では三六%の家から青年が他出していることになる。これは決して少ない割合とはいえない。

この調査から教育程度と流出先との関係を一九一八年(大正七)度と一九二三年度の違いに着目して論じている大門正克によれば、この時期の農村には都会熱だけでなく、教育熱の高まりも生じていた。[7] 男子が働きに出る場合、一九一八年度の店員や工員では尋常小学校卒が一般的であったが、一九二三年度になると店員では高等小学校卒が主流になり、工員でも高等小学校卒が増えた。女工の場合には一九一八年度には尋常小学校中退か卒業が多かったが、一九二三年度になると尋常小学校卒の割合が増え、高等小学校卒も増えた。この調査が示すのは、恐慌期をはさむ五年間における、他所へ流出する農村の男女青年たちの増加と、彼らの教育程度の上昇にほかならない。

これに加えて、女性たちの嫁ぎ先の詳細を知ることができる。表5-4をみると、地主の娘は都会に、自作と小作の娘は在郷に嫁入りする割合が高い。しかしながら、都会への転住も含めて全体に占める都会への移住は地主の娘で六三%、自作で四五%、小作で三八%といずれも比較的高い割合を示している。つまり、この時期、進学、就職、結婚を機に都会、工場地帯へと他出していく青年たちが少なくなかったのである。こうした状況のなかで、青年たちは「農」を中心とする従来の生き方と商

表 5-4　最近 10 年間における農村女子の嫁ぎ先

（単位：人）

	地主の娘			自作の娘			小作の娘		
	田舎へ嫁入り		都会へ嫁入り	田舎へ嫁入り		都会へ嫁入り	田舎へ嫁入り		都会へ嫁入り
	在郷	都会へ転住		在郷	都会へ転住		在郷	都会へ転住	
東春日井郡都市付近				3	1	2			2
丹羽郡平坦部純農村			2	4		3			1
知多郡海岸部				22	1	5	17	2	3
碧海郡平坦部純農村	6		8	25		16	14		21
幡豆郡海岸部		3					8		
東加茂郡山間部	1		7		5	5	20	2	3
西加茂郡山添部	3		1	12	2	3	14	2	6
北設楽郡山間部	4			8	1		8		1
名古屋市郊外地			3	37	2	45	40		30
岡崎市郊外地				3	1	2			2
合　計	14	3	21	114	13	81	121	6	69

出所）同前。

工業化の流れのなかで揺れつつ、それぞれの生き方を選び取っていかなければならなかった。(8)

青年たちの葛藤

名古屋市の北西部に位置し、織物業が盛んであった中島郡朝日村では、『朝日村報』という手作りの村報を刊行していた。ここに掲載された青年たちの寄稿文から、彼らの胸のうちを想像してみたい。一九一九年（大正八）の村報に寄稿された次の文には、都会熱の高まりのなかで生じる農村青年の葛藤と、自尊心の微妙な揺れが表現されている（史料一）。

【史料一】

鍬を握つて

貧乏貧乏、そうだ、俺は貧乏人の子だ。土百姓だ。つづれを来て麦大根を鍬で耕す身だ。

今朝も鉢巻きで田刈りをしてゐたら、通行人が「田吾作、田刈かやア」と笑やがつた。生意気に眼鏡など掛けて…。それがどれ程立派だ、俺の破れ股引に鉢巻を冷笑する手前等の方が余程馬鹿気たざまぢやないか。誰が見ても俺の方を好くぞ。粗衣には貰い衿りがあるぞ。斯う思ふと何だか嬉しくてたまらなくなつた。力歯が痒い程はづんで来た。うんと働かう。そうだそうだ。(9)

青年は朝から田刈りをしている。通りがかりに彼を蔑む眼鏡をかけた通行人の言葉は、都会熱に浮かされた社会の象徴ともみることができよう。前半では貧乏だ、土百姓だと大声で自嘲しながら、冷笑されたことに負けるまいと、自尊心を奮い立たせている彼の気持ちが伝わってくる。しかし、後半「うんと働かう。そうだそうだ」と自分に言い聞かせるように繰り返す言葉からは、かろうじて明るく自分を鼓舞することでしか、農業を続ける気持ちを保てないという、農村青年たちが置かれた厳しい現状が伝わってくる。(10)

愛知県だけでなく、当時の日本社会において、工業生産額の増大に牽引された産業構造全体の変化は、農業と工業の社会的分業を引き起こし、農村から労働力が流出する傾向にあった。そうしたなかにあって、農村に残った人びとは、農民、農家と名付け直され、農工間の格差に甘んじながらも、増大する食料需要の生産を引き受けなければならなかったのである。

こうした状況のなかで、農業に従事することを選び取っていった、あるいは選び取らざるをえなかった青年たちは、農業をどのように考えていたのだろうか。次の文章からそれを読み取ってみたい（史料二）。

【史料二】

我が村の農事

聞くところによれば明治三十二三年頃は、田七反歩畑三反歩位あれば、家族七八人あつても裕に生計を立てて行かれ年々少々は貯蓄も出来たものであるが、今日ではこれだけの自作では借金するまではないが、幾何残すと云ふ所はむつかしからうと思ふ。今日では先づ衣類薪炭肥料の騰貴は甚だしいです、之に地租所得税やら府県税やら村税組合費など、だんだん増す一方ですから、可なりの田畑を有する家がやつと生活して行けると云ふばかりで、殆んど余裕がない様なわけで農業ほどつまらぬ業務はないと云ふ結論になりはしないかと危ぶまれます。果して農業はこんな悲惨なる仕事でせうか。否々農業は貴い業務です、利益の確かなる業務です、農家の経済を裕かにする方法はいくらでもあるのです。農家諸君の研究は未だ足らないのです、注意して見れば収入増加の道は目前に横はつて居ります……。(11)

田畑合わせて一町歩を自作していても、一九一七年にはくらし向きが厳しくなっていた様子がうかがえる。それは衣類、薪炭、肥料などを購入するようになったことに加えて、それらの物価が高騰したことに原因があった。注意深く読めば、以前は自給していたものを、市場経済を介して入手するようになったという根本的なくらしの変化が垣間見える。また、この時期は、生活水準が向上して、消費が拡大した側面もあったと思われる。行政の変化や、生産組織の設立は、農家にとって税や組合費などの負担も同時に増加することを意味していた。これら農業や農村生活に関わる経費が増えることによって、かつては十分くらしていけたはずの農業規模ではくらしが成り立たなくなった。これはこれから農業を担っていこうとする青年たちにとって、非常に大きな問題であったに違いない。

こうした状況が、ともすると産業全体において農業の位置づけが軽んじられる要因になることを懸念しながらも、寄稿者は最後に、研究と努力次第で収入の増加が見込めると主張する。これまでの農業のやり方ではくらし向きが一向に良くならないことに気がついた青年たちは、農業経営の転換を模索したはずであり、その実践に踏み切るまでには父親たちの世代との意見の相違や葛藤が生じることもあっただろう。大消費地である名古屋へ向けたホウレンソウなどの蔬菜栽培が農業経営の中心となっていく海部郡の農家の経営主である青年は、「一意専心斯業ノ改良発達ニ努カシ、特ニ販路ノ開拓ニ意ヲ用ヒ、付近ニ関西線八田駅ノ新設サル、ヤ、交通運輸ノ便頓ニ開クルニ及ビ、極力阪神方面ニ販路ヲ求メ、共同出荷ノ実ヲ挙ゲン事ニ努メ着々ソノ効ヲ奏シツ、アリ(12)」と、新しい農業へと踏み出していく決意と行動を自らの農業経営として記録している。

この時代には農業の合理化を目指す新しい技術、農業改良事業や耕地整理事業などが農村に次々と受容されていったが、その背景として、こうした農村青年たちの明暗両方を含む精神的基盤があったことを見逃してはならないだろう。

三　米と繭と新しい商品作物

ある農家の近代――愛知県東春日井郡勝川町

このような状況のなかで、土を耕し続けた人びとは都市化と工業化をどのようにとらえ、行動したのだろうか。ここでは、東春日井郡勝川町のある農家（A家）を事例として、『農家経済調査』をもとにA家のライフヒストリーを描いてみよう。[13]

東春日井郡は名古屋市を中心とした都市域に隣接する農業が盛んな地域であった（前掲図5-1参照）。東春日井郡と知多郡は非農家の割合も四〇％弱でありながら、農家のなかでも専業農家の割合が高い。特に東春日井郡は五〇％と高い数値を示している。[14]

まずA家の経済状況を概観しよう（表5-5）。一九二三年（大正十二）のA家は、稲作を主とし、養蚕と養鶏を加えた農業を営んでいた。さらに、戸主は畳織り、妻は機織りを兼業していた。複合経営のため、収入は比較的安定し、とりわけ養鶏の収益が大きかった。農業収入のうち、鶏卵と鶏が二四％（五二三・三三円）を占めている。養蚕は春秋とも成績良好かつ繭価が高く、収益が上がった。

同年、この地域では稲作が平均して反当たり四斗減ったにもかかわらず、A家では二斗減にとどまり、養蚕は春秋ともに良好で、繭価も高かったために予想以上の収益を得た。蔬菜と養鶏は例年通りの収益であった。農業粗収入は二一八八・二五円、そのうち経営費が一〇八〇・七〇五円であったの

表 5-5　東春日井郡 A 家の家計収支の推移

（単位：家族は人，農業資本は反，金額は左が円，右が％）

				1923 年		1926 年		1928 年		1930 年	
家族状況		家族構成員数		7		7		8		8	
		労働力数		3.8		3.8		2.7		2.7	
農業資本		田		10.9		11.2		10.9		11.6	
		畑		1.0		1.0		0.9		0.9	
		樹園地		1.2		1.5		0.9		0.9	
		うち借地		7.2		7.8		6.3		6.3	
経営耕地				13.0		15.5		16.7		17.6	
農業収支	農業経費	種苗代		212.150	20	430.817	23	226.730	15	74.690	7
		肥料代		212.020	20	377.660	20	235.690	16	195.890	18
		飼料代		189.970	18	442.353	24	511.670	34	367.290	34
		小作料		195.440	18	396.238	21	177.700	12	137.800	13
		その他		271.125	25	203.643	11	360.810	24	310.260	29
		計		1,080.705	100	1,850.711	100	1,512.600	100	1,085.930	100
	農業粗収入	田作		1,174.790	54	1,654.069	48	1,413.080	58	1,224.540	58
		畑作		214.650	10	378.140	11				
		養蚕		215.940	10	209.700	6	84.820	3	133.100	6
		畜産		523.330	24	791.660	23	861.440	35	628.060	30
		山林		1.100	0	17.430	1	0.000	0	0.000	0
		加工		1.350	0	8.250	0	55.650	2	116.540	5
		その他		57.090	3	405.246	12	34.940	1	17.580	1
		合　計		2,188.250	100	3,464.495	100	2,449.930	100	2,119.820	100
家計収支	収入	農業収入		1,107.545	76	1,613.784	82	937.330	77	1,033.890	84
		財産収入		55.510	4	103.330	5	54.510	4	49.710	4
		兼業収入		128.800	9	57.600	3	0.000	0	0.000	0
		家事収入	報酬及手当	57.000	4	75.960	4	50.920	4	69.470	6
			出役賃金	13.430	1	28.730	1	12.920	1	7.600	1
			被贈与	63.100	4	33.500	2	62.610	5	41.300	3
			その他	12.540	1	19.370	1	80.780	7	8.160	1
		家事副産物収入	人糞尿			39.300	2	6.750	1	4.030	0
			草木灰	20.700	1		0	8.400	1	14.400	1
			米糠			6.690	0	2.050	0		0
			不用品							4.840	0
		小鳥減価額					0	−0.900	0		0
		a 収入合計		1,458.625	100	1,978.264	100	1,215.370	100	1,233.400	100
	支出	住居費		22.190	2	32.720	3	32.510	3	13.100	2
		飲食費		498.820	43	538.046	47	401.950	41	367.520	49
		被服費		95.050	8	147.570	13	109.410	11	100.550	13
		光熱費		64.210	6	67.600	6	64.810	7	53.690	7
		什器費		36.630	3	21.840	2	17.430	2	13.350	2
		修養費		20.320	2	12.570	1	11.340	1	11.070	1
		教育費		0.410	0	5.640	0	10.100	1	17.840	2

			1923年		1926年		1928年		1930年	
家計収支	支出	交際費	118.670	10	131.860	12	93.730	9	59.650	8
		公租公課	16.165	1	10.392	1	17.310	2	19.170	3
		寄付諸係	112.500	10	10.080	1	68.940	7	24.210	3
		嗜好費	26.000	2	26.860	2	24.730	3	33.600	4
		慰安費	19.750	2	33.430	3	67.510	7	23.150	3
		衛生費	50.590	4	45.510	4	30.520	3	11.530	2
		冠婚葬祭費	11.450	1	0.000	0	36.320	4	0.240	0
		その他	55.870	5	59.270	5	2.420	0	6.630	1
		計	1,148.625	100	1,143.388	100	989.030	100	755.300	100
		b 支出合計	1,191.35		1,169.188		989.030		755.300	
		成人1人1日家計費	0.71		0.718		0.732		0.505	
	差引残高（a-b）		267.272		809.076		226.340		478.100	

出所）愛知県農会編『農家経済調査』各年より作成。
注1）1923年の支出には尾西銀行預金損失42.71円を含む。1926年の支出には町内預金損失金25.8円を含む。
2）農業粗収入のその他は，現物減価額，動物減価額，植物減価額などを差し引いた額。

で、差引収益は一一〇七・五四五円となった。しかし、これは前年比では一四四・八七円の減少であった。家計費は一一四八・六二五円を支出している。したがって、農業収益のみでは四一・〇八円の不足となるが、兼業収入、家事収入によってそれを補い、総計二六七・二七二円の残額を得ている。

A家の主な労働力は戸主（三二歳）、妻（二七歳）、父（六二歳）、母（五三歳）である。扶養されているそのほかの構成員としては、戸主夫婦の長女（七歳）、次女（五歳）、長男（一歳）がいる。農業用の土地として、田一町九畝（うち六反は借入）、畑一反、樹園地一反二畝（借入）、山林二畝、合計一町四反一畝を耕している。兼業労働日数を参照すると、兼業日数が最も多いのは九月と一〇月であり、二人合わせて三五日、二四・四日従事している。逆に農業労働日数は九月、一〇月が少ない。戸主は一〇月になると専ら畳屋に従事していたようである。この収入はいずれも現金で、畳織賃は一一〇・七円、機織賃は一八・一円、合計一二八・八円となり、農業収入の不足を補うには十分であった。これに加えて捉米料が一八・五七円、債券、講、銀行預金の配当金と利子が三六・九四円、農家経済調査手当、出役人夫賃などの家事収入が一四六・〇七円、人糞尿一〇三五貫を売却したことによる家事副産物収入が二〇・七円あった。

次に農業経営費の内容をみてみよう。総経営費一〇八〇・七〇五円のうち、最も大きな割合を占めたのは種苗費（二〇％）であった。この内訳は、蚕種六円、若鳥一八四・二五円、籾種六円、玄米七・二円などであった。次に多いのは肥料費（二〇％）である。このうち、現金で購入したものは真粉五八・四八円、大豆一七・七円、その他五四・四四円である。現物で入手したものは現金換算して八一・四円分で、内訳は鶏糞五一〇貫、人糞尿八二八貫、馬糞二八一〇貫であった。飼料費（一八％）は鶏飼料が一五二・四六円、桑葉代が一五・五一円であった。

これに対して家計費の支出は次のようになっている。飲食費が四九八・八二円（四三％）と最も多いが、そのうち自家産物が三八九・六四円、貰物現物が一五・六五円であることを考慮すると、現金で購入した飲食物はわずか九三・五三円となる。A家では、自分たちの胃袋はほぼ自分たちの生産したもので満たしていたということになる。次に多いのは被服費（八％）であるが、このうち一・五円は自家産物である。春蚕の一部が「家事仕向け用」となっていることから、妻は現金収入のための機織りの他に、家族の衣類も織っていたことがわかる。

くらしの変化――米と繭と蔬菜と鶏

A家の経営とくらしはその後、どのように推移したのだろうか。一九二六年（昭和元）、一九二八年（昭和三）、一九三〇年（昭和五）の農家経済調査より各年を比較検討してみよう。

まず家族構成員は一九二七年までのあいだに父が死去し、三女と二男が生まれ、八人となった。人数は増えたが、父の死去により労働力が一人分減り、A家にとっては五人の子どもたちを育てながら、少ない労働力でやりくりする時期がしばらく続いたことになる。経営耕地面積はほとんど変わらないが、一九二八年を境に田畑耕地が若干縮小している背景には、父の死去による労働力の減少などが関係しているとみることができる。この時期には戸主や手伝いも生活労働の負担を若干増やしている。また、戸主は年々農業労働日数を増やしている。特に一九二八年以降は、A家における男手が戸主のみとなり、兼業を徐々にやめて農業に専念するようになった。

しかし、注目されるのは、このような労働力配分の変化がありながらも、経営内容に次の四つの大きな転換がみられることである。一つ目は養鶏による収益の増加である。一九二三年と一九二六年を比べると、飼育数はほぼ同じであるが、現金収入は五二三・三三円から七九一・六六円へと大幅に増加している。田作、畑作、養蚕による収入にはあまり変化がみられないなかで、とりわけ養鶏が利益を生み出すようになっていったとみることができる。詳しくみると、鶏肉に加えて、鶏卵と鶏糞の生産が新たな現金収入となっていた。その後、養鶏は一五九羽に増やし、約二倍の規模となった。鶏肉と鶏卵は、わずかに贈答に用いる以外はすべて販売しており、A家の胃袋に入ることは皆無だったようである。

二つ目は養蚕による収入の変動である。蚕の生産量と生産額は一八・八五貫目（二二五・九四円）、二九・一四貫目（三〇九・七〇〇円）、二七・〇三貫目（八四・八二〇円）、四一・七六貫目（一三三・一〇〇円）と推移した。一貫目当たりの生産額に換算すると、一一・四六円、七・二〇円、三・〇三円、三・一九円と推移し、繭価の暴落がみてとれる。A家では、繭価が急落した翌年には掃立枚数を二枚減らし、養蚕の規模を縮小している。このような経済動向も経営内容に影響をあたえたと推察される。しかし、田畑作を縮小したことに加え、養蚕業を縮小はしたものの、さらに繭価は暴落したため、一九二八年には農業収入の大幅な減少を避けることはできなかった。

養蚕業による収入の不安定さを軽減するために、A家では養鶏のほかに蔬菜栽培の多品種化が図られた。これが三つ目の注目すべき変化である。栽培作物を詳しくみると、水稲と麦、豆、紫雲英《れんげ》の組み合わせであったものが、一九二八年には水稲を減らしたうえで、多品種の蔬菜を栽培するように変化している。甘藷、馬鈴薯、里芋、伊勢芋、大根、漬菜類、甘藍（キャベツ）、葱、人参、茄子、胡瓜、漬瓜、西瓜、南瓜、冬瓜などである。これにビール麦の栽培が加えられた。また、同年に害虫防除機として噴霧器が初めて登場するが、これは蔬菜栽培の多品種化、栽培の科学化と関連した変化とみることができる。一九三〇年になると、ビール麦を増やし、蔬菜栽培もさらに多品種になる。たとえば栽培面積は少ないが、「甘藍」のほかにも「チシャ（レタス）」、「トマト」といった西洋野菜の栽培もはじめている。

四つ目の変化は兼業の消滅である。A家ではまず妻が機織りをやめ、次に戸主が畳織りをやめた。

そのため、兼業収入は減少し、一九二八年には消滅している。

つまり、稲作を主とし、養蚕と養鶏を加えた複合経営であったA家の農業経営は、養鶏の経済的位置づけを高めながら「米と繭」を中核とした経営からの脱却を図り、多品種の蔬菜栽培を加えて複合性を強めていった。「当地ハ大消費地タル名古屋市付近ニアリテ水稲ノ栽培及水田ノ裏作盛ナル土地ナリ」(15)とあるように、鶏肉、鶏卵、西洋野菜や漬菜類などの生産は、都市や工場の需要を視野に入れた試みであった。こうして農業経営の改良に力点が置かれるようになった一方で、農業以外の兼業は徐々に廃していった。つまりA家は、農業に他業を加えた複合経営から、農業経営内での複合経営へと転換していったとみることができるのである。

これに対して農業経営費の動向をみてみよう。農業生産の改良には、いうまでもなく種苗、肥料、飼料の導入が不可欠であった。A家の農業経営費においてそれらは約六割前後を占める。肥料代は現金で購入する肥料が増え、二一二・〇二円であったものが、一九二六年には三七七・六六円とかなり増加している。しかし、その後の肥料代は減少している。その背景には「近来其業ノ調査研究ト共ニ多角農業即チ耕種ニ養畜、養蚕ヲ加フル組織ニ改メ、労力ノ配分ヲ平準ナラシメ、肥料ノ自給ヲ講ジ、益々収益ノ大ナラン事ニ努ムルニ至レリ」(16)という状況があった。A家は養鶏や養蚕から自給肥料を得ることができた点では有利であったといえる。しかし、養鶏の飼料の八割は購入品で賄っていたため、鶏肉や鶏卵の売上に比べて飼料代が高騰することによって経営が不安定になる可能性を内包していることが難点でもあった。養鶏を養蚕に変わる安定した収入源とするためには、飼料の自給がなお求められたのである。これに対してA家では一九三〇年には「飼料費、肥料費、家畜代等ノ減少ニヨリ昨年ニ比シ約五〇〇円ノ減額」に成功した。「本年度トシテハ真ニ稀有ナ現象」であったことをふまえると、農業経費削減が困難な状況のなかで、A家がかなり努力して経営のやりくりをしていた様子がうかがわれるのである。

四　土と食卓のあいだ——「百姓」から「農家」へ

一九二四年（大正十三）と一九二六年（昭和二）の二回にわたって東京府馬込から愛知県下の農業を視察に来た鶴見佐吉雄という人物は、「愛知県下の農村の進歩は非常なもので、僅々一年半の間にも前と今とでは大変な相違が生じていた」と報告している。[17]

これは具体的には次の二つの変化を指している。それは生業の単一化と農業の多角化である。見方を変えると、農業と工業との分業が進んだことによる職業の固定化ともいえよう。A家が畳織りや機織りを手離して農業に全労働力を配分するようになったように、とりわけ都市部の需要を見込んだ都市近郊農業地域では、農業以外の諸稼ぎを廃したことにより、生業構造が単一化した。こうして近代には、さまざまな生業を手がける「百姓」ではなく、農業に専念する「農家」が誕生したのである。詳述はしなかったが、A家のみならず、東加茂郡（山間部林業地域）の事例でも、雨傘紙漉きを一九二三年以前に廃業し、杉檜苗や蔬菜の生産を増加させている。

生業の単一化は個々の家族の自主選択というよりもむしろ、彼らを取り巻く社会の変化に規定されていた部分も大きい。たとえばA家が機織りをやめた背景には、尾西織物業の生産構造の変化があった。尾西ではもともと綿織物、交織織物が周辺農家内の手織機で生産されていたが、大正期に入り毛織物生産へと転換すると、手織機は次第に消滅し、工場内に設置された機械織機によって生産されるようになった。尾西織物業地域に近接する葉栗郡のE家でも一九一五年（大正四）には織物による収入が二〇・五円ある。また、収入には計上されなくとも、同年の調査対象農家五戸のうち、四戸が織機を所有していたが、その後の調査ではみられなくなるのである。

こうして生業が農業に単一化されると、A家がそうであったように、養蚕、養鶏、蔬菜栽培を加えることにより農業自体は多角化した。それらは県産業部によって「主業」である米麦作の「副業」と位置づけられ、奨励されるようにもなった。愛知県では一九二一年（大正十）に各郡市長宛に「副業奨励ニ関スル件依命通牒」が出され、翌年には副業奨励費として四三二七円が計上されている。同県では養鶏がその中心であった。

農業の多角化は一面では農業収入の増加によって農家のくらし向きを良くすることを目指していたが、じつはそれは、愛知県における蔬菜や養鶏の主産地形成を準備することにもつながった。こうして、都市の人びとが土を耕す人びとに期待する「食糧の滞り無き供給」を実現するための食料生産の仕組みが、日本各地でこの時期に着々と整えられはじめたのである。

第6章

台所が担う救済と経済

——公設市場・中央卸売市場の整備

一　食の交換と分配

旅とあきない

人間が生きるためには食の交換と分配が不可欠である。かなり古い時代から食は分配され、交換によってさまざまなものを手に入れるしくみが整えられた。胃袋の問題は、この食の交換と分配のしくみと深く関わっている。このしくみは地域によって、あるいは時代によってさまざまなバリエーションがあることはいうまでもない。

近代はこの交換と分配のしくみが大きく転換する時期にあたり、また、それを支える思想にも著しい変化がみられた。都市の胃袋を満たすためには、ただ単に大量の食料を生産するだけでは不十分である。それを集荷し、流通させ、分配するしくみが同時に整えられなければならない。本章では、前章で取り上げた「規格化され、大量に生産されはじめた農産物」が土から離れ、人びとの胃袋にたどり着くまでの経路を追いながら、食の交換と分配の変化について考えてみたい。

もともと経済の根本には交換がある。交換というのは家や村の範囲を超えて、「外」との交渉によって本格化したため、たとえば民俗学の分野では、旅人としての商人が村々をまわることに「あきない」の起源を求めている(1)。そもそも「あきない」というのは農閑期の「秋に営むもの」という意味であり、行商人たちが異人として村々に迎えられたことに語源を求めることができる。「市」は「齋(いつく)」、つまり聖なる場所での交換と分配を意味する。あきないをする人びと、というのはすなわち行商人のことであった。

たとえば山間部を移動しながらくらす「山窩《さんか》」たちが、いろいろな竹製品をもってきて山と里との境に置くと、農民が麦や野菜をもってきてそこへ置き、両者が交換される。これを「沈黙交易」という。

また「酉《とり》の市」はかつての江戸市内と農村部のちょうど境界あたりで行われ、町でつくられた道具類と農村でつくられた野菜などが交換された。中世の末頃には、そこに商人と農民が集まってものを交換する習慣ができ、近世になると、稲作の吉凶を占う「年占い」としての賭博も公認される場となっていった。

相場の決め方にも独特の習慣がみられる。たとえば茨城県の畑作地帯の月読神社では、三日月の日に農民が集まって、月の満ち欠け具合を見て、小豆の相場を決めていた。需給関係が相場を決定するという、今日のいわゆる「経済学」とはかなり異なる論理であるようにみえる。

大正期から昭和初期の魚行商人を調査した瀬川清子が著した『販女《ささぎめ》』の冒頭には次のようにある。

漁夫のとつた魚を、その妻が売り歩いて、朝夕の炊ぎの糧の穀物と「かへこと」をする、と云ふ事は、まことに自然なことで、久しい年代の間、津々浦々の民家の煙は、かうした夫妻の、漁とあきなひを兼ねた働きの下に、立ち登って居たのである。[2]

愛媛県伊予郡松前《まさき》町の魚行商人たちは農村に得意先をもっていて、春には麦、秋には米と魚を交換した。この地域ではこれを「かへこと」といっていた。つまり、漁村と農村との物々交換である。このような交換行為は、日本各地でみられた。

もちろん行商だけでなく、定期市が発展し、さらに常設市が登場すると、人びとはあきないの多様な方法と場で食べものを手に入れるようになった。その風景を具体的に描くことは難しいが、明治初期の日本を訪れた外国人が残した記録にその断片をみることができる。

明治十年代の日本を旅したイギリス人女性イザベラ・バードは、新潟を訪れたとき、食べものを扱う店の数々を次のように記録している。

食料品店の集まっている一角はいつも混雑しているが、わが国の大きな町のこのような一角とは違い、大声で値切る者はまったくいない。米の団子や大麦で作った菓子を売っているみすぼらしい露店の菓子屋や、鰹の切り身や海鰻《あなご》、鰈《かれい》、海星《ひとで》、烏賊《いか》を台の上いっぱいに並べた魚屋、干魚、米や穀類を売る商人、調味料・香辛料や醤油を売る商人、酒屋、茶屋などがひしめいている。果物屋では枇杷《びわ》や李《すもも》（どちらもとても酸っぱい）、新鮮な蕪《かぶ》、人参《にんじん》、胡瓜《きゅうり》や大豆などの豆類が売られていて、朝早くから人が集まっている。花屋では切り花や小さな枝物、鉢植えのすばらしい盆栽が、品よく並べられている。胡瓜の消費の多さにはちょっとびっくりする。男も女も子供もだれもが胡瓜を食べる。日に三、四本をまったく平気で食べる……四銭も出せばかなり大きな籠にいっぱい買えるのである……。(3)

通りに米穀、醬油、魚介類や蔬菜がところ狭しと並んでいる様子が目に浮かぶ。食べものを売り買いする場は、いつの時代にも活気がある。日本においては一九世紀に農産物やその加工品の商品化が進み、商人が成長し、すでに広域の商圏が成立していたことがわかっているが、(4)この時代はまだ鉄道が通っていないため、これらの商品は人や牛馬の背、船などで運ばれてきた。おそらく蔬菜類は近在の農村から集まってきたものであろう。行商人が運んできたもの、交換によって入手したものも多分に含まれていると思われる。

あきないから商業へ

その後、こうした食の交換と分配のあり方に大きな変化が訪れたのは、鉄道や自動車が登場し、運搬手段に大転換が起きた時であった。(5)ただし、鉄道が登場したからといって、すべてがすぐに鉄道輸送になったわけではなく、旧来のあきないも残存し、しばらくは両者が並存していた。たとえば、明治期から大正期にかけて生じたさまざまな社会の変化を注意ぶかく見つめていた柳田國男は『明治大正史世相篇』第六章「新交通と文化輸送者」のなかで、次のように記している。

鉄道が山脈の諸所に太い穴をあけ、自動車が高い嶺を昇り下りする時代に、一方にはまだ千年以前からの負搬法がその儘に伝わつて居て、時々はそれ等が一つの峠の口に落ち合ふこともある。(6)

しかしその後、ますます販路が開けるにしたがって、あきないの形態は徐々に、しかし確実に変化していった。柳田は次のように変化の過程を説明する。美濃飛驒地域には、山間の村から魚や塩、米などを求めて北海の低地へと通う「ボッカ」という人びとがいた。彼らは山から二〇貫ほどある麻糸を担ぎ出して町で交易し、町で手に入れた物品を注文者へ売るという独立した行商人であった。牛や馬をあきなう牛方や馬方も一種の行商人である。しかし、販路が広く開けると、到底一人の力だけでは供給しきれなくなり、供給を専門に仕切る「問屋」が増え、行商人たちは単なる「駄賃付け」となり、あきないとしての行商は次第に衰退していった。(7)

柳田がいうには、それまでの日本文化の展開は、あきないの旅をする行商人たちによる文化や技術、さまざまな情報の伝播に支えられているところが多分にあった。そのため、交通の発達と輸送の革新によって行商人が衰退することは、一方ではこうした文化の伝達者を失っていくことをも意味していた。

農村にくらす人びとは菜大根を街に担ぎ出すだけになり、商人はほとんど町から来るものとなった。世の中があらたまっていくたびに、あきないとしての行商は徐々に姿を消し、あきないが担ってきた部分を編入しながら、町が栄えるようになった。こうして、さまざまな担い手、方法、場を内包する「あきない」ではなく、商品を扱う専門家によって、貨幣を介して交換することを前提としたいわゆる「商業」が発展し、食の交換と分配はもっぱら商業の範疇のなかで行われるようになっていったのである。

こうしてみると、日本の近代化のプロセスは、それ以前まであきないを支えてきた交換や相場の論理、信用関係をとりもつ一種の宗教的、文化的側面を、非合理的なものとして排除していく過程であったということもできる。(8) そして食をめぐる交換と分配は、新しい商業の形態と法のもとで再編され、直接取引する「場」としての「市場《いちば》」は後景に退き、財貨によって物とサービスが売買される、より抽象的な概念としての「市場《しじょう》」が商業の表舞台として発展していくことになった。(9)

農業と商業

食をめぐる交換と分配が新しい段階へ踏み出していく原動力は、これまでみてきたように、近代日本が経験した人口増加、自給的基盤をもたない労働者の増加、そして彼らの胃袋を満たすべく導入された新しい商品作物とその専門的な生産の拡大にあった。鉄道網の整備はそれに拍車をかけ、交換と分配のスケールは近在の地域にとどまらず、全国へと拡大し、農業と商業の分業、産地間の分業が進んだ。

これについて柳田は『明治大正史世相篇』第十章「生産と商業」で、変貌していく農業と商業の関係を論じている。大正期の農業は、新しい商品作物が導入され、産地が形成されることに特徴があった。「土地の産業ほど競争に向かぬものは無いということは、経済の書物にもよく書いてある」[10]が、この時期の農業は「烈しい仲間の競争をしなければならぬことになった」[11]。ある作物に特化した産地が形成されるということは、「一段とこの不意の競争に遭ふて、打撃を受け易いやうな農家をつくり上げて居た」[12]とも付け加えている。そうして農家自身も「自家の消費せぬ物を多く生産し、生産せぬ物を多く消費する」[13]ようになってきた、というのは、前章でみた通りである。

こうした状況のなかで、商業はますます発展し、宣伝によって人びとの消費を促した。食の分配はもっぱら商業部門が担うようになり、明治の末頃から「商業は何よりも興味の多い職業」となった。ところが、周知のように、広域化し分業化が進んだ商業は、世界経済とも連動した好不況の影響を避けることができないだけでなく、たび重なる戦争のため、食の分配は繰り返される好不況のなかで翻弄されるリスクを負うことにもなった。

多くの商人を介した複雑な市場《しじょう》における取引は、ときに思いがけない食料価格の高騰を招くこともあった。そのため、価格の高騰に見合った賃金の上昇がみられない場合、人びとにとって胃袋を満たすこと自体が困難になった。つまり、近代という時代は、こうした状況に置かれた人びとの不満と不安が、不穏な世情を生み出しやすい構造をあわせもたざるをえなかったのである。

二　胃袋と都市の台所

市場《いちば》が公設されるということ

食の分配を全面的に市場《しじょう》に任せるようになったことによって生じたこのような胃袋の不満と不安を解消するため、明治末期から大正期にかけて、「公設市場《いちば》」の設置が検討されるようになり、市場《いちば》の再評価がはじまったのは興味深い出来事というべきだろう。

市場《いちば》とは、営業者が一定の日時および場所で、相互間もしくは公衆に対して生活必需品の売買取引をなす場所である。これには「私設」と「公設」の二つがある。前者はおもに営利のために設けられたものであるが、公設市場は「公益」の立場から新鮮な生活必需品を低廉に公衆に供給し、それによって国民の生活難を緩和するための「社会的施設」として位置づけられている。[14] 私設市場は古代より存在するが、公設市場は欧米では一九世紀中頃から登場し、日本では一九世紀末頃から設置の必要性が議論されるようになった。[15]

当初は欧米の公設市場を視察してきた学者のあいだでの議論にとどまっていたが、[16] 第一次世界大戦時に物価が高騰すると、公設市場設置の気運が急速に高まった。この時期、最も早い設置をみたのは大阪市で、一九一八年（大正七）四月に市費三万円を投じて四カ所（谷町境、川、天王寺、福島）に公設市場が設置された。[17] これが大変好評で、初年度は予想外の好成績を上げたので、市費と合わせて大蔵省と逓信省の低利資金を借り受けて、一九二五年（大正十四）までには二七カ所が開設された。

大阪の公設市場は小売市場課に経営と監督を担当する二つの係を配して市場に関する事務を執り、市場ごとに一～二名の監督員、二名の雑役夫を配置し、出店商人の監督と場内の整備に当たっていた。出店商人は生産者、製造者、問屋または小売店のなかで信用のあるものを選び、市の指定価格によって公衆に販売していた。各調査員は毎日早朝に天満、雑喉場、木津などの旧来の各卸売市場の出来値を調査したうえで販売価格を決定していた。そして、公設市場では現金取引のみとし、掛売、出廻り、通信販売などは一切行わないこととした。販売品はおもに米、雑穀、乾物、蔬菜果実、魚鳥肉、味噌、醬油などの日常生活の必需品に限っていたとはいえ、物価が高騰し続けるなかで、この市場に頻繁に足を運ぶようになった人びとは、きっと一息つくことができたに違いない。

花嫁は先《ま》づ公設を教へられ(18)

これは、公設市場の開設二十周年を記念して募集した標語の一篇である。この標語から、公設市場なくして大阪市民の台所は一日として円滑に進まないほど、公設市場が人びとのくらしに根づいていた様子を知ることができる。「台所着のまま、誰に気兼ねもなくいける気安さと、てつとり早く、安心して比較的安価に品物が求められる公設がもてる訳(19)」があった。

社会政策としての公設市場——米騒動と都市の台所

公設市場は大阪に開設されてから、全国各地に次々と設置されるようになった。その直接のきっかけは、一九一八年（大正七）以降、各地で頻発した「米騒動」である。

米騒動は富山の漁村の女性たちが起こしたことはよく知られているが、この漁村はじつは富山有数の米の移出港であり、米商人によって早くから資本主義社会に組み込まれた村であったこと、そこでは出稼ぎ、兼業農家、漁村における内職、仲士の増加がみられたこと、鍋をかけても入れるものがないから割れるという意味の「鍋割月」と称される米の端境期（七、八月）に米騒動が頻発していたことなどはあまり知られていない。(20) 米騒動は、市場《しじょう》経済に一層深く巻き込まれた結果、その波頭に立つ人びとが、米を担いで運んでいるのにそれを「食べられない」という矛盾に直面し、それが胃袋の問題として表出した出来事にほかならなかった。

この事態に直面して「市場《いちば》」という場には、「商人が集合取引をなす場」としてだけでなく、人びとの「生存上必要なる食糧問題を解決する一機関」としての意味が加えられることになった。(21) つまり、公設市場の設置は当初、「経済政策」というよりもむしろ、「社会政策」として進められたのである。東京市の公設小売市場は、公設貸家、簡易食堂、児童受託所と一緒に、都市社会政策の一環として設置され、当初は都市下層の人びとを対象とした廉売機関としてはじまっている。(22)

内務省衛生局は早くも一九一九年（大正八）一月に「各地方ニ於ケル市場ニ関スル概況」という調査を実施している。(23) これによれば、この時点で公設市場を設置していたのは二〇県、その他の市場の設置があるもの一二県、設置がないものは一五県という状況であった。

公設市場は必ずしも経済上の遊戯にあらず、社会政策上の際物にあらざる可き[24]

根本清六は「小売商習慣と公設市場」という論文をこの言葉で締めくくっている。根本によれば、日本の小売商習慣の特徴は、第一に生産者と消費者とのあいだにあまりにも多くの商人が介在するために値段が高騰すること、第二に取引の方法が現物ではなく銘柄売買であるため、その品質の保証が不安定であること、第三に支払いは現金ではなく掛売りが中心であり、場合によっては前貸しや金銭の融通のやりとりがあることであった。そのため、最終的に食べものが人びとの胃袋にたどり着く頃には、思いがけない高値がついていることがある。このしくみ自体を変えるために公設市場の設置が構想されたのである。

ちょうど米騒動が起きた直後、それに対処すべき時期に根本が記した次の言葉は、グローバル化が進んだ今日にもなお、食をめぐる問題への警鐘として示唆に富んでいる。

物資需要供給の投合を簡易にし、需要者乃ち消費者と、供給者乃ち生産者との距離を接近せしむるの要あるは勿論にして、特に物価躍騰の斯の秋に方りて然りとなす[25]

根本は東京日用品市場協会が義援金を募って設立した東京の八つの公設市場（新宿、中渋谷、品川、寺島、日暮里、瀧野川、西巣鴨、下渋谷）について、その実態を記録している。この論文をたよりに東京の公設市場をのぞいてみよう。

取り扱う品物は、外国米、朝鮮米、醬油、味噌、鮮魚、塩干魚、牛肉、豚肉、鶏卵、雑穀、乾物、砂糖、野菜、果実、煮物、漬物、瓶缶類、菓子、パン、麺類、茶、呉服太物、古着、洋品雑貨、荒物金物、綿及糸、傘履物類、陶磁器、硝子器、紙、文房具、漆器、薪、木炭、炭団などである。これらを扱う店は、第一に生産者か生産者の団体、第二に生産者か生産者の団体から委託されたもの、第三に一般商人から優良と認められたもの、という優先順位があった。生産者自身が販売することに重点が置かれていたことがわかる。

公設市場の設置による成果としては、次の七点が挙げられている。①木炭価格騰貴の応急策として、大林区署から巨額の買収を行い、一日平均五〇〇俵を販売、②外国米を安く販売し、細民部落の困難を緩和、③東京米《とんきん》と朝鮮米を安く販売し、米価調整、④青島産の牛肉と公示して販売することにより、内地産と青島産とを混ぜて販売しないよう注意を喚起、⑤塩鮭の産地についても本場品とカムサッカ品とを正銘、⑥醬油、味噌を一貫目五〇銭以下にて販売、⑦日暮里市場は付近に細民が多いため、厳重な消毒を施した古着を販売し、経済上および衛生上の効果を上げた。このようにして、公設市場は小売商習慣に潜む「曲事《くせごと》」を改め、市価を調整することにおいて、重要な役割を果たしていた。

一九二八年（昭和三）に大阪市産業部小売市場課長であった住田新次郎は、公設市場が最初は「社会救済的施設」としてはじまり、その後、都市食料政策上の「経済的施設」であり、また、「保健」

図 6-1　長崎市営の公設市場（写真絵葉書，年代不詳。おそらく昭和初期のもの）

出所）筆者所蔵。

と「文化」にも関わる施設へと発展したと、その多機能性の重要性を指摘した[26]。

同年一〇月に商工省商務局が実施した「小売市場ニ関スル調査」によって全国的な動向をみると[27]、公設市場が設置されていないのはわずか六県（福島県、群馬県、宮崎県、佐賀県、山梨県、栃木県）であった。図6-1は長崎市営の公設市場である。設立当初のものではなく、おそらく昭和初期頃だと思われるが、公設市場の賑わいを見ることができる。荷車を引く人びと、天秤棒を担ぐ人びと、籠を両手にもつ人びと、地べたに座ってものを売る人びと、そして買い物をする人びとが集まっている。

市場数でみると、私設市場が七五六に対し、公設市場は三五〇である。売上高でみると、私設市場が八二五四万九五一一円のところ、公設市場は七八一五万五四三二円であるが、一市場当たりに換算すると、公設市場は私設市場の約二倍の売上げを得るようになっていた。

六大都市における私設市場と公設市場

公設市場は村落よりも都市、小都市よりも大都市で重要であった。村落や小都市では私設市場が一般公衆を対象とし、かつ販売者は生産者が多数を占めている状況であったのに対し、大都市ではそれとは全く逆の状況だったからである。特に東京、大阪、名古屋、横浜、京都、神戸の六大都市では、生産者もしくはその委託者が問屋、仲買人、小売商人を対象として売り買いをし、一般の人びとに販売するのはむしろ稀であった。そのため、とりわけ大都市では公設市場の設置が急がれた。一九二〇年(大正九)の内務省調査によれば、公設市場総数一八一カ所のうち、じつに一一三カ所が六大都市に立地していた(28)。

六大都市のうち、公設市場が最も多いのは東京(七九)で、大阪(一一)、神戸(八)、京都(六)と続き、少ないのは名古屋(五)、横浜(四)であった。ところが一日平均の売上額でみると、大阪が第一位で東京は最下位であった。また、生産者と消費者とのあいだに介在する仲買機関を排除することが公設市場の目的であったが、東京では公設市場にも旧来の商慣行が深く関わっていたようである(29)。この問題を解決するために、まず府や市が、欧米各国にすでに設置されている「中央市場」をつくり、これによって市場の統一連絡を図り、生産者と消費者との中間に立って、優良低廉かつ物価の正準を保ちながら物資の供給を円滑にする必要があるのではないか、という議論が高まりはじめていた(30)。

三　中央卸売市場の誕生——救済政策から経済政策へ

分配システムの再編

一九二二年（大正十一）八月、政府は物価調節一九項目を発表し、公設市場の改善と増設および「中央卸売市場《しじょう》」の設置方針を明らかにした。(31) 翌月に出された「公設市場改善要綱」と「中央市場設置要綱」によれば、これまで併存していた旧来の既存市場をも組み込んだ再編が構想されていたことがわかる。

このような市場政策の新しい方針は一九二一年（大正十）一〇月の社会事業調査会に対する諮問を受けて、政府の関心を集めることになった。この諮問では中央卸売市場の問題はこれまで公設市場に関わってきた「内務省」の主管ではなく、「農商務省」の主管とすべきと提案された。この時、市場政策として意識されていたのは「産業ノ発展」と「貿易ノ振興」を図ることであった。そして一九二三年には労働力の再生産、資本の蓄積を企図した市場政策として「中央卸売市場法」が成立した。

中央卸売市場制度は旧来の問屋資本を中核とする消費地卸売市場を再編したものに過ぎなかった。また、こうした組織化は、小規模な生産者の出荷組合への組織化を伴っていた。つまり、公設市場の設立当初に重視されていた「生産者」と「低所得者層」のための「社会政策」ではなく、あくまでも「都市消費者」のための組織へと再編することが、中央卸売市場制度の目的であったのである。

図 6-2　大阪市の中央卸売市場（写真絵葉書，年代不詳。おそらく昭和初期のもの）

出所）筆者所蔵。

とはいえ、中央卸売市場はただちに設置されたわけではなかった。最初に設置をみた京都市でも一九二七年（昭和二）の開設であり、次に一九三一年に大阪市、一九三五年に東京市での開設が続いた。図 6-2 は「東洋一」と謳われた大阪中央卸売市場の写真絵葉書である。広大な敷地と統一された建物とたくさんの人びとが見える。手前には蔬菜果実を運んできた荷車がずらりと並び、手押し車を押している人、自転車に乗っている人、荷物を肩に担いでいる人が行き交っている。

名古屋市では、中央卸売市場法が施行されてから二七年後の一九四九年（昭和二十四）にようやく開設された(32)。これは、地域ごとに蓄積されてきた旧来の市場慣行、公設市場と私設市場との関係、生産地と消費地との距離などに影響された結果だと思われる(33)。名古屋市には近世以来、「枇杷島」や「熱田」に中心的市場が存在していたが、近代の急速な都市化を背景として、日露戦争後に新しい市場が続々と登場した。明治になってから開設した市場は一九一〇年(明治四十三)に「魚菜総合卸売市場中央市場株式会社」(以下、中央市場㈱と表記)となり、老舗市場の地位をおびやかす存在となった。公設市場の必要性が叫ばれるようになる情勢のなかで、この中央市場㈱は、名古屋市の財政欠乏を補うかたちで、いわば公設市場の先駆けとなった実践と位置づけられている。[34] 名古屋市の場合、中央卸売市場の開設が遅れたとはいえ、枇杷島など旧来の市場、中央市場㈱、公設市場の併存体制によって、すでに新しい流通構造として再編されていたとみることもできる。

食の生産システムの系統化

公設市場の設置によって、生産者と生産者団体が流通に直接かかわる機会を得るようになったことはすでに述べた。その生産者団体の一つは農会であった。戦間期日本農業を市場と農会との関係から明らかにしたのは玉真之介である。[35] これまでみてきたように、増大する胃袋、とりわけ都市の胃袋を満たすための食料が増産され、専門化した産地が形成され、それが新たな流通システムで分配されるようになったが、玉によれば、その重要な担い手が「農会」という組織であった。

本書第5章で詳しくみたように、この時期の食料需要の増大に対応すべく農業経営を転換させた愛知県の農家は、養蚕から脱して蔬菜や養鶏を副業とした多角経営へと舵を切り、自給肥料の研究とともに合理的に肥料を使う方法を模索し、簿記をつけて絶えず経営の改善を図っていた。こうした農家を束ねていたのが「農会」であり、それは市町村農会、郡農会、県農会へと組織され、帝国農会へと連なる「系統農会」として、個々の農家を再編して、拡大していく市場《しじょう》とをつなぐ役割を果たすようになった。

第一段階として、商品経済が農村へと浸透していくにつれて、農会は米穀、繭、特産的果樹を販売する「販売斡旋事業」を立ち上げたが、これは地方市場の域を出るものではなかった。第二段階は第一次世界大戦を契機に都市化が進んだ時期であり、主要都市に農会の販売斡旋所が出そろった。この時期、鉄道網の整備、農産物の主産地形成が進んだこともあいまって、各農会連合によって運営されていた販売斡旋所は帝国農会によって一元化された。そして生産出荷統制として、産地間の出荷協定の成立もはじまった。その少し前に中央卸売市場が登場していたことが、この動きを促した。

第一次世界大戦後に農会が組織的な発展をとげる原動力は、一九一九年(大正八)四月の「主要食糧農産物改良増殖奨励規則(改良増殖規則)」にあった。簡単にいえば、農産物を増産しようということである。そのため、農林省は種と技術の新しいシステムを確立しようとした。具体的には農林省の予算で各都道府県に種を生産する採種圃を作り、技術員を配置した。採種圃は農家商組合が経営し、それらを採種圃ネットワークとして確立することが目指された。水稲については一九二七年(昭和三)より全国を九区に分けた指定試験地制度が整備され、人工交配による優良品種の育種と普及が試みられた。いわゆる農林○○号という品種はここからはじまり、米麦における優良品種の統一が進んだ。

日本農政にとって、米騒動は「地主農政」から「食糧農政」へと転換する大きな画期であった。[36] そして、その後の中央卸売市場法の制定と、それによる市場の再編、全国へとそのスケールを拡大した販売ネットワークの形成、国内統一市場の誕生は、食料を消費する人びとだけでなく、食料を生産する人びとからみても、重要な画期にほかならなかった。近代日本の青果物を中心とした商業的農業は、系統農会と販売斡旋事業なくしては発展しえなかったからである。

中央卸売市場法の制定は、一九二一年（大正十）の米穀法と同じく、国家が農産物市場に恒常的、制度的に関与するということを意味していた。そして、その論理は「社会政策」、「救済政策」というよりもむしろ、「経済政策」としての色合いを濃くしていくものであった。食の交換と分配を支える思想はここに至って大きく転換した。つまりそれは、公設市場が社会不安の解消を第一の目的としていたのに対し、それに続く全国市場の統一過程は、都市へ集まる労働者の胃袋を満たし、資本主義の経済構造を支えるための大量生産、大量流通体制の確立を目指して大きく舵を切ったことを意味していたのである。

第7章　人びとと社会をつなぐ勝手口

——市場経済が生んだ飽食と欠乏

一　勝手口からみる歴史

食堂の勝手口

最後に私たちは食堂の裏口に足を運ばなければならない。なぜなら、そこもまた重要な食の場にほかならないからである。

家でいえば玄関ではなく勝手口である。そこは、使用人が出入りし、食材が運び込まれ、近所の噂話に花が咲き、そして炊事場や食卓から片付けられた食べものの残渣《ざんさ》が出て行く場所でもある。裏口からみえる世界は表の入口からみえる世界とは違って隠されているため、みえにくい。それゆえ史料も決して多くはない。しかし、そこには時として人びとのタテマエではないホンネの世界があり、取り繕いようのないありのままの姿が垣間見える。だからこそ本書では、食に関わるありのままの世界を、「勝手口」からみる歴史として描き直したいと思う。(1)

前章までは食堂や工場に足を運べる人びとが主人公であった。しかし、じつはこの時代には食堂にさえ足を運べない人びとも少なくなかったのではないか。いったい彼らはどのように露命をつないでいたのだろうか。

その一つの答えは食堂や学校、病院から出る「残食物」にある。明治・大正期の都市では、食堂の裏口から出されるその残食物は、独自の流通経路にのって、人びとの胃袋へと分配された。食堂とそこへ足を運べない人びとをつなぐ道、それは食堂の勝手口からはじまる。

炊事場と社会をつなぐもの

炊事場と社会をつなぐのは、勝手口からその日の残食物を集めて回る「残飯屋」である。明治期の東京を描いた松原岩五郎の『最暗黒の東京』には「残飯屋」という職業が登場する。同書に登場する「余」は残飯屋の下男となって働きながらその実態を取材し、次のような文章を書いている。

毎日、朝は八時、午は十二時半、夕は同じく午後の八時頃より大八車に鉄砲笊《ざる》と唱へたる径一尺あまりの大笊、担い桶、又は半切、醤油樽等を積みて相棒二人と共に士官学校の裏門より入り、三度の常食の余り物を仕入れて帰る事なるが……。(2)

残飯屋は毎食ごとに大八車を引いて受け取りに行くことがわかる。受け取り先はこの文章の場合、士官学校である。では、いったいどのくらいの量の残食物が出るのであろうか。

売捌くは即ち其士官学校より出づる物にて一ト笊(飯量凡十五貫目)五十銭にて引取り是れを一

貫目凡そ五六銭位に鬻《ひさ》ぐ。(3)

一貫目当たり、三銭三厘ほどで買い入れ、五銭で売るとすれば、一銭七厘の利益が得られる。残食物の具体的な量と内容は、「千有人余人を賄ふ大包厨《だいほうちゅう》の残物なれば、或る時は彼の鉄砲笊に三本より五六本位出る事ありて、汁菜これに準じ沢庵漬の截端《きれはし》より食麵包《しょくぱん》の屑、ないし魚の骸《あら》、焦飯《こげめし》等皆それぞれの器にまとめて荷造りすれば」とある。鉄砲笊に三〜六本というのは日によって、あるいは朝、昼、夕によって量が一定していないと読める。内容は飯だけでなく、副食物も含まれていた。

大八車を引いて帰ると、店先には黒山の人だかりが待っていて、車の影をみると「颯と道を拓きて通すや否や」という状況である。また、「我れ先きにと笊、岡持を差出し。一銭下さい、三銭お呉れ、是れに一貫目、茲へも五百目と肩越に面桶を出し脇下より銭を投ぐる」様子はまるで魚河岸の朝市のようだと松原は表現している。

残食物はたくさん手に入る日もあれば、ほとんど手に入らない日もある。ほとんど手に入らない日には、残飯屋は「あらゆる手段を旋《めぐ》らして庖厨を捜し、成宜く多くの残物を運びて彼等に分配せん事を務め」ようと奔走する。松原のルポルタージュからみえてくるのは、このような食の風景であった。(4)

しかし、もちろんこれだけでは知りえない部分もある。残食物を扱う人びとはいったいどのような人物なのか。残飯屋は当時、どのくらい存在していたのだろうか。これらについて体系的な調査を実施したのが東京市社会局であり、その報告書がほとんど唯一の手がかりとなる。以下では東京市社会局が関東大震災前と震災後に実施した二回の調査をもとに、残食物をめぐる問題を考えていくことにしよう。

二　『残食物需給ニ関スル調査』

東京市社会局の調査（大正十一年）

東京市社会局は、残食物に関する調査として一九二二年（大正十一）に『浮浪者及残食物に関する調査』を、一九三〇年（昭和五）に『残食物需給ニ関スル調査』を実施している。[5]

松原岩五郎が描いた明治二十年代の東京にはまだ、工場労働者はほとんど存在しなかった。しかし、明治後期になると続々と工場ができ、労働者が増加した。それと連動するように、貧しい人びと、行き場のない人びと、糊口をしのぐために残食物を求める人びともまた増加したはずであり、東京市社会局はまさにその実態をとらえようとこの調査を実施したものと思われる。

まず、関東大震災以前の調査からみていくことにしよう。この調査の概説は次のようにはじまる。やや長文であるが引用する。

図 7-1　大正期の残飯屋

出所）東京市社会局編『浮浪者及残食物に関する調査』東京市社会局，1923 年，扉絵。

東京市内及び郡部町村に所属せる兵営の兵員又は学校工場など付属の寄宿舎に寄宿するもので、日常の食事を採るに当り、其食品を喰残すものがある。尚三食賄の弁当を需めるもので之を喰残すものと、更に劇場に入場観劇せる者と或は都市各方面で営まれる大小料理店、貸座敷等に来場せる者で食品を喰残するもの若くは病院収容の患者にして賄より供給される三食を喰残すものなどあつて、此種の残食物は其所から日々有価植物《ママ》となり或は無代価として乃ち無償植物《ママ》となり、地面、需要者へ供給されるのである。而して所謂残飯屋なるものは有価植物《ママ》である残食物の需要を営むものであって、無償植物《ママ》として出、残食物を需要するものは所謂「ダイガラもらひ」と称するものである。前者は営利的に残食物を鬻ぐもので、後者は概ね残食物を無代価で産出者から供給をうくるものである。然しながら、此ダイガラもらいの中には自己のみの需要に充つるものと更に之を自己以外のものに分配するものとがあって、此自己以外のものに分

配する場合に於ては多少の利益を〔得〕て分配なせるものもある。(6)

図7-1によって、残飯屋の様子をうかがい知ることができる。

松原のルポルタージュでは兵営の兵士の残食物が事例となっていたが、ここではそのほかに、学校、工場、弁当屋、劇場、料理店、貸座敷、病院などの勝手口からもまた、残食物が出ていたことが記されている。いずれもこの時代にますます胃袋が集まるようになった場所である。同調査によれば、残食物は二つの経路で流通する。一つは「残飯屋」と呼ばれる専門の業者であり、いま一つは「ダイガラもらい」と呼ばれる人びとである。(7) 一九二二年（大正十一）一二月の調査時点で、残飯屋は東京市内に一六業者、郡部に十業者、合計二六業者が存在していた。

残食物の需給関係——残飯屋の店先

残食物が出る具体的な場所もわかる。たとえば劇場とは帝国劇場（図7-2）、新富座、明治座、市村座であり、学校とは学習院大学男子部、慶應義塾大学、商船学校、青山師範学校である。遊郭は吉原遊郭を第一位に、次は洲崎遊郭の名が挙がっている。三食賄弁当屋があるのは日本橋、丸の内であり、大小の料理屋からの産出量が最も多いのは何といっても浅草公園界隈であった。これに近衛歩兵第一連隊、同騎兵連隊など、合計一八の軍関係施設が加わった。

これら残食物の産出地域それぞれを得意先とする残飯屋はある程度決まっていた。そのため、残食物の産出地域とそれを消費する地域には明確な対応関係がみられる。たとえば、麹町の帝国劇場から出た残食物はMという業者によって市外日暮里町付近へ運ばれた。亀戸の東洋モスリン等の紡績会社から出た残食物はKという業者によって本所区太平町へ運ばれた。ほかの場所も、同様に得意関係がみられる。

ところで残食物はいくらで買えたのか。白米は時価の三分の一、残菜は一定ではないが、汁の残物は一升約三銭、塩鮭の切り身一つ五厘ほどである。これらは残飯屋で「丼売り」あるいは「秤り売り」で販売される。たとえば四谷のSでは残飯一杯大盛三銭、小盛二銭、副食物は二銭、汁二銭、香々一銭で販売する(8)。秤り売りで買う人びとは風呂敷、味噌漉しなどの容器、あるいは包物をもって買いにくる。大型の味噌漉し一杯には約三〇〇匁の残飯が入り、これで五銭である。香々は一つかみ一銭、残菜は牛肉、魚肉などは四切れくらいで五銭、鮪の刺身などは惣菜皿一杯五銭、それ以外の副食物は惣菜皿一杯で概ね二銭である。

「丼売り」は「定食」とも呼ぶことがあり、三軒の専門業者が存在していた(9)。これは食堂に似た喫

図 7-2　東京帝国劇場の第二食堂（写真絵葉書）

出所）筆者所蔵。

食場を設け、いわゆる「飯屋」を彷彿とさせるもので、一日にこれら三軒で約三三〇人の喫食者があった。大盛を注文する人のなかには、その場において半分を食べ、残りを弁当箱に入れて、昼食あるいは夕食にあてる者もいた。

この調査時においては一七軒の残飯屋が仕入れる残食物は一日平均三二〇貫、うち食用は一六六貫であったから、五割強は人びとに消費されていた計算になる。この時点で残食物を需要していたのは五八〇人であったことをふまえると、一日一人平均二八〇匁(約一キログラム)[10]を消費する割合となる。家族分を買いに来ていたとしたら、この需要者数と消費者数は異なるため、実際には一人当たりの消費量はもっと少なかったとみてよい。

一九一二年(大正元)一二月の『中央新聞』には「歳晩の細民窟」という記事が連載されている。

狭い町の中に挟まれた魚屋の前には秋刀魚の切身が山のように陳べてあるが、飯時になれば店前は細民で一杯だ。片手に残飯を提げて居ても片手には切身を提げて行く。今年は暮になって天気が続くので一向困ったような様子もなく先界隈の景気は頗るよい方と云うてよい……米屋に就いて聞く。米の売れるのは三等米が多く、十銭、十五銭、二十銭と風呂敷や笊を持って買いに来るが、中には五銭と云うのがある。之は多く通勤の職工とか女工とかで、其日の弁当にする丈け買って行くのだ。一寸話をして居る中にも此のお客様がどしどし来る。米屋を出て焼芋屋を覗くと此処も満員で焼くのが間に合わぬ位、お八つに売れると云う外に、此の芋で生命を繋いで居る

向も中々沢山あるのである。(11)

一九一二年(大正元)、暮れも押し迫る東京の雑踏のなかにはこのような人びとが行き交っていた。社会局の調査だけでは知りえなかったのは、残飯と新鮮な魚を組み合わせる食事、朝昼晩のうち昼だけは購入した米で作る弁当、米だけでなく焼き芋で胃袋を満たす一食、というさまざまなあり方である。こうしてみると、残食物を買い求めることは、今私たちが想像する以上に奇異ではなく、ある限られた地域であったにせよ、じつは今よりもずっと日常の風景であったのかもしれない。

残食物にみる世相――昭和五年の変化

一九三〇年(昭和五)の調査になると、残食物の産出元として新たに百貨店が加わる。具体的には日本橋白木屋、銀座松屋、新宿布袋屋、新宿松屋から出る残食物の幾分かは社会事業家もしくは篤志家を通じて食用として利用された。残食物に関わるアクターとして、社会事業家などが登場したことが前回調査にはみられなかったこの時期の注目すべき特徴である。しかし、この時期になると大部分は養豚の飼料として利用されるようになったこともまた重要な変化であり、上野と銀座の松坂屋、室町の三越から出る残食物はすべて飼料となっていた。

残飯屋に注目すると、関東大震災前には二六軒中、畜産専門の業者が四軒のみであったところ、二回目の調査時点ではそれは十軒に増えていた。また、この時点になると、震災前に存在した「丼売り」が皆無となり、代わりに残食物で弁当を作ってこれを販売する業者が現れた。

第一次世界大戦以前、特に十年前までは残食物の需要者は非常に多く、畜産やほかの用途は少量であった。それに比べて、一九二二年（大正十一）の調査時点では残食物の需要者は減少したという。一九一六年（大正五）末に比べると、十分の三となり、社会局が調査を実施する年の最近三カ年以内に五つの残飯屋が廃業していた。[12]

第一次世界大戦の影響で労働需要が高まったこともその背景にあったと一九三〇年（昭和五）の調査でも言及されている。[13]しかしその一方で、市内各方面で養豚業を営むものが逐年増加し、残食物は養豚用の飼料として用いられるようになった。一九二八年の東京府下には三六の畜舎があり、一二一二頭の豚が飼われていた。加えて千葉県、神奈川県においても同様の傾向がみられ、近衛師団の各隊から出る残食物はほとんど畜産用へと回されるようになった。

一九三〇年の調査時点では、一日に出る残食物の数量は、上飯[14]一九一貫、下飯二八八貫、残菜二六貫、飯と菜を混合したもの一六八貫、パン三貫、合計六七六貫であった。このなかで食用に回るのは上飯一七〇貫、残菜二六貫、パン三貫であり、全体の約四分の一に過ぎない。一方、この調査時においても残食物で飢えを凌ぐ人びとは一日六三一人にのぼった。前回調査の五八〇人よりも増加していることに注目しなければならない。一度は減少した残食物の需要者もこの年には増加の傾向にあり、かつ前回調査時と比べて畜産業への使途が加わったことによる食用の残食物供給量の減少が、残食物とその需要者の状況をより厳しいものにしていたと社会局の調査は伝えているのである。

残食物の品質の良否について、社会局が重視しているのは「腐敗」の進行である。ご飯と汁や副食物を別々にまとめておく場合、そして三食ごとに受け渡しがある場合には比較的良質な食物となるが、すべてを同じ容器に入れ、かつ受け渡しが一日に一度である場合などは当然ながら腐敗が進みやすくなる。これをふまえて社会局は「劇場から出る残食物は和洋共に処理の方法を講ずれば人間の食用に適すべき品質を備えている」、「各大百貨店から出る残食物は是れを適当に処理さへすれば殆ど総てが人間の食用に適する」[15]という提案さえしている。しかし、実際には劇場や百貨店が興隆し、残食物が増える一方で、それは家畜の飼料として流通するようになったため、その日の食事に困る人びとの胃袋へは分配されなくなっていたのである。

三　食べものの洪水と空っぽの胃袋

食の道楽と欠乏

残食物はそれを必要とするくらしの実態だけでなく、じつはそれを生み出す、整備されつつある、豊かで、贅沢な社会の到来を逆照射してみせるものでもある。残食物の内容、品質、需給関係はそのまま軍隊、劇場、大学、病院、百貨店、工場、料理店、遊郭での人びとの胃袋を映し出す鏡であったことは、すでにこれまで述べてきた通りである。

そう考えた時にみえてくるのは、この時代には食の「道楽」と「欠乏」が同時に存在していたという事実である。この時代には、と限定することはしかし、間違っているかもしれない。つまり、私たちが生きる現代もまた、まさに同じ状況にあることに目を背けなければ、この食の「道楽」と「欠乏」の併存が世の中を広く覆っていくことのはじまりが、この時代にあったというべきだろう。

明治期は食べることが一つの「道楽」と表現されもした。『食道楽』は、明治期の新聞小説家であった村井弦斎によって一九〇三年（明治三十六）に『報知新聞』に連載され、熱狂的な人気を博し、刊行されるや空前の大ベストセラーとなった小説である。「腹中の新年」と題するこの小説の冒頭は、なんと擬人化された「胃」と「腸」の会話からはじまる。贅沢な食事ばかりの主人をもつ身として、正月も休めない、毎日大変だという話が繰り広げられる。

オイ胃吉さん、おめでとう。

ヤアこれは腸蔵さん、去年中は色々お世話さまでしたね。また相変りませずか、アハハ。時に腸蔵さん、今日は正月の元旦といって一年に一度の日だからお互いに少し楽をしたいね。私たち位年中忙しくってみじめなものはないぜ。……私たちばかりは一年中休みなしだ。私は一日に三度ずつ働いていれば自分の役が済むのにここでは間食《あいだぐい》が好きで三度の外にヤレ菓子が飛込む、団子が飛込む、酒も折々流れ込むからホントに溜ったものではない。(16)

この小説のヒロイン「お登和」のモデルは著者である村井の妻、多嘉子であった。彼女の父は大隈重信の従兄弟であり、彼女は母親の妹が後藤象二郎の後妻で、三菱財閥の岩崎家とも縁続きになっていた[17]。こうした状況を映し出すように、『食道楽』には実に多彩な料理の数々が季節ごとに登場する趣向となっている。

同書の最初の扉絵には山本松谷が描いた「大隈伯爵邸台所の図」が掲げられている（図7-3）。立ち働く女性たちと料理人、中央の棚にはこの台所の名物といわれた旬の野菜の数々が籠に積み上げられている。大きな釜や樽、今まさに運び出されようとする整った膳、西洋鍋や電球、時計、オーブンらしきものも見え、西洋式の道具もふんだんに取り入れられている。

図 7-3　大隈伯爵家の台所

出所）村井弦斎『増補注釈　食道楽』春の巻，報知社出版部，1903年，扉絵（山本松谷画）。

この扉絵を、あるいは同書に登場する華やかな料理の数々を、当時の人びとはどのように受け止めたのだろうか。ある人は共感をもって、ある人は憧れを抱いて、またある人は実現しない夢の世界を垣間見て、そして、本を買えない人びとは本の噂を聞いて驚きと諦めの溜息をつくか、あるいは全くの別世界に過ぎないと無関心を示したかもしれない。そして、この本の存在にすら気がつかなかった人びとは、その日の稼ぎの有無と、胃袋のなかに入れるものを手に入れることができるかどうか、そのことに腐心していたことだろう。

いずれにしても、このような食道楽に浴していたのは、おそらくほんの一握りの人びとに過ぎなかったに違いない。この本がベストセラーになったという事実は、食道楽とは程遠い日々を送っていた人びとや、少なくとも食道楽を文字で読んで楽しむことはできると思っている人びとがいかに多かったか、ということを意味していると解釈することもできるのである。

都市の勝手口——市場の賑わいのなかで

これまで述べてきたように、明治期には新しい食べものが登場し、大正期には蔬菜栽培と加工技術の革新によって大量生産と大量加工がはじまった。さらに、流通網の発達がそれに拍車をかけ、食べものは各地の中央市場を起点として大量に集散することになった。市場はいわば都市の勝手口である。

たとえば東京では神田市場、愛知では枇杷島市場、大阪では天満市場という近世以来の市場が再整備され、大いに賑わっていた。図7-4は『風俗画報』に掲載されている明治三十年代の神田市場である。江戸時代から第二次世界大戦後に大田市場へと移転するまでの市場を豊富な資料を収録して描いた『神田市場史』によれば、明治末期には鉄道の普及につれて、果物が長距離輸送で東京へ送られてくる一方、蔬菜も特に馬鈴薯や南瓜など比較的変質しにくい品種のものが広く栽培されて大都市の

図 7-4　神田市場の賑わい

出所）『風俗画報』臨時増刊，203 号，1900 年。

需要に応じるようになった。[18] 愛知の枇杷島から促成野菜の入荷をみるようになると、市場ではこれを「レール物」と呼び、以降この「レール物」が各地から続々と輸送されてくるようになった。

この市場の賑わいを、松原岩五郎の筆は次のように生き生きと表現している。

蔬菜屋の大棚なるものは、大八とも言うべき大形なる荷車を以て、蔬菜屋の小棚なるものは、大六とも言うべき中形なる荷車を以て、また蔬菜屋の最も小棚なるものおよび街道呼び売の小商人は一荷の笊籃を以て、おのおのその市場に向って走る。これ実に毎朝の課業にして、三百六十五日、日曜も大祭も厄日も吉日もあらざる毎日の課業なり。芝、赤坂、京橋および日本橋の蔬菜商は大根河岸の市場へ、本所、深川の人々は三河島の市場へ、芝、麻布の人々は目黒の市場へ、小石川、本郷、下谷の人々は駒込および谷中の市場へ、四ツ谷、牛込、赤坂の人々は新宿の市場へ、浅草、本所、葛西の人々は千束、小塚原および本所各所の市場へ向っておのおの買出しをなす。……中央政府的とも言うべき中枢の大市場は、府下十五区内の蔬菜商と言うべき蔬菜商の集まらざるなき菓蓏の大なる「マアケット」にして、朝の東京第一の盛況、恐らくは朝の日本第一の盛景として遺されたるもの、これが一般に多町の青物市と呼ばれたる大市場なり。[19]

この多町の青物市が神田市場であり、その街道には二四〇の青物問屋、三七の乾物店、二三の荒物および玩具問屋、四七の荷車問屋、一二の飲食店が並び、その五〇〇有余の店四方数町にわたる人影は「山間の一小都市を開拓して人間を埋めた」ようだと松原は描写している。毎朝集まる人の数は無慮五万であるというこの大市場には、全国から集まるさまざまな蔬菜や果物がずらりと並んでいた。神田の大店、伊勢長の親戚筋は大隈重信邸を得意先として蔬菜を販売する蔬菜商であった。[20]図7-3の中央に見える大隈邸台所の名物といわれた籠に満載された季節の蔬菜の運び主ということになる。

時に市場は秋の初めの出荷にして菜果の色は枝豆、茄子、玉蜀黍、南瓜の黄みて霜降たるもの、梨子の熟して好時節なるもの、西瓜は塁々として往来に満ち、芋の茎は林の如く軒を塞ぎ、茗荷、新芋、柚子、藤豆等は半切あるいは筵に拡げられて殆んど人のその上を歩くに委せられ、新薑の色に紅を潮じたるもの、芋の児の白く洗い上げられたるもの、大砲の如き洋種西瓜、冬瓜、麻桑瓜の山をなせる中にも、葡萄、桃、梨子の過半は箱詰の取引を以て買う人はその中より見本を選りて一個の味を噛る。四面菜果の色に埋ッて往来はただ人の脚のみ、人肩相重なッて銅貨一銭落すの余地なし。その頭上を飛ぶ笊、その脚下を噛草鞋、その輪と輪と噛み合う荷車。……畠の液が車によッて運ばるる、山の精が籃によッて送らるる……。(21)

神田市場で繰り広げられる「劇しき取引、過溢《かいつ》せる蔬菜、混雑せる人影、熱閙、雑沓、社会生活の群響の紛然、雑然たる」(22)状況を見事に描きとめている松原の筆には舌を巻くほかない。

では、この食べものの洪水のような市場を行き交う人びとの胃袋にはいったい何が入っていたのだろうか。いうまでもなく、食べものが目の前にあふれるほどあるからといって、それを食べることができないのが「市場《しじょう》」という場である。つまり、何かと交換してはじめて手に入る「商品としての食べもの」があふれているわけであって、これを手に入れるには交換の手段としての貨幣や為替が不可欠であった。神田伊勢長が相場を見きわめて競り落とした蜜柑で大金を稼ぐ同じ場で、毎朝、無慮五万といわれる人だかりのなかにはこの市場で働く蔬菜商の小僧や、大八車を引く運送人夫、その車を辻待ちして後ろから押すことで日銭を稼ぐ立ちん坊、近隣から一荷の蔬菜を運び込む農夫、商人や役人を運ぶ人力車の車夫などが行き交っていた。彼らはこのあふれるような食べものの洪水のただなかにいながら、その胃袋には、一膳飯屋や屋台でかきこんだわずかな飯と汁、あるいは昨夜食した残

図 7-5　東京の屋台店

出所）三谷一馬『明治物売図聚』中公文庫，2007 年，扉絵（原画は『風俗画報』261 号，1902 年，山本松谷画，本書表紙を参照）。

飯が入っているに過ぎなかったかもしれず、そうでなければ絶食して空っぽの胃袋を抱え、仕事後に食す一片の大福餅を楽しみにしていたかもしれない（図7-5）。こう想像しながら、再び図7-4を見ると、この大市場のなかには食べものの洪水と空っぽの胃袋が併存していた様子が浮かび上がってくる。

『神田市場史』の執筆者であった江波戸昭は、神田市場の繁栄を体系的にとらえる一方で、その後、『東京の地域研究』を執筆し、東京府下のさまざまな職業、労働者の存在形態、それらと近代工業との関係性を論じている。間違いなく江波戸は神田市場を描きつつ、明治、大正期の東京の内部で生じていた食の道楽と欠乏の二重性に気がついていたはずである。その証拠に、『東京の地域研究』[23]では、横山源之助の『日本之下層社会』[24]を援用しながら、一九〇〇年（明治三十三）の「東京府職業調査」の詳細な分析によって、区部で最も多い業種が二万戸に近い人力車挽《ひき》であること、労働者と日雇といった不安定賃労働も上位にあることを示し、維新以降、「諸国のふきだまり」として流入人口が急増しつつあった当時の東京で安定した賃労働がいかに得にくかったかが察せられると述べている。加えて、東京には工場制工業に従事する賃労働者と問屋制家内工業に従事する職人とが地域的な差異をもって併存していたこと、「近代的」とされる工場労働者よりも「前近代的」とされる職人の方がむしろ安定し、経済的にも優位にあったという指摘は重要である。

四 食堂の勝手口から地域社会へ

残飯屋と地域社会

今からみれば、「残食物」の行方とやりとりのなかに希望を見出すというのに納得されない読者も多いかもしれない。しかし、筆者はこの時期の具体的な二つの事実にある種の希望を見出してもいる。一つは愛知県の方面委員になった残飯屋の主人の話である。『最暗黒の東京』に登場する残飯屋がいったいどのような人びとなのか、長らく筆者は疑問に思っていた。商売上手な商人なのか、貧しい人びとからわずかな銭でも吸い上げるやり手の事業家なのか。この疑問に一つの答えをあたえてくれたのは、第2章で触れた愛知県の方面委員会の立ち上げに関わった人びとの話であった。重複になるが、その部分を引用しよう。

三上と一緒に大阪を訪れたのは、選ばれたばかりの愛知方面委員の面々であった。委員を選ぶ際には「最初に適任者を少数厳選し、十分訓練して、その後に続く委員の手本を作ることが肝要」、職業の点からみると「従来、社会事業などに縁故の無かった商売人などの間に反って適任者がある。被援護者に親しく接しうることが必須の条件である」という小河からのアドバイスをたよりに三上は人選を進めた。

その結果、委員のなかには下駄の歯入れや靴修理を業とする人、軍隊の残飯販売を仕事にしている人、寺の和尚まで、さまざまな人びとが集まった。フロックコート、古い背広、古めかしい紋付羽織と袴、その下にゴムの短靴など、委員の個性そのままに、服装はさまざまかつ小雨に濡れた泥靴で訪れたこの一団を、小河は……歓迎した。[25]

愛知県の社会事業の中心的役割を担うべく選ばれた初代方面委員のなかに「軍隊の残飯販売を仕事にしている人」が含まれている。彼は「被援護者に親しく接しうる」人物として選ばれたのである。つまり、この残飯屋は単なる商売人というよりもむしろ、細民街の人びとと気安く連絡をとりうる人物であり、それが可能だということは、人びとから信頼を得ている人物であったということを意味している。もちろん、これは例外かもしれず、あるいは一部の特徴に過ぎないのかもしれない。ただ、少なくともこの時代の愛知県にはそういう残飯屋が確かにいたということの意味は、決して小さくはないはずである。

また、一九二二年（大正十一）の東京市社会局の調査にもいくつかの手がかりがある。残飯屋を利用する客のなかには、日によって職がなく、日銭が入らなかった日が続くなどの事情で残食物を買い求める者もいる。時には無銭飲食者もいるのだが、その場合は残飯屋が七日間の期限をつけて所持品を担保として預かることで無銭飲食を許容することもあった。したがって、残飯屋はいつも風呂敷に包んだ預かりものを二、三包保管していたという。しかし、その慣習が官憲から注意されるようになり、次第に預かりものをしないようになった。その代わり、無銭飲食者が現れたときには、やむなくその代金を残飯屋が貸与するようになった。こうして貸与されたものの半分以上は、後日再び来場して喫食する際に返済されていた。残飯屋によれば、いかにどん底の境涯にあっても道徳的責任観念を失わない人はいるのだという[26]。

このように無銭飲食者を預かりもの、あるいは代金の貸与で許容する残飯屋の姿に、単なる商売以上の社会的意義を見出すことができるのである。

パンの耳の行き先と二葉保育園の五銭食堂

先に一九三〇年（昭和五）の調査では、新たに社会事業家が残食物に関わるようになったと述べたが、二つめの希望として最後にその点を詳しく述べたい。それは東京の二葉保育園の実践である。

同園は一九〇〇年（明治三十三）に華族女学校付属幼稚園に勤務していた野口幽香と森島美根によって設立された。二人は貧しい子どもたちを華族幼稚園の子どもたちと同じように保育したいと願い、麹町の借家で六人の子どもたちを集めて開園した。創立当時から慈善幼稚園として歩みはじめ、一九〇六年に、明治期の三大貧民街の一つであった四谷鮫河橋に移転し、二〇〇人以上の子どもたちを入園させ、地域の向上に尽くした。一九一六年（大正五）、この頃すでに乳幼児も保育するようになっていたため、社会制度の変化に合わせて保育園に改称している[27]。

一九三〇年の東京市社会局の調査に、同園は社会事業家として残食物に関わるようになった団体として登場する。調査によると、明治製菓新宿売店から一日二貫目供給されるパンの残りの取扱い者が同園であった。その一日需要人数は八〇人[28]、つまり園児たちである。このパンはいったいどのように使われたのだろうか。史料には「サンドヰッチを拵へるときパンの焦げたる部分或は固き部分は切断するので、此切断部は二葉保育園に供給され同園では午後三時頃に此れを託児の銘々へ俗に云うオヤツに与へてゐる[29]」とある。残食物であったパンの切端は、黒蜜をかけた子どもたちのおやつになっていた。

同園に通ってくる子どもたちはもちろん、その親たちもまたその日の糧にも困るような貧しい暮らしをしていた。そこで昭和四、五年頃より同園はさらに「五銭食堂」の運営を試みるようになった。同園の歴史と実践が詳しく述べられている上笙一郎と山崎朋子『光ほのかなれども　二葉保育園と徳永恕』のなかで、「五銭食堂」に触れている部分を以下に引用しよう。

その日の糧をその日の働きで入手しなければならない底辺社会にあっては、雨降りだとかあいにく車へ乗ってくれる客がなかったとかした日には、一度しか食事をしなかったり止むを得ず絶食したりする人が少なくなかった。芋の尻尾ひとつ食べず水ばかり飲んで過ごすこうした有様を人びとは自嘲的に〈金魚〉と称したが、おとなはまだしも、発育ざかりの子どもにはこれは何としても辛いことで、その上身体の発育を阻害すること著しい。見るに見かねた恕は、昭和期に入ると本園・分園の双方で子どもたちに対する給食を開始し、昼食だけは園児に欠食がないように配慮したのだが、それを一歩進めて、園児以外の子どもたちやその父母たちも〈金魚〉で過ごすことがないようにしたいと考えたのである。

そこで、まず可能なところから着手することとし、昭和四、五年頃より安くて栄養のある惣菜をつくり、ひと皿二銭ないし三銭で売るという仕事をはじめた。これはそれなりに喜ばれて、木賃宿住まいのひとり者や父子家庭などが毎日のように買いに来て、そのうち「お菜だけでなく、御飯も分けてもらいたい、味噌汁もほしい」という声が出るようになり、これを受けて恕たちは、昭和六年より、一食分の飯と菜とをそろえて出して食べさせる廉価な食堂—すなわち五銭食堂を経営し始めたのだった。(30)

保育と食が結びつく実践は、第3章で取り上げた尾西織物業地域の林曜三の実践とも呼応するところがある。当時、この二葉保育園に通っていた野村敏雄の回想録によれば、同園では食堂事業のほかにも夜間治療、夜間裁縫部、廉売部、夜学生のための給食部なども手がけていた。五銭食堂については柳つるという保母が次のように記録している。

穴のあいた五銭銅貨！　幼児でさえおやつ代にもならないことを知っている。恕先生を偲ぶとき、「五銭食堂」の名は、昭和四、五年以後の同労者にとって何となつかしい思いをかきたてることか。二葉保育園と五銭食堂？　首をかしげる方たちも多いことと思います。当時新宿南口の陸橋を旭町へ下る坂の道傍には、所謂浮浪者の人たちがゴロゴロとむしろの上に、また地面にヂカに眠りこけていました。仕事にあぶれた時には、大盛十銭の牛丼に焼酎一杯にさえありつけず、横たわっている事が、一番経済的な生活の知恵でした。その様をみかねての徳永恕経営の五銭食堂の開店となったのでした。開店の献立はお赤飯にお頭つき鰯の焼物。俄然人気を呼んで押すな押すなの大盛況に、旭町の同労会員も興奮の渦に巻き込まれました[31]。

また、『二葉保育園第三十五年報（昭和九年度）』にも、五銭食堂の光景が次のように生き生きと描かれている。

一食五銭。丼一杯の御飯とお汁とお皿もの、香のもの、これだけが一揃ひで。前の空家を借り受けまして、設備も其儘、六畳の土間に二つのテーブルで十二人が満員、朝六時から始めて二時間位づつ朝昼夜の三度ありまして、夜食の終わるのは八時頃。非常に喜ばれまして、一時は一日二百人を上りました時期もありましたが、近頃は大抵百人内外の利用者。別におかずや御飯を買ひに来る者もある。朝飯のあとでお弁当をつめてもらって行くのもあります。何がなし和やかな空気が出て参り、お早う、御馳走様と挨拶して出入するという風になって参りました。折々、他で酒に酔ふて来て無茶をいふ人、ずるをしようとする者などありますと、私共の手をまつまでもなく、ここはよその飯やと異ふぞ、そんなずるい者はお互の顔汚しだぞと云ふ様にお互同士制裁しあひます。

今日はどうしても三銭の仕事しかなかった、明日また稼いで持って来ますから、と小声に頼んでゆく人もあります。何しろ一食五銭、一ヶ月四円五十銭あれば食べていけるのです。但し経営としては、始めました当初は物価がおやすかった為、材料費だけはずい分工夫さへ致しませば、どうにか足りてゆきましたが、冬になりまた近来の物価では其の材料費にも足らぬがちでして、家賃三十五円、手伝いの費用（これも現在の二人は、女の手一つで病夫と子供を養はねばならぬ人々に授産の意味で手伝はせて居ります）其他で月八、九十円の不足が要ります。(32)

この五銭食堂を実現するために、恕たちはあちこち歩いてなるべく安い材料を探した。たとえば帝国ホテルに頼んでスープを取ったあとの肉片をもらってきて、それでシチューを作るなどさまざまな工夫をした。(33)しかしそれでもなお、経営としては収支を健全に保つことは非常に難しかったようである。

だからといって、この実践は失敗だったとはいえない。なぜなら、日々の食を提供し続けるなかで、利用者たちのあいだに「ここはよその飯やと異ふぞ」という意識が芽生え、食堂が単なる喫食の場という意味を超えて、人びとのよりどころ、信頼できる居場所、挨拶を交わしてお互いの存在を気遣う場所となっていたからである。孤立し、誰にも気遣われなかった胃袋が、この食堂に集うことで誰かに気遣われ、自律した意識をもつ胃袋となり、地域社会へとつながる一つの確かな道筋を得ることができたのである。[34]

終章　胃袋からみた日本近代

——食と人びとをつなぐ地域の可能性

一　胃袋の孤立化と集団化

近代とはどのような時代か。

最後にあらためて最初の問いに答えるならば、近代とは、胃袋の「孤立化」と「集団化」が同時に、かつ急速に進む時代であったと筆者は考えている。一九世紀末から二〇世紀初頭という世紀の転換期において、日本の人口増加はかつてない速度で進んだ。それを扶養するだけの農業生産の向上、市場経済と流通加工を含めた民業の発展がみられたことが、まずこの時代の重要な特徴といってよいだろう。そして増加した人口の多くは都市労働者として農村から都市へと流入した。つまり、大正期から本格化する工業化と都市化は、彼らの胃袋が農村から離れ、都市へと集中することによって進展した。そして、都市労働者となった人びとは、基本的に食料の自給的基盤をもっていなかった。

単純なことではあるが、このような社会の変化は「胃袋がどこで、どのように満たされるのか」という問いの答えに、決定的な変化をもたらすことになった。つまり、近代には、『放浪記』の主人公である「私」のように、家族や地域といった共同体から離れ、自由であると同時に不自由でもある孤立した胃袋をもつ人びとが、それまで以上に増えたのである。

いうまでもなく、労働者は機械ではなく、生きた人間であったから、彼らは日々何かを、どこかで食べていた。だからこそ、彼らが食べるために集まる場所が続々と登場した。工場、軍隊、寄宿舎、学校などの食堂、公営食堂や一膳飯屋といった各種の外食の機会と施設である。こうして、急速かつ大規模な変化のなかで、それまでとは違う「食」の場と経験が生まれた。[1] 食料の自給的基盤をもたない人びとが求める商品としての、つまり貨幣と交換してはじめて手に入れることのできる「食べもの」の割合が拡大した、といってもよいかもしれない。これらによって、食の集団化がはじまった。こうして胃袋は「孤立化」したのち、新たな集団のなかに再編成され、「集団化」することになったのである。

この新たな集団のなかの食事は、新しい食の場を生み出しただけでなく、食料の生産や流通体系の構造的転換を促した。外食産業の興隆と合わせて、漬物をはじめとした食べものの大量生産、大量加工がはじまった。これを本書では「食の産業化」と説明した。各地に食料の主産地が形成され、市場が整備され、輸送網が敷設されたことによって、近世とは比べものにならないほど大規模な食料の生産、流通、消費の体制が整えられた。

そして胃袋の問題は「食料消費」の問題であると同時に、「食料生産」の問題でもあった。農業と工業、あるいは農村と都市のあいだに、労働力の流動という側面だけでなく、食料の生産と消費という側面でも根本的な変化が生じたのも、近代という時代の一つの特徴であった。

二　食と人びとと地域の日常史

社会的な胃袋の孤立

このようにさまざまな事例をみていくなかで、本書ではさらに孤立化と集団化という単純な言葉だけでは説明することができない、三つの問いに直面することにもなった。

一つは胃袋の孤立化とは何かという問題である。

「胃袋」は一人に一つしかない消化器官であることは疑いようのない事実である。食べるという行為を胃袋の持ち主以外の誰かが代替することはできない。だから、そもそも胃袋は物理的には孤立しているとみることもできる。しかし、民営食堂、公営食堂や工場食にみたように、その個々の胃袋が誰かに気遣われている、あるいは関わりをもたれることで、胃袋は社会へとつながる一つの経路となる、ということもまた重要な事実であった。食べるという行為は極めて「個人的」なものにみえて、じつは同時に極めて「社会的」なものなのである。

食べることに、本能としての食欲の充足以外の意味を付与するのは、人間が手に入れた一つの可能性である。こう考えた時に、女工たちが争議を通して「十分に食べること」、すなわち労働環境の改善を勝ち取っていったこと、遊廓の娼妓たちが「一緒に食べること」を通して社会を変える一歩を踏み出したこと、その日暮らしの人びとが五銭食堂の実践を通して信頼できるよりどころを得たことなどは、孤立した胃袋が「自律」に目覚め、「連帯」していく可能性を見出した過程であったと意味づけることもできよう。

しかし、こうした人びとはいずれも何らかの理由から、家族や地域から切り離されて都市へ流入した、ある意味で社会に浮遊する分子のような存在であったから、解雇などによる失職と常に隣り合わせであった。もし、集団化する場を得られなかったとしたら、その胃袋は誰からも気遣われなくなり、関わりを絶たれることで、いとも簡単に社会から切り離されもした。正確にいえば、このようないわば「社会的な胃袋の孤立」のリスクが大規模に拡大するのが、都市化と産業化が進んだ「近代」という時代であったのである。

困窮から貧困へ――近世から近代への連続と断絶

では、いつから私たちは食べることが自己責任の範疇だと考えるようになったのだろうか。これが二つ目の問題である。この問いは、近世と近代、そして現代へと続く長期的な視野で考えてみたい。

近世の村文書などを読んでいると、頻繁に「困窮」という言葉が出てくる。天候不順や災害によって作柄が思わしくなく、村が「困窮」しているので減免をしてほしいという陳情書の類《たぐい》である。文書は事件や訴えなど何らかの意図がある時に作成されるものであることを考慮すると、その頻度を直接問題にすることはできないが、村の総意として「困窮」の打開策を談じていることにここでは注目したい。つまり、食べることは決して自己責任に帰する問題ではなかったのである(2)。各村は年貢米の収納と備荒貯蓄を目的とした共同倉庫（郷蔵）をもつことも少なくなかった。この貯穀は災害時に利用されるばかりでなく、村の困窮者に利息（籾）を定めて貸し付ける「社倉米制度」にも利用され、この農民の互助的生活保障制度が地域の安定をはかる役割を果たしていた。さらにいえば、この貯穀は食べものという意味だけでなく、利籾の一部を売却することで社寺の修繕や祭りに用いることもあった。[3] 村レベルだけでなく、幕府の御蔵にも囲米と呼ばれる備荒貯蓄、米価調整、軍事用の米が常備されていたことは周知の事実である。また、冷害などによる凶作が頻発した米沢では、一八〇二年（享和二）に藩主であった上杉鷹山（治憲）が『かてもの』[4]という備荒食糧の解説書を著し、広く領内に頒布したことも知られている。[5]「かてもの」のかてとは「糅」であり、米を炊くときに他のものを加えることを意味している。飢饉や災害が繰り返される近世社会にあっては、胃袋が空っぽになることは「他人ごと」ではなく、常に多くの人びとが「自分ごと」だと実感している問題であった。

農村だけでなく、都市でも胃袋の責任の所在は決して個人だけに帰するものではなかった。都市と貧困の関係を近世から近代への移行期を含めて明らかにした北原糸子によれば、「貧民」であることが当たりまえであった時代から、「貧困」に陥ることを恥として隠蔽する社会へ向かう過程が、江戸から東京への移行過程であった。[6] 近世から近代へと貧困が引き継がれたというよりは、近世と近代のあいだには、「貧しさ」に対する根本的な対処の差異があるという指摘は重要である。たとえば享保の飢饉の際には、力を出し合い、相互に扶助し合う「合力《ごうりき》」制度が奨励された。その後、この社会通念は、施す者と施される者との上下関係を前提とした町方「施行」に変わっていった。火災、地震、飢饉などの災害は、恒産のない都市下層の人びとをして、この社会的経験を風化させなかったとも、北原は述べている。

また、一七八七年（天明七）の「天明の大打ちこわし」をきっかけとして、松平定信は七分金積立の法を定め、町会所を設け、町入用の内で節約できる額の七分を積立させた。この額は毎年二万両に相当し、半分は金融資本とし、半分は籾蔵に囲籾として蓄えられた。また、石川島の人足寄場もこの時に設置された。(7) これらの施策はまさに、困窮状況と人びとの胃袋をどうするか、という問題に根ざしていた。

ところが近代になると、これらのシステムは次々と失われていった。まず、明治期以降、資本主義の形成と地域の拡大再編成を背景として、領主の制約と保護を失った郷蔵は急速に廃絶していった。一九三四年（昭和九）の東北大凶作を契機として、内務省が郷蔵の復興政策を打ち出したことによる岩手県における復興があり、(8) 東北地方には比較的広範に近世的な郷蔵が残存したともいわれるが、(9) 全国的にみると廃絶したものが多かったものと推察される。つまり、近代への移行期において、村の総意で胃袋の問題を談じ合う機会が少しずつ減りはじめたといってもよいだろう。もっとも、その後にはじまる戦時体制、恐慌に対する経済更生運動などのなかで、再びその機会が訪れるにせよ、それは近世以来の郷蔵に付帯してきた秩序とは根本的に異なるものであった。

維新後、町会所や七分金積立もまた廃止へと向かい、籾蔵の囲米は一八六八年（明治元）六月に、町奉行の後身となった市政裁判所にその運営が移管された。その結果、七分金積立は廃止されたばかりか、約五万五〇〇〇石が市民の不満をなだめるために場当たり的に放出され、それを上回る約六万六〇〇〇石が軍事費などに費やされたといわれている。[10] この経緯をふまえると、明治期にはじまる「貧困」への施策は、近世の施策との断絶をその出発点としていたと理解される。

こうしてはじまった近代において、村の総意に代わってまず重視されたのは「戸」であった。江戸時代の人別帳から明治時代の戸籍台帳への転換は、人びとの形成する戸、言い換えれば「家」が国家の基本単位であることが公にされたことを意味しており、戸籍はそれを人びとに自覚させる装置にほかならなかった。[11] 近代にはじまる「家庭料理」の興隆も、[12] この文脈に包摂されるとみることもできよう。近世以来の村は新たな行政区画へ組み込まれ、そこに戸が再編成されることとなった。このような変遷のなかで、制度上では人びとの胃袋の問題は村の総意から戸へ、さらに新たな行政区へと預けられるようになった。しかし現実としては、家や村を出て賃労働者となった人びとの胃袋は、自己責任によって満たされるしかなかった。次の文章は、東京市が管轄する簡易宿泊所の宿泊者（四〇歳）が一九二九年（昭和四）に記した日記である。

十月二十七日　人間の生命と生活とは不可思議の力に支配されて居る。是の力は何の力であるか。人間の世界は、何時も生きて行く為に糧を争わねばならぬやうにして置くのか。人間の活動と云ふ言葉は、略奪する状態を云ふのか。

十月三十日　隣は無料宿泊所であり、前は農林省米穀物倉庫で米俵が充満している……。そして是は買い上げては米価の下落を防ぎて、……払ひ下げては其道の商人の腹を肥す、不可思議の働きをする存在物である。平民共よ、在る所には或るものだ。驚くこともない、憂ふる事もないぢやないか。……我が豊葦原の水穂の国の国民が鼓腹して天が下の泰平を讃ふる時はいつの日である乎。[13]

農村から都市へと人びとが流出するようになると、彼らの胃袋はついに彼らだけのものとなった。米俵で満たされている農林省米穀倉庫の向かいの簡易宿泊所で、四〇歳の労働者は空腹を抱えてこの日記を書いた。もはや「困窮」を訴えるのは村でも家でもなく彼自身となったこの状況は、近代における社会の構造転換によって生み出された。農村だけではない。塩見鮮一郎が江戸から帝都東京への移行期を注意深く描いているように[14]、都市雑業層にとっても近世に機能していた生活保障システムの消滅による胃袋の孤立化は避けがたい現実であった。そうした人びとが増えるにつれ、彼らによって新たに形成された都市労働者層を中心として、食べることが自己責任といわれる状況が定着していったのだと考えられる。

地域を基盤とするセイフティーネットの再編

しかし、近代にはそのような厳しい状況を変えていこうとする動きも同時にみられた。第2章や第3章、第5章でみたように、孤立化した胃袋をまず集団化させたのは、工場主たち、民営食堂、

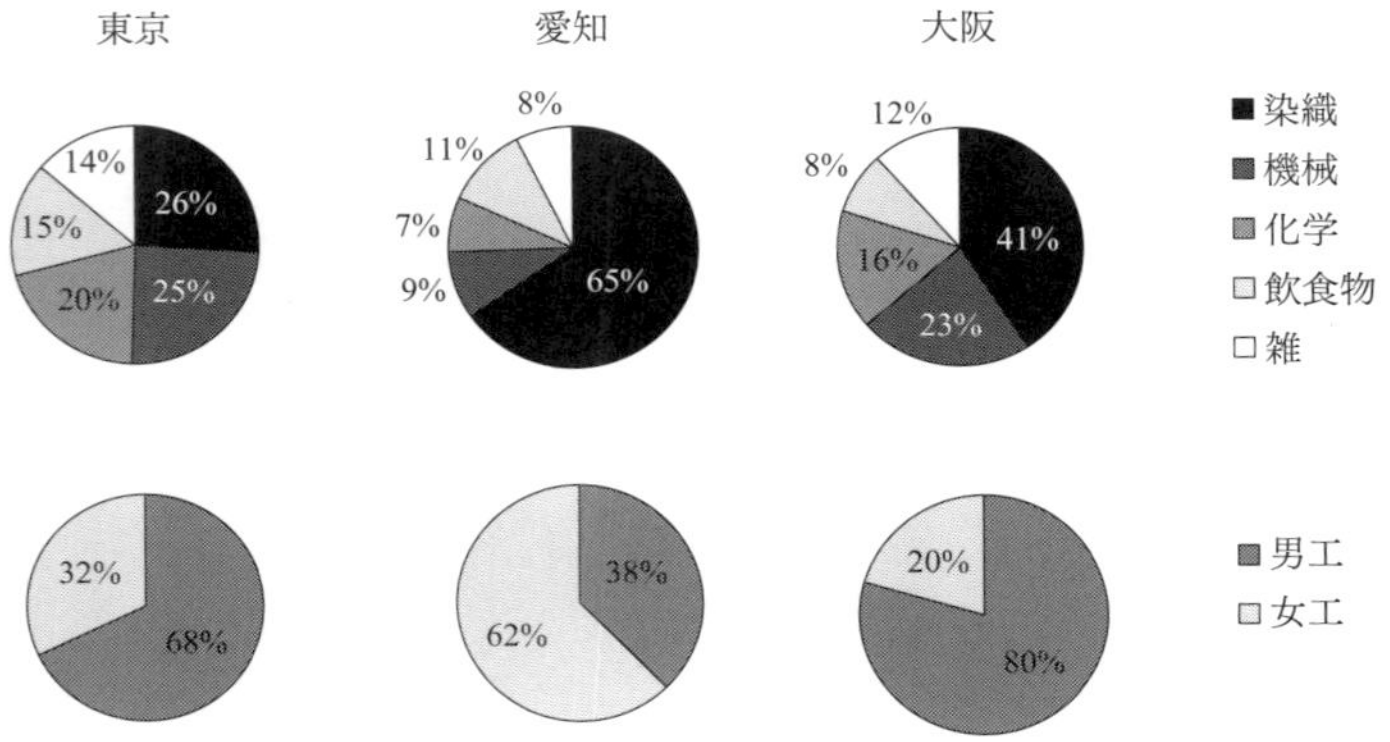

図終-1　工場業種と職工男女比の都市比較（1921 年）

出所）『工場統計』1921 年（大正 10）より作成。

各種社会事業団体などであった。彼らは比較的小規模な、目の前の地域のくらしを再編成することに尽力し、結果的にそれが一つの緩やかなネットワークを形成していた。この動きは単に胃袋を集団化させるだけでなく、新たな共同体をつくり出し、孤立した胃袋の拠りどころになりうることもあった。これを本書では「地域社会事業」の萌芽と意味づけた。国家や科学による胃袋の集団化が進んだ戦時期を別にすれば、近代に孤立化した胃袋を集団化させたのは、「地域」を基盤とする中間組織が模索しながら構築した、いわば手づくりの「セイフティーネット」であった[15]。

　地域を基盤とするということは、セイフティーネットのあり方が地域の歴史的な経緯とも深く関わることを意味している。本書全体を見渡すと、東京と大阪と愛知という三大都市域のそれぞれにおいて、食をめぐって特徴ある地域社会事業が展開していた。その背景には、図終-1にみるように、機械や化学工業が集積して男性労働者が集まる東京と大阪、染織工業が集積して女性労働者が集まる愛知という違いがあり、かつ、雇用構造に着目してみると、近世以来短期契約化と日雇化が進行した東京と、奉公期間の長期化と商家の内部労働市場の形成がみられた大阪という違いがみられる。前者には雑業層の拡大と彼らによる比較的早いサイクルの世帯形成がみられ、後者は晩婚化を促し人口抑制につながったことがわかっている(16)。

これらを胃袋のあり方に置き換えてみると、三つの都市が抱える問題は、増加する都市労働者の胃袋をどうするかという共通の問題と合わせて、労働者の性差、家族の規模や有無、労働の内容の違いによって、地域ごとに異なる問題を同時に抱えていたともいえるのである。

こうしてみると、近代は胃袋の問題が自己責任といわれはじめた時代であったと同時に、一方では地域ごとに特徴あるセイフティーネットが形成され、充分にではないにせよ、それらが重層的に機能しはじめた時代でもあった。新しい時代の幕開けには、資本の誕生だけでなく、労働者の誕生と増加が不可欠な条件であった。そして、彼らが労働者たりうるには、彼らの日常生活が「食べること」によって続けられなければならなかった。また、労働市場の不安定さゆえに、労働者の範疇の外に置かれた人びとを社会へ包摂するしくみが求められた。それによって新しい経済体制の萌芽が可能であったのだとすれば、胃袋の問題は、やはり社会の重要な問題にほかならなかったのである。

三　人びとをめぐって——民衆と他者

「人びと」とは誰か

三つ目は、「人びと」とは誰か、という問題である。

本書では近代の雑踏を行き交うさまざまな職業と立場の「人びと」を中心に、食と社会の問題を考えてきたが、その過程ではしばしば「人びと」と一筋縄に説明してはかえって見過ごしてしまう問題にも踏み込むことになった。「人びと」を「民衆」と言い換えれば、以下では民衆史研究の一つの限界に触れることにもなろう。

それは、民衆世界にもある種の階層がはっきりと存在していたということである。たとえば、浅草の食堂街にみる労働者と乞食、深川食堂の一階の客と二階の客、岸和田紡績争議にみた日本人労働者と朝鮮人労働者、愛知の紡績女工と大阪船場の店員、神田市場を行き交う蔬菜商人と立ちん坊など、食べることをめぐる排除と差別もまた、民衆と呼ばれる人びとのなかに渦巻いていた。

フランス第二帝政期のパリに新しく建設された中央市場を舞台に、大量の食料品と雑多な群衆であふれかえる世界を鮮やかな筆致で描いたエミール・ゾラの『パリの胃袋』[17]は、人びとの「まっとうさ」のなかに潜む、残酷さを描いた小説である。主人公である夢想家の共和派青年フロランは一八五一年のルイ＝ナポレオンによるクーデターの折に無実の罪で逮捕され、流刑にされる。そして流刑地から飢えて痩せ細った体で戻ったパリは、輝くガラスと強固な鉄によって新しく建設された中央市場を中心とした機械仕掛けの街に変貌を遂げていた。そこで彼が見たものは、帝政によってもたらされた安定と繁栄に酔いしれる人びとであった。そこで彼は、食べものの洪水のなかに飢えがあること、同じ民衆のなかにも太っちょと痩せっぽちの戦いがあることをみて苦悩するのである。

『パリの胃袋』は、作者ゾラ自身による一八七二年頃のパリ中央市場の詳細な取材と観察にもとづいて書かれ、「物質的で商業的なパリの現代生活」の功罪を描き出そうという意図に満ちている。[18]「まっとうさ」とはつまり、その時代の道徳、常識、体制であり、それに疑うことなく順応することが安定と繁栄につながる。一方、そこからこぼれ落ちた人びとは「痩せっぽち」として、さらなる底辺に置かれることになった。ゾラが聴覚、嗅覚、触覚とあらゆる感覚を総動員して、市場の雑踏、たえず鼻につく食べものの匂いを通奏低音として描き出した中央市場の世界はまさに、矛盾に満ちた市場社会の批判的表現でもあった。[19]明治の官僚たちが視察に行き、日本の公設市場の手本としようとしたこの巨大な市場のなかに深く沈潜してみれば、パリの中央市場には輝く光だけでなく、深い闇もまた同時に存在していたことがみえてくる。

人びととは誰かという論点に立ち返れば、これまで筆者自身がある意味とらわれていた資本家と労働者という二項対立の図式からは、決してみえてこない世界に気づかされたというのは重要なことであった。[20]つまり、労働者のなかにも時代の変化をプラスに転じて新たな時代の豊かさを享受できた人びとと、そこからこぼれ落ち、排除され、変化を乗り越えられなかった人びとがいた。そしてそのなかには、労働者にさえなれない人びともいたのである。

これは、近世以来の通俗道徳的民衆世界の変容とも関わる問題であると思われる。近世と近代との決定的な違いの一つは「動力機械」と「工場」の有無であるが、機械化と工場化が急速に進む波のなかで、それまでの通俗道徳が通用しなくなり、時代を乗り越えられない人びとが社会の底辺へと転落していった。このことが、民衆のなかにさらなる階層差を生み出し、底辺の人びとが「個人自由」、「自己責任」という新たな通俗道徳によって「空っぽの胃袋」を抱えることになったのではないだろうか。これは、これまでの労働者研究では顧みられることのなかった側面であった。

こうした抗いがたい、まさに大きな機械仕掛けの時代のなかで、「なぜ、食べられないのか」と問うたのは、出口なおだけではなかったはずである。この時期の通俗道徳の変化を、民衆生活上の近代化と「都会熱」という別様の民衆世界の誕生と意味づけ直した大門正克は、それが戦後の企業社会を用意する道徳的基盤にもなっていくとも指摘している[21]。

こうして時代の「まっとうさ」からこぼれ落ちた人びとは、「他者」として疎外され、新しく形成された「民衆世界」の外へ置かれることになった[22]。遊郭のなかで「何か世の中おかしか[23]」とつぶやいた田淵スマの言葉は、それを象徴するにあまりあるというほかないのである。

社会史・文化史を乗り越えて

あまりに日常の出来事であり、あまりに身近であるために記録されてこなかった「小さな物語」が私たちのすぐそばの足もとには無数に存在している。「食べること」は、まさに、とりたてて記録され、論じられることがほとんどなかった物語である。そのような小さな物語はこれまで歴史学の中心的な研究対象となることは稀であった。史料にもとづいた実証が困難であることと、経済活動のなかでも生産活動への注目に偏重してきたこれまでの研究のなかでは、生活をめぐる諸事象は歴史化されないまま残されてきたのである。

そのような研究動向のなかで、それに疑義を唱えた二つの潮流、すなわち新しい歴史学を立ち上げたアナール学派を中心とした「社会史」、西欧諸国を一つの到達点とするような単線的な経済発展論とは異なるもう一つの道筋を示した「文化史」が登場したことは重要であった。食をめぐる歴史の記述は、社会史と文化史の登場によって、自覚的に進められるようになったからである。しかし、それらはマクロな視点に立つ従来の国民国家史や政治史、長期経済分析などを視野に入れたうえでの相対的な議論を欠いていたために、ミクロな事例分析が数多く蓄積されたものの、歴史学の新しいパラダイムを構築するまでには至らなかった。筆者はこれまで生産と生活を合わせた「くらし」の全体像から人間や社会を考えることが重要だと考えてきたが、それらは個別のミクロ・ヒストリーに過ぎないという位置づけがなされることが多かった。それはこのような歴史学の動向と無関係ではなかったのだと思われる。

しかし、近年、小さな物語を通して描く歴史は、グローバル時代の歴史学にとってこそ重要であると、新たな意味が付与されつつある。そのことを明確な論理で説明したのは、アメリカの歴史学を牽引してきたリン・ハントである。彼女はその著書『グローバル時代の歴史学』のなかで、歴史を形づくる「大きな物語（トップダウン）」と「小さな物語（ボトムアップ）」双方を視野に入れ、そのせめぎ合いを描くことこそが、グローバリゼーションが進行する複雑な現代社会を理解するうえで重要な示唆をあたえる新しい歴史学になりうると主張している(24)。

メイクシフト・ヒストリーとしての日常史

そう考えた時、食と人びとと地域の日常史はどのような意義を提示できるのだろうか。社会の大きなうねりとその原動力を論じる時、小さな物語として一人の特別な存在に着目するだけでは不十分であり、沈黙する大衆、いわゆるサイレント・マジョリティの存在を無視することはできない。本書が雑踏の足音に耳を澄ませ、そこを行き交う人びとの誰もが肌身離さずもっている「胃袋」という身体に着目するのは、こうしたサイレント・マジョリティが蓄積してきたサイレント・ヒストリー、つまり「見えない歴史」を歴史学の俎上にのせることを意図していた。

生きものはすべて、何かを食べて生きている。長い生涯を全うするためというだけでなく、今、この瞬間の空腹を満たし、その場をしのぎ、なんとかやりくりして生き延びるために食べる。このような「その場しのぎ」、「やりくり」という行為は、メイクシフトという概念でとらえることができる。近年、経済や福祉などを論じる時に、このメイクシフトの側面が注目されるようになってきている(25)。

それは、大きな物語のなかで論じられてきた、たとえば世界の人口と食料生産がどのように推移したか、生活水準や平均寿命はどのように変動したかということへの理解と合わせて、それだけでは理解しきれない状況までをも解明しようとするためである。本書で議論してきたように、小さな物語の位相に下りてゆくと、「大衆の胃袋」と一括して説明することができない複雑な問題がみえてきた。産業発展の一方で人びとはなぜ胃袋の自由だけでなく不自由をも抱えることになったのか、人びとはどのような時代状況のなかで貧困に直面したのか、それに対してどのような手が差しのべられたのか、また差しのべられた手はどのような動機に支えられていたのか、急速な都市化による都市農村間の関係変化は人びとの食に対する考え方にどのような影響をあたえたのか、そしてそもそも人びとは実際に何を食べ、その食べものはどこから来たのか。

このような大きな物語と小さな物語の双方を視野に入れた問いが、社会政策の立案、運用などには不可欠であると認識されるようになり、それはメイクシフト・エコノミーという概念で議論されはじめている。この考え方にもとづけば、「日々のくらしのやりくり」、つまり胃袋から歴史を描こうとする本書は、「メイクシフト・ヒストリー」の具体的な実践の一つであり、それゆえに、新しい歴史学を構築しようとする試論ともいえるのである。

四　胃袋の現代へ――日々食べるということ

最後に本書を「胃袋の現代」へとつなげたい。

近代の胃袋をめぐるさまざまな問題を問うなかで、その多くに影響を及ぼしていたできごとは、「米騒動」と「関東大震災」であった。単純にいえば、米騒動をきっかけとして「食」を社会の問題として考える視点が生まれた。また、関東大震災以降は、「食」を地域社会事業の一環に組み込みながら、労働の合理化という目的以外の意味づけがなされるようになった（図終-2、図終-3）。つまりそれは、「孤立化」した胃袋を単に「集団化」させるだけでなく、「自律」させ、「連帯」させる社会的な運動と言い換えることができるかもしれない。そこに新たな共同体が再編される可能性が内包されていた。具体的にいえば、前者は大阪市社会局の公営食堂の運営、各地の公設市場の設置、大原社会問題研究所の設立、起共同炊事組合の設立であり、後者は愛知県の共存園、衆善館、起保育所、大阪のセツルメント運動、残食物を分配する地域社会事業団体の誕生などがそれに該当する。

食の分配の論理として「公共性」が重視されているという点で、公設市場は第2章で登場した「公営食堂」と似ている。両者は米騒動をきっかけとして急速に全国へと広まった点でも共通している。一九二二年（大正十二）に刊行された『本邦社会事業』でも、第八章が「公設市場《いちば》」であり、第九章が「簡易食堂並公設浴場」となっているように(26)、近代日本の「社会事業」として市場と食堂は常に一緒に論じられてきた。

食べものの価格変動と災害はどちらも、かなり広範囲にわたって多くの人びとに影響をあたえるものである。だからこそ、米騒動と大震災が、食と社会を考える、あるいは空っぽの胃袋の存在を人び

図終-2　関東大震災の炊き出し（写真絵葉書，1923 年）

出所）筆者所蔵。

図終-3　馬喰町焼跡すいとん売

出所）絵巻研究会編『大正震災画集』日本版画社，1924 年，洗鱗画。国立国会図書館デジタルコレクション。

とが共有するきっかけになりえた。そうだとするならば、現代の胃袋もまた、間違いなく社会全体の問題に連なっているはずである。たえまない物価の変動と大震災はまさに現代の問題でもあるということは、ここであらためていうまでもないだろう。

食べることが自己責任といわれるようになってから久しい現代にあっては、その歴史的経緯をふまえて社会制度を論じることの重要性が軽んじられている向きがあるが、「誰が胃袋の心配をするのか」という問いには、もっと柔軟で多様な議論があってもよいと思われる。[27] 先に述べた近世から近代への変化のなかにもその一つの答えを見出すことができる。政策的には近世から断絶してはじまったとはいえ、こうした状況下にあって必然ともいえる近代の貧困問題の噴出は、さまざまな書き手によって描かれ、また、行政各機関や民間研究所も詳細な調査を実施し、改善策を模索した。そして、地域社会事業の実務家のネットワークにみたように、目の前の地域の問題をまず解決することを目的として、「救済」、「防貧」、「感化」などを掲げた新たな施策が次々と誕生した。要するに、近代にはまだ、深刻化かつ拡大する貧困問題に対して、さまざまな人びとが、さまざまな立場から社会的な関心を寄せていたのである。そしてここでいう「社会的な関心」というのは、国家という大きな主体だけでなく、地域の産業の担い手や社会事業家といった、国家と個人とのあいだに位置づけられる中間的な組織の存在によるものであり、彼らが果たす役割と連携を含んでいる。

その後、まさに日本全体の胃袋が危機にさらされたのは、相次ぐ戦争の時代であったが、第二次世界大戦後の人びとの胃袋をまず満たしたのは、海外から送られてくる大量の援助物資であった。[28] また、戦後、とりわけ高度経済成長期以降、農村と都市のあいだには近代に経験した以上の劇的な変化が生じ、農業の機械化、化学化が急速に進んだ。さらに流通革命が市場経済をますます広域化したことは周知の通りである。(29) 土と胃袋の距離は遠のくばかりであり、いつの間にか私たちは胃袋が空になることも、そして胃袋をもっていることさえも忘れてしまった。このことが、現代の胃袋をめぐる問題をいっそうみえにくいものにしている。そして、豊かな食べものの洪水のなかで、その食べものがどのように生産されているかを想像すらできず、他人の胃袋だけでなく、自分の胃袋にさえも関心をもたない人びとが行き交う現代社会が到来したのである。食べることが本格的に自己責任化するのは、むしろ現代からというべきなのかもしれない。

最後にもう一度、『放浪記』に戻ろう。この小説に、というよりは、この小説を書いた林芙美子がいおうとしたことに耳を傾けてみたい。

『放浪記』のなかの「私」は、空腹のなか、ユゴーの『惨めな人びと』を読んでいる。そして、「たった一片のパンで、十九年の牢獄生活に耐えてゆく、人間も人間。世の中も世の中なりか」とつぶやき、駄菓子屋へ行って一銭の飴玉を五つ買って飢えを凌ぐ。そうした状況を「朝から晩まで食べる事ばかり考えている事も悲しい生き方だ。いったい、私は誰なの？　何なのさ。どうして生きて動いているんだろう」と自嘲的に表現し、

うで玉子飛んで来い。

あんこの鯛焼き飛んで来い。
苺のジャムパン飛んで来い。
蓬莱軒のシナそば飛んで来い。
ああ、そばやのゆで汁でもただ飲みして来ようか。

と叫んだ後、食べるために「私」はユゴーを売ることに決める。しかし、「五十銭もむつかしいだろう……[30]」と林は「私」にいわせている。

ユゴーの『惨めな人びと』とはフランスの小説家ヴィクトル・ユゴーが一八六二年に書いた『レ・ミゼラブル』のことである。林は「私」に空腹のなかこの本を読ませ、この状況が世界のどこかにも同じくある普遍的な事実であることを示唆するとともに、空腹な者にとって胃袋に入れるたった一片のパンがいかに切実であるかを伝えている。しかし、そうしたことが書かれている一書はわずか五〇銭にもならないという言葉を最後に加えることで、「私」が陥っているこの厳しい状況に対して、社会が無関心さを装っている問題の深刻さを、暗に批判しているのではないだろうか。それを問いかけるために、林はこの文章を、さらにいえば『放浪記』を書いたように思えるのである。

恋などとはたかのしれたものだ
散る思いまことにたやすく
一椀の飯に崩折れる乞食の愉楽

洟水をすすり心を捨てきる
この飯食うさまの安らかさ
これも我身なり真実の我身よ
哀れすべてを忘れ切る飢えの行
尾を振りて食う今日の飯なり。
無宿者の歩みつく道
一面の広野と化した巷の風
ああ無情の風と歎く我身なり。(31)

あふれるような食べものの豊かさのなかで、食べものそのものへの無関心、分配の不均衡への無関心を装っていることを、そして「まっとう」に生きているつもりの私たちに潜む残酷さを認めなければならない。だから、それなくしては生きられない「胃袋」をもっているということ、生きるために誰もが「日々食べる」ということ、ただこの単純な事実に気づくことからはじめたいと思う。

そこに世界を変える可能性を見出すのは、今はもう、私だけではないはずである。

注

序章

（1）感性の歴史学としてにおいに着目したアラン・コルバンは、それまでタブー視されてきた、においの語りだす言説、知覚の革命を歴史学の俎上にのせ、現在の私たちを取り巻く「無臭の生活環境」の前史を描き、においに潜む政治性に言及している。アラン・コルバン著、山田登世子・鹿島茂訳『においの歴史――嗅覚と社会的想像力』藤原書店、一九九〇年。本書では同書に示唆を受けながら、においそのもの、というよりも、においが感じられるような歴史の描写を試みるという意味でこの言葉を用いている。

（2）隅谷三喜男『日本賃労働史論』東京大学出版会、一九五五年、六〜七頁。また、カール・ポランニーも生産者（工場労働者）の日々の活動を経済的活動の範囲から除外しないことで「実体＝実存的意味」としての経済をとらえることができると主張している。K・ポランニー著、玉野井芳郎・中野忠訳『人間の経済II　交易・貨幣および市場の出現』岩波書店、一九八〇年、五五四〜五五五頁。

（3）武田晴人編『地域の社会経済史――産業化と地域社会のダイナミズム』有斐閣、二〇〇三年、一七頁。

（4）これについては藤原辰史『ナチスのキッチン』水声社、二〇一二年、池上甲一・岩崎正弥・原山浩介・藤原辰史『食の共同体――動員から連帯へ』ナカニシヤ出版、二〇〇八年から示唆を受けた。

（5）フェルナン・ブローデル著、金塚貞文訳『歴史入門』中公文庫、二〇一一年（初版は一九九五年に太田出版より刊行）、一二二頁。

（6）このような動向に対して、一九七七年には経済人類学者カール・ポランニーの遺稿集 *The Livelihood of Man* が刊行されたことにより、経済学、民俗学、人類学を関係づけた議論のなかで市場経済の問い直しがはじまっていたことは注目されるべきである。K・ポランニー著、玉野井芳郎・栗本慎一郎訳『人間の経済I　市場社会の虚構性』岩波書店、一九八〇年。

（7）前掲（6）。フェルナン・ブローデル著、村上光彦訳『物質文明・経済・資本主義 十五～十八世紀』みすず書房、一九八五年。
（8）米食を分析の中心に据えて食の近代史を描いた研究に、大豆生田稔『お米と食の近代史』吉川弘文館、二〇〇七年がある。
（9）台所用具を通して生活と技術から日本近代史を描いた研究に、古島敏雄『台所用具の近代史――生産から消費生活をみる』有斐閣、一九九八年（初版は一九九六年）がある。
（10）その場を「家庭」に絞って食卓の近代を描いた研究に、江原絢子『家庭料理の近代』吉川弘文館、二〇一二年がある。
（11）林芙美子『放浪記』新潮社、一九八五年（初版は一九三〇年に改造社より刊行）、九七頁。
（12）前掲（11）、一二五頁。
（13）前掲（11）、二七六頁。
（14）前掲（11）、三〇四頁。
（15）前掲（11）、三一二頁。
（16）前掲（11）、四五一頁。
（17）鬼頭宏『人口から読む日本の歴史』講談社学術文庫、二〇〇〇年。
（18）鬼頭宏「明治・大正期人口推計における出生」『上智経済論集』四三（一）、一九九七年、四一～六五頁、斎藤修「近代人口成長」速水融・鬼頭宏・友部謙一編『歴史人口学のフロンティア』東洋経済新報社、二〇〇一年、六七～九〇頁。
（19）伊藤繁「戦前期日本の都市成長（上）」『日本労働協会雑誌』二四（七）、一九八二年、二六～三四頁、同「戦前期日本の都市成長（下）」『日本労働協会雑誌』二四（八）、一九八二年、二三～三七頁。
（20）鈴木允「明治・大正期の東海三県における市郡別人口動態と都市化――戸数調査人口統計の分析から」『人文地理』五六（五）、二〇〇四年、二二～四二頁。
（21）江戸と大阪を事例に検討した研究として、斎藤修『江戸と大阪――近代日本の都市起源』ＮＴＴ出版、二〇〇二年がある。
(22) 尾高煌之助『職人の世界・工場の世界』リブロポート、一九九三年、二四九頁。
(23) 高橋眞一「明治・大正期における地域人口の自然増加と移動の関連性」『国民経済雑誌』一八七（四）、三一～四四頁などに詳しい。
(24) イギリスを事例にこのような社会変化を論じたものに、友松憲彦『近代イギリス労働者と食品流通――マーケット・街路商人・店舗』晃洋書房、一九九七年がある。
(25) 小山昌宏「一九二〇（大正九）年から一九三〇（昭和五）年の大衆社会状況――昭和初期の都市大衆と農村民衆の生活水準について」『留学生日本語教育センター論集』三四、二〇〇八年、一〇五～一二一頁。
(26) 鬼頭宏「生活水準」西川俊作・尾高煌之助・斎藤修編著『日本経済の二〇〇年』日本評論社、一九九七年、四二五～四四六頁。なお、「生活水準」についての議論の必要性を主張したのはホブズボウムである。E. J. Hobsbawm, "The British Standard of Living 1790–1850", *The Economic History Review, New Series*, 10 (1), pp. 46–68.
(27) 斎藤修「経済発展は mortality 低下をもたらしたか？――欧米と日本における栄養・体位・平均寿命」『経済研究』四〇（四）、一九八九年、三三九～三五六頁。
(28) 鈴木梅太郎・井上兼雄『栄養読本』日本評論社、一九三六年。
(29) 内閣統計局『家計調査報告――栄養に関する統計表』東京統計協会、一九三五年。
(30) 柳田國男『柳田國男全集』二六、ちくま文庫、一九九七年。なお、『明治大正史世相篇』は一九三一年一月に『明治大正史』第四巻として朝日新聞社より刊行された。
(31) 前掲(30)、八五頁。
(32) 前掲(30)、八五～八六頁。
(33) 小河滋次郎「簡易食堂論」『救済研究』六（七）、一九一八年、七四四頁。
(34) 前掲(33)、七四六頁。
(35) 小野修三『監獄行政官僚と明治日本――小河滋次郎研究』慶應義塾大学出版会、二〇一二年。
(36) 穂積陳重「小川滋次郎博士と監獄学の専攻」『穂積陳重遺稿集』第三冊、岩波書店、一九三四年、四五四～四五九頁。
（37）前掲（35）、一〇八頁。
（38）伊東光明「小川滋次郎の感化教育論」『三田学会雑誌』七五（三）、一九八二年、四二八〜四四二頁。
（39）小河滋次郎「少年裁判法の採否如何」『救済研究』三（二）、一九二九年、一二五頁。
（40）前掲（35）、一四四頁。
（41）地域住民の生活の把握、福祉施設への協力などを担う民生委員の旧称。

第1章

（1）林芙美子『放浪記』新潮社、一九八五年、二三頁。「バンコ」とは九州の方言で「腰掛け」、「ベンチ」のこと。
（2）前掲（1）、三三一頁。
（3）今和次郎『モデルノロヂオ「考現学」』春陽堂、一九三〇年、二〇九〜二一〇頁。
（4）前掲（3）、二九九頁。
（5）前掲（3）、三〇〇頁。
（6）塩見鮮一郎「「乞食」への哀感『近代日本の乞食—乞食裏譚—』を一読して」石角春之助『近代日本の乞食——乞食裏譚』明石書店、一九九六年、二四五〜二五七頁。
（7）安丸良夫『出口なお——女性教祖と救済思想』岩波現代文庫、二〇一三年（初版は一九七七年に朝日新聞社より刊行）。
（8）石角春之助『乞食裏譚』文人社出版部、一九二九年（林英夫編『近代民衆の記録四　流民』新人物往来社、一九七一年に再録）。
（9）石角春之助『近代日本の乞食——乞食裏譚』明石書店、一九九六年、九頁。
（10）前掲（9）、九頁。
（11）前掲（6）、二五〇頁。
（12）石角春之助『浅草経済学』文人社、一九三三年、一四七頁。

(13)前掲(12)、一三九～一四〇頁。
(14)前掲(12)、一四二頁。
(15)前掲(12)、一四二頁。
(16)前掲(12)、一四五頁。
(17)前掲(12)、一三八頁。
(18)前掲(12)、二九七頁。
(19)飯野亮一『居酒屋の誕生――江戸の呑みだおれ文化』ちくま学芸文庫、二〇一四年、一一三～一二三頁。なお、戦後については橋本健二『居酒屋の戦後史』祥伝社、二〇一五年がある。
(20)前掲(12)、二八四頁。
(21)野沢一馬『大衆食堂』創森社、二〇〇二年、一九四～一九五頁。
(22)たとえば「おでんかん酒」という屋台だけでも、大正期に東京市から許可を得ているものは六〇〇人余り存在する。深海豊二『無産階級の生活百態』製英舎出版部、一九一九年、一八頁。
(23)塩見鮮一郎『貧民の帝都』文春新書、二〇一四年(初版は二〇〇八年)。
(24)大阪市産業部編「大阪市の一膳飯屋」『大阪市商工時報』一五、大阪市産業部、一九一八年、一六～三三頁。
(25)前掲(24)、一六頁。
(26)この施設は一九一二年(明治四十五)に大阪府警察部保安課長であった中村三徳によって当時の西成郡今宮村に宿泊救護および職業紹介部を併設した授産事業施設として創設された。大阪自彊館ホームページによる(二〇一五年六月一六日アクセス)。じつはこの施設の設立にも小河滋次郎が関わっている。創立者である中村の回想によれば、一九一一年(明治四十四)の春、内務省から小河を含めた社会事業関係の一行が今宮村釜ヶ崎方面を視察に訪れた。中村もこれに同行したところ、当時大きい木賃宿には百名以上が泊まり、どこも暗室のように暗く、便所が少なくひどい状況であったという。この状況を打開するための実行掛として中村に白羽の矢が立った。大阪自彊館編『大阪自彊館小誌』大阪自彊館、一九七七年、六頁。
(27)十返舎一九『東海道中膝栗毛』六編上、江島伊兵衛、一八八一年。

(28) 高槻市教育委員会ホームページ（二〇一六年五月七日アクセス）。
(29) 山城屋佐兵衛・俵屋清兵衛・河内屋喜兵衛『淀川両岸一覧　上り船之部上』一八六三年。
(30) 泉雄照正『俗称「くらわんか船」柱本茶船文書目録』近世淀川交通史研究資料第二、年代不詳。
(31) 市立枚方市鍵屋資料館『かぎや通信』四、市立枚方宿鍵屋史料館、二〇〇九年、一～三頁。
(32) 泉雄照正『くらわんか船考――柱本茶船の様態』郷土高槻叢書第十五輯、高槻市教育委員会、一九六二年、三頁。同書は古文書の解読により、くらわんか船の様態を明らかにした貴重な成果である。ただし、その分析は近世が中心であり、近代については簡単な言及があるのみである。
(33) 伊藤敏雄「戦間期大阪における食料品輸送と市場――自動車を中心に」廣田誠編『近代日本の交通と流通・市場』清文堂出版、二〇一一年、七五～一〇九頁。
(34) 大阪市社会部調査課編『水上生活者の生活と労働』大阪市社会部調査課、一九三〇年。
(35) 大阪の残飯は、兵営のものが「鎮台」、料理屋のものは「洗い」、汽船のものは「蒸気」と呼ばれ、販売店もそれぞれ異なっていた。後藤正人「二十世紀初頭、大阪における『貧民窟』の状態――松原岩五郎『最暗黒の東京』との比較を通じて」『和歌山大学教育学部紀要　人文科学』五六、二〇〇六年、一七六～一六四頁。

第2章

(1) 大阪自彊館『大阪自彊館　百年のあゆみ』出版文化社、二〇一三年、一二頁。以下、同館に関する記述は同書による。
(2) 小野修三『監獄行政官僚と明治日本――小河滋次郎研究』慶應義塾大学出版会、二〇一二年、一一七頁。
(3) 資金は募金と大日本武徳会からの寄付、土地は今宮村周辺の貸金業者、木村権右衛門からの貸与、建設工事は鴻池組が格安で請け負った。当時の経緯については大阪社会事業史研究会編『弓は折れず――中村三徳と大阪の社会事業』大阪社会事業史研究会、二八～三六頁に詳しい。
(4) 前掲(3)、三四頁。
(5) 大阪自彊館編『大阪自彊館の十七年』大阪自彊館、一九二八年、三七～三九頁。

（6）大阪自彊館「大正七年度事業報告」。
（7）大阪自彊館にて聞き取り調査（二〇一五年九月四日）、および書簡（二〇一六年一月三日）。
（8）山崎元「公益食堂の経営――兼東京市設食堂事業報告」全国都市問題会議編『全国都市問題会議総会　第五回第一　都市の公益企業』全国都市問題会議、一九三七年、三〇三〜三二三頁。
（9）大阪市社会部労働課編『大阪市社会部報告　第九四号　六大都市市営社会事業概要』大阪市、一九三五年、一〇二〜一〇三頁。
（10）前掲（8）、三一三〜三一四頁。
（11）吉沢俊次『阪神社会事業概観』吉沢俊次、一九二一年、六七頁。
（12）宇野利右衛門『工場炊事要鑑』下巻、工業教育会、一九二八年、一九一頁。
（13）神戸大学経済経営研究所、新聞記事文庫、『東京朝日新聞』（一九二一年一〇月六日付）。
（14）東京百年史編集委員会編『東京百年史』第五巻、東京都、一九七九年、四一一頁。
（15）深川東京モダン館にて聞き取り調査（二〇一五年三月）。
（16）龍澤潤「東京市設食堂の設置――東京市深川食堂を中心に」『江東区文化財研究紀要』一七、二〇一二年、三五〜四四頁。
（17）松原岩五郎『最暗黒の東京』岩波文庫、一九八八年（初版は一八九三年に民友社より刊行）、一四四頁。「バカ」とはバカガイ（アオヤギ）のこと。深川付近で獲れた。
（18）前掲（17）、一四三頁。
（19）前掲（11）、六八頁。
（20）社会福祉法人自彊館ホームページより（二〇一五年六月一六日アクセス）。
（21）下田淳『居酒屋の世界史』講談社、二〇一一年、一六四頁。
（22）臼井清造編「浮浪者の日記」林英夫編『近代民衆の記録四　流民』新人物往来社、一九七一年、二〇七〜二一三頁。原文は『改造』一九三七年三月号に掲載された。編者の臼井は一九二二年から市設の本所簡易宿泊所長となってから、東京市社会局に所属して労働者の宿泊事業に従事した人物である。臼井によれば、この時期の浮浪者の多くはいわゆるルンペンではなく、下級労働者、自由労働者であった。
(23) 加瀬和俊『失業と救済の近代史』吉川弘文館、二〇一一年、二五〜二七頁。
(24) 東京市社会局編『市設食堂経営策に関する調査――附、東京市設食堂改革意見』東京市社会局、一九三六年。
(25)『時事新報』(一九二四年一月二四日付)。
(26) 東京市政調査会編『東京市社会事業批判』東京市政調査会、一九二八年。
(27) 前掲(24)、九四頁。
(28) 賀川豊彦『死線を越えて』改造社、一九二〇年。
(29) 山田慎三「簡易食堂事始　一膳飯屋から簡易食堂へ、そして腰弁生活から職場給食へ――食風俗文化史的変遷のひとこまとして(下)」『学苑』五一八、一九八三年、七二〜七三頁。
(30) 小河滋次郎『監獄学』警察監獄学会東京支会、一八九四年。
(31) 小河滋次郎『獄事談』東京書院、一九〇一年。
(32) これについては小野修三「小河滋次郎と英米の行刑学者たち――マコノキー、クロフトン、ブロックウェー」『慶應義塾大学日吉紀要　社会科学』二一、一〇六〜一三〇頁に詳しい。
(33) 小河滋次郎翻案『監獄夢物語』巌松堂、一九一一年。
(34) 小河滋次郎「簡易食堂論」『救済研究』六(七)、一九一八年、七四三〜七五三頁。
(35) フェルナン・ブローデル著、金塚貞文訳『歴史入門』中公文庫、二〇一一年、一二六頁。
(36) 前掲(34)、七四五頁。
(37) 前掲(34)、七四六頁。
(38) 前掲(34)、七五二頁。
(39) 小林仁美「留岡幸助の『新慈善』――小河滋次郎・井上友一との比較研究」『奈良女子大学教育学年報』六、一九八八年、一五〜三四頁。
(40) 伊東光明「小河滋次郎の感化教育論」『三田学会雑誌』七五(三)、一九八二年、四二八〜四四二頁。
(41) 留岡幸助『感化事業之発達』警醒社、一八九七年。

(42) 益田幸辰「小河滋次郎の児童保護思想形成における留岡幸助の影響について――明治三〇年以前を対象として」『日本社会福祉学会　第五八回秋季大会』要旨集、二〇一〇年。
(43) 大原孫三郎や倉敷日曜講演会などについては、兼田麗子『大原孫三郎――善意と戦略の経営者』中公新書、二〇一二年、一三七～一四〇頁に詳しい。
(44) 前掲(43)や、塩見鮮一郎『貧民の帝都』文春新書、二〇一四年に詳しい。
(45) 前掲(2)、v頁。
(46) これについては三上自身の文章によって詳しく知ることができる。三上孝基「六十年前における福祉愛知の回顧初代県社会事業主事としての経験」『同朋大学論叢』四四・四五、一九八一年、三八三～四〇二頁。
(47) 前掲(46)、四〇〇頁。
(48) ①伊藤康子「近代愛知の社会事業施設――起保育所を中心に」『愛知県史研究』五、二〇〇一年、三七～五三頁。起保育園については②愛知県社会課編『愛知県社会事業年報』愛知県社会課、一九三三年、二四頁に詳細があり、六六人の幼児が通っていることがわかる。
(49) 林喜代氏（一九一八年〔大正七〕生まれ）への聞き取り調査（二〇一五年三月）。
(50) 愛知県社会課編『愛知県方面委員制度十年史』愛知県社会課、一九三三年、一五五頁。
(51) ①竹本悟史・皆川修吾「近代日本のフィランソロピーに関する研究――松坂屋・伊藤次郎左衛門祐民を例に」『淑徳大学論集文化創造学部・文化創造研究科篇』一〇、二〇一〇年、六七～八二頁。②衆善会『衆善会のあゆみ 一九三三～一九六〇』衆善会、一九六〇年。
(52) 東京帝国大学文学部哲学科でインド哲学を専攻し、一九一九年に卒業後、暉峻義等の推薦で大原社会問題研究所に入所した。その後、埼玉県社会事業主事となり、一九二二年に愛知県最初の社会教育主事となった。永岡正己「愛知県における社会事業行政の成立――故・三上孝基氏インタビュー記録」『日本福祉大学福祉論集』一一四、二〇〇六年、一〇一～一二五頁。
(53) 前掲(48)①。

第3章

（1）和田英著、今井幹夫編『精解富岡日記――富岡入場略記』群馬県文化事業振興会、一九九九年、一一三頁。和田による『富岡日記』は明治六、七年の事柄が記録されている。和田が富岡製糸場に入場したのは明治六年のことである。原本は群馬県立歴史博物館所蔵。

（2）農商務省商工局工務課工場調査掛『生糸織物　職工事情』農商務省商工局工務課、一九〇三年、一一六頁。『職工事情』は明治三十年代前半の工場労働事情調査である。

（3）ただし、明治初期の官営工場での食事、工場法を策定するためにまとめられた明治後期の『職工事情』、大正期の共同炊事は時代的背景がかなり異なることに留意する必要がある。

（4）高井としを『私の「女工哀史」』岩波文庫、二〇一五年（初版は一九八〇年刊行）。

（5）前掲(4)、三三頁。

（6）前掲(4)、五六頁。

（7）前掲(4)、一〇五頁。

（8）前掲(4)、一一五頁。

（9）兼田麗子『大原孫三郎――善意と戦略の経営者』中公新書、二〇一二年、四〇～四二頁。

（10）前掲(9)、四一頁。

（11）Robert Owen（1771-1858）は、イギリスの社会主義者。二〇歳でマンチェスターの大紡績工場支配人となり、一八〇〇年に工場労働者の生活改善の実験に着手し、生産・労働・利潤の改良に成功した。一八三三年の工場法制定にも寄与した。永井義雄『ロバアト・オウエンと近代社会主義』ミネルヴァ書房、一九九三年に詳しい。

（12）中野茂夫・平井直樹・藤谷陽悦「倉敷紡績株式会社の寄宿舎・職工社宅の推移と大原孫三郎の住宅施策――近代日本における紡績業の労働者社宅　その一」『日本建築学会計画系論文集』七六（六五九）、二〇一一年、一九三～二〇二頁。

（13）経営者や家長という上の立場にある者が、労働者や子どもなど、下の立場にある者に温情や保護をあたえると、下の者は上の者に感謝して従うようになるという考え方。前掲(9)、五三頁。

(14) 阿部武司編著『大原孫三郎――地域創生を果たした社会事業家の魁』PHP研究所、二〇一七年、三三〜三五頁。
(15) 中野典子・馬場景子「『工場飲食物献立表』にみられる栄養概念普及活動の背景――愛知県工場食共同炊事場の史料分析を中心として」『看護学研究』三、二〇一一年、一〜九頁では、この史料が用いられている。
(16) バッタン機とは一七三三年にイングランドのJ・ケイが発明した飛杼装置。日本には一八七三年頃に導入された。筬の両側に杼箱があり、このなかに入れた杼でひもを引いて弾き飛ばす。
(17) 玉城肇『愛知県毛織物史』愛知大学中部地方産業研究所、一九五七年、七〇〜七一頁。
(18) 森徳一郎編『尾西織物史』尾西織物同業組合、一九三九年、二三頁。
(19) 尾西市史編さん委員会編『尾西市史　通史編』上巻、尾西市役所、一九九八年、八九八〜八九九頁(原史料は『愛知県勧業年報』)。
(20) 鈴木貴詞氏(一九三二年〔昭和七〕生まれ)への聞き取り調査(二〇一四年八月三日)。
(21) 前掲(19)、九三四〜九三五頁。
(22)「工女入場名簿」大正九年(鈴鎌工場史料〇一四四)。
(23) 前掲(19)、九三四〜九三五頁。
(24)「大正十三年十月十日労働調査ニ付事業票ノ内賄ノ部実地調査」(目録に含まれていないため資料番号なし。鈴木貴詞家所蔵)。
(25) 詳しくは湯澤規子「近代尾西織物業地域にみる農工関係の変容過程――鈴鎌工場史料の分析を通して」『農業史研究』四九、二〇一五年、四一〜五八頁を参照。
(26) 聞き取り調査によれば、このほかに出機による収入があった。また、流行色をいち早く取り入れ、模倣されないように、自前の染色工場を設置した。鈴木貴詞氏への聞き取り調査(二〇一四年八月三日)。
(27) 鈴木貴詞氏への聞き取り調査(二〇一四年八月三日)。
(28) この至極当たりまえのことが、じつはこれまで意外にも明らかにされてこなかった。それは、職工たちを労働する局面でしかとらえてこなかったということの他に、日常の食事を知りうる史料が残りにくいという史料的制約にもよっている。

(29) 起町三条の山直毛織工場も炊事場をもっている大規模工場の一つであった。昭和十一年には木造瓦葺平屋建七九・三坪の食堂、二七・五坪の炊事場と、木造瓦葺二階建三棟二八八坪、厠・洗面所・廊下四二坪を備えていた。「営業用土地建物機械什器台帳」昭和十一年(山直毛織史料一、一宮市尾西歴史民俗資料館所蔵)。

(30) たとえば大正十年の「雑品買入帳」(鈴木貴詞家文書〇七五八)には、取引店ごとに買い入れた品物の量と代金が記録されている。

(31) 鈴木貴詞家所蔵の「鈴鎌毛織資料目録(仮)」VII購入(鈴鎌工場史料〇七三一〜〇八八〇)を参照した。

(32) 四斗を一俵と換算し、小数点以下は四捨五入した。

(33) 時代が遡るが、一九一二年(明治四十五)四月〜一三年(大正二)三月の起の米穀消費高は、食用七三〇〇石、醸造用三三〇石、その他二石、他に名古屋方面へ一五〇〇俵、四日市方面へ一二〇〇俵移出、石川県より千俵、岐阜県より八〇〇俵、台湾等外米各五〇〇俵移入で差引千俵不足であった。起町役場『起町史』上巻、一九五四年、五一九頁。

(34) 「青物通」大正十一〜大正十二年(鈴鎌工場史料〇八〇九)。

(35) この地域の特産品であった切り干し大根を意味すると思われる。

(36) 前掲(2)。

(37) 宇野利右衛門『工場炊事要鑑』上巻、工業教育会、一九二五年、三六頁には、毛斯綸紡績本社における沢庵大根の買入れの様子を撮影した写真が掲載されている。

(38) 名古屋鉄道局『尾張の蔬菜と市場』名古屋鉄道局、一九二四年、一四〇頁によると、漬物類について「一般家庭は勿論、工場、会社方面に消費せられるものは相当数に上っている」とある。

(39) 鈴鎌工場と並ぶ大工場であった山直毛織工場や、整理工程を担う艶金工場の経営史料にも賄経費が計上されている(「大正九年当座帳代一月吉日」〔山直毛織工場史料三〇七〕、「大正四年二月損益勘定元帳」〔艶金工場史料三七〕。いずれも尾西歴史民俗博物館所蔵)。

(40) 労働者の流入という「社会増加」だけでなく、大正期は「自然増加」によっても人口が増加した時期であることにも留意しなければならない。したがって、食料・燃料需要の増大はさらに大きくなったと考えられる。

(41) 藤永壮「植民地期・在日朝鮮人紡績女工の労働と生活——大阪在住の済州島出身者を中心に」『女性史学』二二、二〇一二年、一六〜三二頁。

(42) 金賛汀・方鮮姫『風の慟哭——在日朝鮮人女工の生活と歴史』田畑書店、一九七七年。

(43) 金賛汀『朝鮮人女工のうた——一九三〇年・岸和田紡績争議』岩波書店、一九八二年。

(44) 前掲(41)、二一頁。

(45) 前掲(41)、二四頁。

(46) 前掲(41)、二七〜二八頁(原史料は『大阪朝日新聞付録朝鮮朝日　西北版』一九二八年八月八日付、『大阪時事新報』一九二八年八月八日付)。

(47) 前掲(43)、六六〜六七頁。

(48) 前掲(42)、一〇〇頁。

(49) ①尾西市役所『起町史』下巻、尾西市役所、一九五五年、一五一頁。ただし、②宇野利右衛門編『職工問題資料』B八拾八、工業教育会、一九一八年によれば、この計画は愛知県の工場課において古川監督官が主として調整立案したものを尾西織物同業組合員中の有志の人々に勧めて実行すべく奨励された。また、愛知県工場会は大正七年に『工場飲食物献立表』を刊行している。起共同炊事組合については、③湯澤規子「共同炊事と集団食からみた尾西織物業地域の近代——起共同炊事組合の分析」『歴史地理学』五七(四)、二〇一五年、一〜二二頁に詳しい。

(50)「起共同炊事組合書類綴」(林喜代家所蔵)。

(51) 前掲(49)②。

(52) この内容は後に宇野利右衛門編著『職工問題資料』第一輯、工業教育会、一九一二年に再録された。

(53) 前掲(49)②、四頁。宇野は一宮町と記しているが、これは「起町」の間違いであると考えられる。以下同様。

(54) 前掲(49)②、四頁。

(55)「大正拾弐年前期昭和　年　月　起共同炊事組合書類綴」(林喜代家所蔵)。この演説では発起人二四名となっているが、設立当時の史料が残っていないため、詳細は不明。

(56) 林喜代氏（一九一八年〔大正七〕生まれ）への聞き取り調査（二〇一三年九月一四日）および鈴木貴詞氏への聞き取り調査による（二〇一三年九月一三日）。
(57) 前掲(49)①、一五一頁。
(58) 前掲(50)。
(59) 炉筒が一本のボイラーで、構造が簡単で、取扱いが簡便である。使用蒸気が低圧の場合に用いる。
(60) 前掲(49)②、八〜九頁。
(61) 湯澤規子「近代尾西織物業地域にみる農工関係の変容過程――鈴鎌工場史料の分析を通して」『農業史研究』四九、二〇一五年、四一〜五八頁。
(62) 前掲(57)、一五一頁。
(63) 昼食は通勤者の分も含まれるため、朝と夜よりも多くなる。
(64) 日本水産株式会社編『栄養食共同炊事読本』日本水産株式会社、一九三八年、一〇頁。この報告書は日本各地の炊事場の実地調査が含まれていて貴重であるが、その調査目的は、同報告書のはしがきに「我々は従来栄養食共同炊事場への食品材料配給の仕事にたづさはり此種施設の社会的必要性を認識してきたが、幸いにも最近厚生省の積極的指導奨励によって益々設立の機運を促進されつつある事は、……我社は今後一層此の事業の普及発達に協力せんとするものである」とあるように、日本水産株式会社が魚肉の新たな販路として共同炊事に着目していたからにほかならない。
(65) 前掲(57)、一五一頁。
(66)『大阪朝日新聞（東海版）』（一九一九年四月一〇日付）。
(67) 林喜代氏への聞き取り調査（二〇一三年九月一四日）。
(68)「起共同炊事組合関係書類綴」第四十回事業報告書（林喜代家所蔵）。
(69) 前掲(67)。
(70) 集団保育の必要性は、家内工業制から近代的な工場制度へと変化する過程で形成されたとの指摘はすでにある。宍戸健夫「近代日本の保育思想の形成」『教育学研究』三五（三）、一九六八年、一二〜二二頁。

(71) この概念については、今後、日本の社会福祉事業史や、海外との比較のなかで検討していく余地を残している。たとえば、イギリスの近代については金澤周作『チャリティとイギリス近代』京都大学学術出版会、二〇〇八年などがある。

(72) 三上孝基「六十年前における福祉愛知の回顧　初代県社会事業主事としての体験」『同朋大学論叢』四四・四五、一九八一年、三八三～四〇二頁。

(73) この頃の様子は、彼女の著書、重賀よしを『しらみ・疥癬・南京虫――私が歩いた児童福祉への道』私家版、一九七三年に詳しい。

(74) 前掲(4)、八二頁。

(75) 伊藤康子「近代愛知の社会事業政策――起保育園を中心に」『愛知県史研究』五、二〇〇一年、四六頁。

(76) 神戸大学経済経営研究所、新聞記事文庫、『大阪毎日新聞』(一九二〇年一一月二一日付)。

(77) 山家悠平『遊郭のストライキ　女性たちの二十世紀・序説』共和国、二〇一四年。

(78) 長崎女性史研究会『長崎の女たち』第二集、長崎文献社、二〇〇七年、二四七～二四八頁。

(79) 前掲(78)、二四八頁。

(80) 前掲(78)、一一五頁。

(81) 神戸大学経済経営研究所、新聞記事文庫、『大阪朝日新聞』(一九二二年二月九日付)。

(82) これについては、福本恭子「戦前期における労働者の食事――工場の食事(社員食堂)と福利厚生との関係」『経営研究』六二(三)、二〇一一年、一二五～一四一頁に詳しい。

(83) 神戸大学経済経営研究所、新聞記事文庫、『大阪朝日新聞』(一九二二年二月一二日付)。

(84) 神戸大学経済経営研究所、新聞記事文庫、『大阪朝日新聞』(一九二二年二月一〇日付)。

(85) 神戸大学経済経営研究所、新聞記事文庫、『大阪朝日新聞』(一九二二年二月一二日)。

(86) 神戸大学経済経営研究所、新聞記事文庫、『大阪朝日新聞』(一九二二年二月一五日)。

(87) 神戸大学経済経営研究所、新聞記事文庫、『大阪朝日新聞』(一九二二年二月五日)。

(88) 神戸大学経済経営研究所、新聞記事文庫、『神戸又新日報』(一九三〇年一一月一九日付)。

(89) 森川規矩『共同炊事』科学主義工業社、一九四三年。

(90) ①協調会産業福利部『工場食の改善と工場栄養食共同炊事場』協調会産業福利部、一九三八年。協調会は渋沢栄一らの寄付行為によって、第一次世界大戦後の一九一九年に設立され、社会政策、社会運動の調査研究を行った機関である。なお、協調会産業福利部は、日米戦争勃発直前の時点で協調会から離脱し、大日本産業報国会の傘下に入っている。②高橋彦博「協調会史における『産業福利部』の位置」『大原社会問題研究所雑誌』五九八、二〇〇八年、四頁。

(91) 工場での食事を栄養学と結び付けて歴史的に検討したものとして、高木和男『食と栄養学の社会史』二、科学資料研究センター、一九七八年がある。そこでは産業人の食生活として「集団給食」が発達したことが、製糸業、紡績業、織物業を事例として説明されている。共同炊事場とは別に、大工場直営の炊事場や食堂は一九三九年（昭和十四）時点で全国に一〇五〇カ所を超えるようになり、厚生省は食中毒予防のために「炊事場取締令」の省令を出した。同、四八〇頁。

(92) 前掲(90)①、二九頁。

(93) 労使が協力して生活共同体を形成し、経営者あるいは企業がその従業員を単なる労働商品として扱うのではなく、その家族も含めて、生活全体に対して「面倒を見る」あるいは「世話をする（または世話をやく）」という特徴をもつ労使関係。これについては間宏『日本的経営の系譜』文眞堂、一九八九年を参照。

(94) 間宏『日本における労使協調の底流——宇野利右衛門と工業教育会の活動』早稲田大学出版部、一九七八年、二七〇頁。

(95) 前掲(94)。

(96) 経営者と労働者のどちらでもなく、そのあいだで労使協調の策を案出する立場。近代において企業が規模拡大し、労働者が増大する状況にあって、この中間指導者の果たした役割は大きい。前掲(94)、ii〜iii頁。

(97) 前掲(52)。

(98) 前掲(49)②。

(99) 宇野利右衛門『工場炊事要鑑』上巻、工業教育会、一九二五年、一二四頁。

(100) 前掲(52)、五六四〜六六九頁。
(101) 前掲(52)、六〇二〜六〇三頁。
(102) 前掲(52)、六〇七頁。
(103) 前掲(52)、六一六〜六一八頁。
(104) 前掲(9)、一四八頁。
(105) 前掲(9)、一五二頁。
(106) これについては暉峻自身の論文にも詳しい。暉峻義等「産業合理化と労働科学」『労働科学研究』七(一)、一九三〇年、一〜二三頁。
(107) 『朝日新聞』(二〇〇七年一〇月一〇日付)。
(108) 暉峻義等「『労研饅頭』について」『労働科学研究』七(一)、一九三〇年、一六五〜一七一頁。
(109) 『愛媛新聞』(二〇一三年七月二二日付)。および、労研饅頭たけうち提供資料による。
(110) 岡崎亀彦『工場飲食物献立表』愛知県工場会、一九二三年、六頁。
(111) 坂本元子編『栄養指導・栄養教育』第一出版、二〇〇三年、一九頁。
(112) 警視庁工場課編『工場食の改善』産業福利協会、一九三二年。
(113) 三浦豊彦『労働と健康の歴史』二、労働科学研究所、一九八〇年。厚生省労働局編『工場監督年報——附・労働者募集年報』第二三回、厚生省労働局、一九四〇年、一頁にはその経緯が詳しく説明されている。これによれば、工場監督業務は一九二二年(大正十一)には社会局に移管され、一九二四年の厚生省の誕生を機に同省へ移管された。
(114) 佐伯芳子「佐伯矩の業績について」『化学と生物』一〇(五)、一九七二年、三五四〜三五五頁。
(115) 前掲(91)、四一九頁。
(116) 陸軍糧秣廠の主計将官が中心となって発足した団体であり、軍需品の調達と深く関わっていた。前掲(91)、四二四〜四二五頁。
(117) 成田一江「近代日本における工場食の研究——昭和初期工場食改善運動の二潮流」『食文化助成研究の報告』一

二、二〇〇一年、四九～五六頁。

(118) 前掲(90)①、一頁。

(119) 前掲(89)、一六頁。

(120) 佐伯矩『栄養』栄養社、一九二六年。

(121) 前掲(120)、二二五頁。

(122) 社会局労働部『労働保護資料　第四三号　本邦工場栄養食の概況』社会局労働部、一九三七年、一一頁。

(123) 『栄養と料理』三（一一）、一九三七年、三七～四八頁。

(124) 日本水産株式会社編『栄養食共同炊事読本』日本水産株式会社、一九三八年。

(125) 佐伯矩『栄養之合理化』愛知県標準精米普及期成会、一九三〇年。

(126) 林勇記『農村家事教育の建設』大同館書店、一九三二年、二〇六～二〇七頁。

(127) 森川規矩『農村栄養　共同炊事の運営』伊藤文信堂、一九四三年、一頁。

(128) 前掲(127)、二一三～二一九頁。

(129) 帝国農会『農業共同作業と農繁託児所及共同炊事——千葉県の事例』帝国農会、一九四〇年。

(130) 帝国農会『共同作業・共同炊事・農繁託児所実施に伴ふ農村労力事情調査（千葉県の部）』帝国農会、一九四二年。

(131) 前掲(130)、一頁。

第4章

(1) 渡辺実『日本食生活史』吉川弘文館、一九六四年、二七〇～二九四頁。

(2) 大阪毎日新聞社編『大大阪記念博覧会誌』大阪毎日新聞社、一九二五年、一六〇～一六一頁。

(3) ①John K. Walton, *Fish and Chips and the British Working Class, 1870–1940*, Leicester University Press, 1994. ②Katherine Leonard Turner, *How the Other Half Ate: A History of Working-Class Meal at the Turn of the Century*, California Studies in Food and Culture, 2014.

(4) 大豆生田稔『お米と食の近代史』吉川弘文館、二〇〇七年。

（5）大門正克『近代日本と農村社会――農民世界の変容と国家』日本経済評論社、一九九四年、五二頁。
（6）細井和喜蔵『女工哀史』岩波文庫、二〇一一年（初版は一九二五年に改造社より刊行）、二一五頁。
（7）柳田國男「明治大正史世相篇」『柳田國男全集』二六、ちくま文庫、六八～七一頁。
（8）前掲（1）、二一二頁。
（9）糠が不足した時代には、もみ殻やふすまで漬けることもあった。
（10）農商務省農務局編『東京ニ於ケル蔬菜果実ノ販売組織ニ関スル調査』農商務省農務局、年代不詳（内容から判断して、おそらく大正末から昭和初期のものと思われる）。
（11）宇野利右衛門編著『職工問題資料』第一輯、工業教育会、一九一二年、六一一～六一四頁。
（12）宇野利右衛門『工場炊事要鑑』上巻、工業教育会、一九二五年、四七三～四八八頁。
（13）これについては、湯澤規子「近代尾西織物業地域にみる農工関係の変容過程――鈴鎌工場史料の分析を通して」『農業史研究』四九、二〇一五年、四一～五八頁で詳しく論じた。
（14）鈴木貴詞家文書〇八七三、〇八七四。ここでは〇八七四を中心に分析する。
（15）天秤棒の両端にかけて一人で肩に担えるだけの単位。
（16）①～⑤は鈴木貴詞家文書〇八七四による。①伊藤金蔵　大正三年後期、②伊藤金蔵　大正四年後期、③山内儀左衛門　大正二年春、④山内儀左衛門　大正六年春、⑤山内儀左衛門　大正六年盆後。
（17）鈴木貴詞家文書〇八七三。
（18）鈴鎌工場以外の例として、「大正九年当座帳第一月吉日」（山直毛織工場史料三〇七）にも「下肥代入ル」、「大正四年二月損益勘定元帳」（艶金興業史料三七）にも「不浄代」として記載が散見される。
（19）鈴木貴詞氏への聞き取り調査（二〇一三年九月一三日）。
（20）大根の施肥について、愛知県農会編『愛知園芸要鑑』松山兼三郎、一九一〇年、一八〇頁では「堆肥は主に五條川の河泥を浚渫せしものにして、液肥は下種の際施すべきは人尿に限られ、決して人屎尿を用ゆる事なし。……其他は何れも風呂水又は汚水にて人屎尿を稀薄せしめて施用す」と説明されている。
（21）大正期の拡大する帝都と近郊農村の関係を記した小田内通敏『帝都と近郊』大倉研究所、一九一八年には、「蔬菜栽培地帯の存立には、之を消費する多大の戸口と、之を培養すべき肥料を比較的廉価に且多量に得易きを必要条件とす」とある。これは東京近郊に限らず、この時期の都市と近郊農村にみられた関係であると考えられる。

(22) 愛知県史編さん委員会編『愛知県史　別編　民俗二　尾張』愛知県、二〇〇八年。

(23) 愛知県立農事試験場は一九一六年（大正五）に『肥料の話』という本を刊行している。それによれば、大正二年の愛知県下での肥料消費量は四億四八四七万一八一三貫であり、うち販売肥料は一三・四％であるのに対し、自給肥料は八六・六％を占めていた。自給肥料のなかで最も多いのは人糞尿であり、一億七二二六万六六〇〇貫（一貫を三・七五キログラムと換算すると約四六万トン）にのぼる。これは全体の三八・四％を占め、消費量では最も多い。愛知県立農事試験場『肥料の話』愛知県農事試験場、一九一六年、二五～二六頁。

(24) 蔬菜種屋の動向からこの時期の蔬菜産地形成を明らかにした研究として、①阿部希望「近代における野菜種屋の展開――東京府北豊島郡榎本留吉商店を中心に」『農業史研究』四四、二〇一〇年、九〇～一〇一頁、②同『伝統野菜をつくった人々――「種子屋」の近代史』農山漁村文化協会、二〇一五年がある。また、③清水克志「日本におけるキャベツ生産地域の成立とその背景としてのキャベツ食習慣の定着――明治後期から昭和戦前期を中心として」『地理学評論』八一（一）、二〇〇八年、一～二四頁は消費動向をふまえた産地形成論を展開している。

(25) 一度藍を栽培した畑には生綿は発育しない。そのため藍と大根の二毛作となった。森徳一郎編『尾張大根切干発達史』尾張大根切干同業組合、一九三五年、二七～二八頁。

(26) 中島郡役所編『中島郡制史』国書刊行会、一九八八年、一二五頁には、「繭価昂騰すれば俄に桑園増加し一度糸価暴落すれば生育旺盛なる桑園も変して陸稲となり、蔬菜園となるの現象は常に目撃する所なり」とある。

(27) 愛知県立農事試験場編『愛知の蔬菜』愛知県立農事試験場、一九一九年、一九六頁。

(28) 前掲(27)、二四九頁。

(29) 尾張大根切干同業組合は、明治三十年に設立された。前掲(25)、三五頁。

(30) 名古屋鉄道局『尾張の蔬菜と市場』名古屋鉄道局、一九二四年、二頁によれば、「名古屋は東西両都の中間に位し、所謂中京として人口百万を擁して消費の中心を為し、付近の各都市も亦人口稠密なるのみならず、商工業の発展は近郊都市の膨張を来したる結果、一般蔬菜類の需要益々増加し」という状況であった。

(31) これは蔬菜に限ったことではなく、広く食料全体に関わる変化であった。第一次世界大戦後に冷凍倉庫、冷凍船などが登場し、遠距離輸送が可能になると、魚介類を中心とした蛋白源が大都市の胃袋にも届くようになった。また、缶詰技術の導入も長期保存、長距離輸送を可能にするために重要であった。
(32) 前掲(30)、一一五〜一一六頁。
(33) 前掲(27)、一六九〜一七〇頁。
(34) 小田内通敏『帝都と近郊』大倉研究所、一九一八年、一九七〜一九八頁。
(35) 尾崎五平治『澤庵漬』武藤商店、一九二五年、二四〜二五頁。
(36) 前掲(35)、二七頁。
(37) 前掲(35)、三九頁。
(38) 前掲(27)、四〜一三頁。
(39) 前掲(24)①、②。
(40) 三好采女「戦地追送漬物に就て」『糧友』九(七)、一九三四年、二五〜三三頁。
(41) 脚気については山下政三『脚気の歴史——ビタミンの発見』思文閣、一九九五年などに詳しい。
(42) 千葉県農会・山崎時治郎編『軍需と家庭　漬物の研究』千葉県農会、一九三八年。
(43) 後藤秀乾『軍隊炊事勤務の研究』糧友会、一九二七年、一三〜一四頁。
(44) 前掲(43)、六頁。
(45) 前掲(43)、一四頁。
(46) 前掲(40)、二五〜三三頁。
(47) 飛田紗綾香「日中戦争初期の兵站の実態——上海派遣軍と第一〇軍糧秣追送を中心に」『日本女子大学大学院文学研究科紀要』一四、二〇〇八年、一二一〜一三七頁。
(48) 広中一成『「炊事場」からみた日中戦争——元陸軍伍長・杉浦右一インタビュー』『愛知大学国際問題研究所紀要』一三九、二〇一二年、二七六頁。
(49) 前掲(48)、二八〇頁。

第5章

(1) 柳田國男『都市と農村』朝日常識講座第六巻、東京大阪朝日新聞社、一九二九年、三頁。
(2) 前掲(1)、四四〜五〇頁。
(3) 深谷克己・川鍋定男『江戸時代の諸稼ぎ――地域経済と農家経営』農山漁村文化協会、一九八八年。
(4) 玉真之介『主産地形成と農業団体――戦間期日本農業と系統農会』農山漁村文化協会、一九九六年、五七頁。
(5) 愛知県編『統計上ヨリ観タル愛知県ノ地位』愛知県、一九二二年。
(6) 愛知県史編さん委員会編『愛知県史資料編 二九 近代六 工業一』愛知県、二〇〇四年、三五頁。
(7) 大門正克『近代日本と農村社会――農民世界の変容と国家』日本経済評論社、一九九四年、七三〜七四頁。
(8) 岡田洋司「一九三〇年代の農村青年――愛知県下の一地域青年団『会報』を手がかりとして」『地方史研究』三八(二)、一九八八年、六六頁。
(9)『朝日村報』四九号、一九一九年一月一日発行。一宮市立尾西歴史民俗博物館所蔵。
(10) この時期の農村青年の葛藤を青年自身が描いたものに渋谷定輔の詩「新しき生活者」や「沈黙の憤怒」などがある。これらの詩にも「都会人のいかなる罵倒も嘲笑も」、「おれは純粋の土百姓小作人」などと詠われている。渋谷定輔『野良に叫ぶ』平凡社、一九二六年。なお、渋谷定輔については次の文献に詳しい。安田常雄『出会いの思想史――渋谷定輔論「農民哀史」の世界』勁草書房、一九八一年。
(11)『朝日村報』二九号、一九一七年五月一日発行。一宮市立尾西歴史民俗博物館所蔵。
(12) 愛知県農会『農家経済調査』愛知県農会、一九二八年、三二頁。
(13) A家に関する調査は一九二三年からはじまるため、一九一〇年代との比較ができないが、都会熱が高まる最中での農業経営の分析は可能であると判断した。なお、同調査を用いて東春日井郡のA家を分析したものとして、宇佐美正史「一九二〇〜三〇年代における複合的農業経営の展開――愛知県旧東春日井郡勝川町の自小作農家を対象として」『岐阜経済大学論集』四二(三)、二三〜四六頁がある。
(14) 愛知県産業部編『愛知県農事統計』愛知県産業部、一九二二年、一三〜一四頁。
(15) 愛知県農会『農家経済調査』愛知県農会、一九三〇年、六九頁。

(16)前掲注(14)、六九頁。
(17)鶴見佐吉雄『愛知県下の模範的農業経営』馬込村、一九一六年、一五頁。

第6章

(1)宮田登「インタビュー　経済学と民俗学」『大航海　特集　反経済学』二六、一九九九年、五八〜七〇頁。
(2)瀬川清子『販女』三国書房、一九四三年、一頁。
(3)イザベラ・バード著、金坂清則訳注『完訳　日本奥地紀行2　新潟—山形—秋田—青森』平凡社、二〇一二年、五二頁。
(4)井奥成彦『十九世紀日本の商品生産と流通——農業・農産加工業の発展と地域市場』日本経済評論社、二〇〇六年。
(5)廣田真編『近代日本の交通と流通・市場』清文堂出版、二〇一一年などに詳しい。
(6)柳田國男『柳田國男全集』二六、ちくま文庫、一九九七年、一九四頁。
(7)戦時中の食料統制期や、統制解除の直後から、ふたたび行商人が農産物や海産物を担いで流通の一端を担うようになったことはよく知られている。この場合、必ずしも夫が採った魚を担いでいくという形態ではなく、移動手段も道具も仕入れ方法も変化していた。大規模化、系統化された流通システムが確立した近年において、むしろこのような小規模なあきないが見直されていることは注目に値する。山本志乃『行商列車——カンカン部隊を追いかけて』創元社、二〇一五年は、行商とあきないを現代との関わりで考えるための良書である。
(8)経済学のなかでこのような議論を展開した稀有な研究として、岩井克人『ヴェニスの商人の資本論』ちくま学芸文庫、一九九二年は注目される。
(9)卸売市場制度五十年史編さん委員会編『卸売市場制度五十年史』第一巻・本編I、社団法人食品需給研究センター、一九七九年、一三〜一六頁では、「市場」概念には①商品の取引のために設けられた特定の場所や建物という意味、②実存する各商品が取引される抽象的な場所という意味、③取引機能、活動だけをとらえて抽象的に言い表す意味、そして④一定の商品が売れる需要先などの複数の意味があることを指摘している。

(10)前掲(6)、二八三～二八四頁。
(11)前掲(6)、二八三頁。
(12)前掲(6)、二八四頁。
(13)前掲(6)、二八五頁。
(14)杵淵義房『本邦社会事業』冬夏社、一九二二年、一八〇頁。
(15)これまで近代日本の資本主義と中央卸売市場法の制定の関係については言及されてきたが、公設市場に言及したものは少ない。そのなかで、原田政美『近代日本市場史の研究』そしえて、一九九一年は、その前史として公設市場論の形成と展開の歴史的意義を明らかにした研究として注目される。
(16)たとえば、農商務省商務局『公設市場ニ関スル調査』農商務省商務局、一九一二年(ドイツ、イタリア、中国、英国に関する調査報告)、内務省社会局『仏国公設市場制度概要』内務省社会局、一九〇〇年(フランスに関する調査)が存在する。
(17)住田新次郎「公設市場について――魚茶料理講習会講演速記」『家事と衛生』四(一二)、一九二八年、七六～七八、八七頁。以下、同資料による。
(18)木朽花「大阪の台所――公設市場解剖」『家事と衛生』一四(五)、一九三八年、四八頁。
(19)前掲(18)、四八～四九頁。
(20)①長谷川博・増島宏「『米騒動』の第一段階――現地調査を中心として」『社会労働研究』一、一九五四年、一四六～一六九頁。②同「『米騒動』の第一段階(完結)――富山県下現地調査を中心として」『社会労働研究』二、一九五四年、一一四～一七三頁。
(21)釘宮徳太郎『公設市場案内』金洋堂書店、一九一九年、一頁。
(22)前掲(15)、二七頁。
(23)内務省衛生局編『各地方ニ於ケル市場ニ関スル概況』内務省衛生局、一九一九年。
(24)根本清六「小売商習慣と公設市場」『三田学会雑誌』一三(一〇)、一九一九年、一〇六頁。
(25)前掲(24)、九四頁。

(26) 前掲(16)。

(27) 商工省商務局『小売市場ニ関スル調査　其ノ一』商工省商務局、一九三〇年。

(28) 前掲(14)、一九三〜一九四頁。

(29) 東京における市場と公共性について論じたものに、山口由等『近代日本の都市化と経済の歴史』東京経済情報出版、二〇一四年がある。

(30) 前掲(14)、一九一〜一九二頁。

(31) 前掲(14)、一九五頁。

(32) 前掲(15)、一三二頁。以下、同書を参照して記述する。

(33) 名古屋市中央卸売市場本場編『名古屋市中央卸売市場史』名古屋市、一九六九年、一一五頁。

(34) 前掲(15)、一〇六頁。名古屋市の市場の変遷については、今後検討する余地が残されている。

(35) 玉真之介『主産地形成と農業団体——戦間期日本農業と系統農会』農山漁村文化協会、一九九六年。以下、同書による。

(36) 大江志乃夫『日本ファシズムの形成と農村』校倉書房、一九七八年。

第7章

(1) 筑波大学の大濱徹也氏の講義「日本の歴史概論」(一九九三年)における「勝手口から世界を見よ」という言葉から示唆を受けた。

(2) 松原岩五郎『最暗黒の東京』岩波文庫、一九八八年(初版は一八九三年に民友社より刊行。一八九二年に『国民新聞』に発表したものに加筆)、四一頁。

(3) 前掲(2)、四一〜四二頁。一五貫目は、一貫目を三・七五キログラムとすると、約五六キログラム。

(4) 前掲(2)、四一〜四五頁。松原の『最暗黒の東京』と向井藻浦の『大阪の貧民窟』とを比較して、東京と大阪の違い、二人の取材の違いなどを論じた研究に、後藤正人「二十世紀初頭、大阪における『貧民窟』の状態——松原岩五郎『最暗黒の東京』との比較を通じて」『和歌山大学教育学部紀要　人文科学』五六、二〇〇六年、一七六〜一六四頁がある。
(5) 実際に東京社会局の調査を実施した中心人物は草間八十雄(一八七五〜一九四六)であった。草間については安岡憲彦『シリーズ福祉に生きる二　草間八十雄』大空社、一九九八年に詳しい。
(6) 東京市社会局編『浮浪者及残食物に関する調査』東京市社会局、一九二三年、一〇九頁。
(7) 本書第1章ではすでにこのダイガラについて浅草との関係で触れている。
(8) 前掲(6)、一二六頁。
(9) 東京市社会局編『残食物需給ニ関スル調査』東京市社会局、一九三〇年、五頁。
(10) 一匁三・七五グラムとして、約一キログラムである。
(11) 神戸大学経済経営研究所、新聞記事文庫、『中央新聞』(一九一二年一二月一三日付)。
(12) 前掲(6)、一四四〜一四五頁。
(13) 前掲(9)、二四頁。
(14) 上飯とは飯盒に入ったままのもの、あるいは喫食者がお茶や味噌汁を注いでいないもの、下飯とはお茶や味噌汁のかかったもの、あるいはすでに腐敗しているものをいう。前掲(9)、三頁。
(15) 前掲(9)、四頁。
(16) 村井弦斎『食道楽』上、岩波文庫、二〇一四年(文庫初版は二〇〇五年、底本は『食道楽』全四冊、報知社出版部、一九〇三〜〇四年)、一八頁。なお、村井についての研究は、山本文乃「村井弦斎研究——食生活改良論」『研究紀要』(文教大学女子短期大学部)二六、一九八二年、四四〜五六頁などがある。
(17) 黒岩比佐子「忘れられた明治の啓蒙小説家」村井弦斎『食道楽』上、岩波文庫、二〇一四年、五八四頁。
(18) 神田市場協会神田市場史刊行会編『神田市場史』上巻、神田市場協会神田市場史刊行会、一九六八年、六一六頁。
(19) 前掲(2)、九一〜九三頁。
(20) 神田川菜翁『競り人伊勢長日誌やっちゃ場伝』農経新聞社、二〇〇三年(初版は一九九三年)、一一三頁。
(21) 前掲(2)、九三〜九四頁。
(22) 前掲(2)、九五頁。

(23) 江波戸昭「明治三十三年の『東京府職業調査』」『東京の地域研究』大明堂、一九八七年、四七～六四頁。
(24) 横山源之助『日本之下層社会』教文館、一八九九年。
(25) 本書、七七頁。
(26) 前掲(9)、一三六～一三七頁。
(27) 社会福祉法人二葉保育園ホームページを参照（二〇一五年六月二〇日アクセス）。
(28) 前掲(9)、二四頁。
(29) 前掲(9)、五頁。
(30) 上笙一郎・山崎朋子『光ほのかなれども　二葉保育園と徳永恕』朝日新聞社、一九八〇年、一九〇～一九一頁。
(31) 野村敏雄『新宿裏町三代記』青蛙房、一九八二年、二〇六～二〇七頁。
(32) 前掲(30)、一九一～一九二頁。
(33) 前掲(30)、一九二頁。
(34) 山田慎三「簡易食堂事始　一膳飯屋から簡易食堂へ、そして腰弁生活から職場給食へ――食風俗文化史的変遷のひとこまとして（下）」『学苑』五一八、一九八三年、六五頁。

終　章

(1) このような視点からの研究として、Katherine Leonard Turner, *How the Other Half Ate : A History of Working-Class Meal at the Turn of the Century*, California Studies in Food and Culture, 2014 がある。同書は主に都市労働者に着目した研究である。
(2) 菊池勇夫『飢饉の社会史』校倉書房、二〇〇〇年（初版は一九九四年）は、近世の飢饉を生々しく描くと同時に、飢饉に対する藩の施行、村の制裁、領主の餓死供養などにも言及し、飢饉を社会の問題として論じている。
(3) 浜谷正人「近代日本農村の地域的変容――東北地方の郷蔵制を中心として」『人文地理』二八（五）、一九七六年、一～三一頁。
(4) 上杉鷹山・中条至資・莅戸太花『かてもの』一八〇二年（同書は一九一四年〔大正三〕に米沢市立図書館によっ

て復刊された。なお、原本は同図書館に所蔵されている)。
(5) 高垣順子「かてもの」『調理科学』六 (三)、一九七三年、一八五〜一九〇頁。
(6) 北原糸子『都市と貧困の社会史――江戸から東京へ』吉川弘文館、一九九五年。
(7) 塩見鮮一郎『貧民の帝都』文春新書、二〇一四年 (初版は二〇〇八年)、四六〜五一頁。
(8) 玉真之介「一九三四年の東北大凶作と郷蔵の復興――岩手県を対象として」『農業史研究』四七、二〇一三年、二二〜三四頁。
(9) 前掲(3)、二頁。
(10) 前掲(7)、五二〜五五頁。
(11) 前掲(6)、二四二〜二四三頁。
(12) 江原絢子『家庭料理の近代』吉川弘文館、二〇一二年。
(13) 臼井清造編「浮浪者の日記」林英夫編『近代民衆の記録四　流民』新人物往来社、一九七一年、二一一頁 (原文は『改造』一九三七年三月号に掲載された)。
(14) 塩見鮮一郎『江戸の貧民』文春新書、二〇一四年、前掲(7)。
(15) イギリスの近世・近代転換期に着目し、一八世紀を中心として登場した「中間団体」に焦点をあわせ、国家と社会の再編過程を描き出した研究として、長谷川貴彦『イギリス福祉国家の歴史的源流――近世・近代転換期の中間団体』東京大学出版会、二〇一四年がある。同書では中間団体を地域社会と中央政府を媒介する「自発的結社 (アソシエーション)」と定義している。
(16) 斎藤修『江戸と大阪――近代日本の都市起源』NTT出版、二〇〇二年。
(17) ゾラ著、朝比奈弘治訳『パリの胃袋』藤原書店、二〇一一年 (初版は二〇〇三年。それ以前に武林無想庵による邦訳『巴里の胃袋』が一九三一年に春秋社より刊行。原著は一八七三年刊行)。
(18) 吉田典子「ゾラ『パリの胃袋』とマネの静物画――近代芸術における物質主義と商品性」『日仏美術学会会報』二四、二〇〇四年、三〜二五頁。
(19) 朝比奈弘治「訳者解説」前掲(17)、四四〇〜四四一頁。

(20) これについてはすでに良知力『向う岸からの世界史——一つの四八年革命史論』ちくま学芸文庫、一九九三年という良書がある。

(21) 大門正克『近代日本と農村社会——農民世界の変容と国家』日本経済評論社、一九九四年、四頁。

(22) 近代国民国家にとって、農を媒介とした国民の形成が重視されるあまり、在日朝鮮人、疎開者、開拓農民、海外移民たちが「他者」として顧みられてこなかったことを問題提起した研究に、①安岡健一『「他者」たちの農業史』京都大学学術出版会、二〇一四年がある。また、愛知県社会課は一九二八年に刊行した『極貧者調査』の末尾に付録として「朝鮮人に関する調査」を掲載し、救貧法が現住所救済制度であるために、「居住期間一ヶ年未満のものは救貧法の救済の外に置かれて居る」こと、したがって、朝鮮人を含めた出稼ぎの人びとの多くが救済の「外」に置かれていることを指摘している点は注目に値する。②愛知県社会課編『愛知県社会課　調査資料　第一四編　極貧者調査』愛知県社会課、一九二九年、一七八頁。

(23) 長崎女性史研究会『長崎の女たち』第二集、長崎文献社、二〇〇七年、二四八頁。

(24) リン・ハント著、長谷川貴彦訳『グローバル時代の歴史学』岩波書店、二〇一六年。

(25) 長谷川貴彦「メイクシフト・エコノミー論の射程——「福祉」への全体史的アプローチ（論点をめぐって）」『歴史と経済』五七（二）、二〇一五年、三三～三九頁。

(26) 杵淵義房『本邦社会事業』冬夏社、一九二二年。

(27) これについては、加茂直樹「日本の社会保障制度の形成」『現代社会研究科論集』二、二〇〇八年、一～二七頁や、武田久義「日本における共同体と生活保障制度の変化（四）」『桃山学院大学経済経営論集』五〇（一・二合併号）、二〇〇八年、二九～四八頁。

(28) 岸康彦『食と農の戦後史』日本経済新聞社、一九九六年に詳しい。

(29) 第二次世界大戦後の変化については、近代との連続性、断絶性の両方を視野に入れながら稿をあらためる予定である。

(30) 林芙美子『放浪記』新潮社、一九八五年、三一一～三一二頁。

(31) 前掲(30)、三五九頁。

あとがき

これまでさまざまな地域の人びとの「くらし」を描き続けてきた、つもりであった。しかし、くらしを描くとは、個々の人生に敬意を払ったり、共感したり、価値を見出すという、ある意味、前向きで、積極的な解釈だけでは十分ではないと、歳を重ねるごとに実感するようにもなった。これまで私はくらしの半分の世界しか描いてこなかったのである。

高校生の頃、「じっちゃん」と呼ばれる国語の先生がいた。彼は学年通信の片隅によく詩を書き留めていた。当時は実感を伴った理解ができなかったが、四〇を過ぎた今、あらためて読み返すのは、石垣りんの「くらし」という詩である。

くらし

食わずには生きてゆけない。
メシを
野菜を
肉を

空気を
光を
水を
親を
きょうだいを
師を
金もこころも
食わずには生きてこれなかつた。
ふくれた腹をかかえ
口をぬぐえば
台所に散らばつている
にんじんのしつぽ
鳥の骨
父のはらわた
四十の日暮れ
私の目にはじめてあふれる獣の涙。

（石垣りん『表札など』童話屋、二〇〇〇年）

「くらし」とは、かくも厳しく孤独なものである。この詩を読んで、柔らかい言葉の羅列に包まれた、深い闇、隠しておきたい人間の性《さが》もまた「くらし」の一部だということに気づくと同時に、それを何らかの形で描かなければならないと切に考えるようになった。

食べることは人間にとって、最も重要かつ日々逃れられない性の一つである。本書はそれを注意深く凝視することで、くらしの残り半分の世界を合わせた全体像を描こうとしたものである。くらしは「生きること」と言い換えてもいいだろう。

どんな時でも食べなければ生きられない。どんな人も等しくこの事実からは逃れられない。この単純な事実に気がついたのは、祖母が残した「戦下のレシピ」を目にした時であった（この言葉は、斎藤美奈子『戦下のレシピ――太平洋戦争下の食を知る』岩波書店、二〇〇二年によっている）。一九二八年（昭和三）生まれの祖母は、終戦の年に一七歳であったから、戦争中に青春時代を送ったことになる。その祖母がおそらく戦時下で、あるいは戦後間もない時期に綴ったレシピには、代用醤油の作り方、野菜の皮も葉も残さず使う献立、配給物資が足りない時の工夫などが書き留められており、彼女はそれを「こんなノートでもいつか何かの役に立つかもしれないから」と生前私に託したのである。戦争やその状況下の台所を直接知らない私にとって、祖母の手書きの文字からにじむ、「食べること」の困難さを垣間見た経験は、「食べられない」ということを現実的な問題として受け止め、「食」という極めて日常的な行為にこそ潜む矛盾を考えはじめるきっかけとなった。

この問題意識をフィールド調査のなかで深めていくことができたのは、愛知県尾西織物業地域で貴重な史料を提供し、話を聞かせてくださった地域の皆さまのおかげである。一宮市尾西歴史民俗資料館では、貴重な史料を閲覧させていただいた。とりわけ、鈴鎌工場史料に関しては鈴木貴詞さんに、起共同炊事組合史料に関しては林喜代さんとご家族に大変お世話になった。これまでも織物地域の調査を重ねてきたつもりであったが、鈴木家と林家で、工場の献立表や肥料渡帳、そして共同炊事の経営史料を手に取ってから、工場で働く女工たちの具体的な生活が迫るように目に浮かぶようになった。また、食堂や工場食、社会事業に関する調査の過程では、大阪自彊館の松田拓洋さま、深川東京モダン館の皆さま、労研饅頭たけうちの皆さまにも貴重な史料を提供していただいた。三谷靱彦さま、藤田昌雄さま、大阪市立中央図書館には、所蔵史料を図版として利用させていただく際に、大変お世話になった。

愛知県の産業と社会に関する調査は、慶應義塾大学の中西聡さんのプロジェクトである日本学術振興会科学研究費補助金［基盤研究（B）］「近現代日本における都市・農村複合型産業化と生活環境に関する総合的研究」（課題番号23330112、研究代表者：中西聡）に参加させていただいたことで実現した。社会経済史や経営史の仲間との調査や研究会での議論は、近代という時代を考えるうえでの重要な見取り図と方向性をあたえてくれた。

「食」というテーマを深めるにあたっては、農業史や「食と農の歴史研究会」の仲間との議論から多くの示唆を受けた。また、一膳飯屋研究会、食堂研究会、漬物研究会と称したフィールドワークで食べものを囲みながら交わした仲間との率直な議論が、本書の随所に臨場感をあたえている。校閲には武田晴人さんの手を煩わせた。尾西織物業地域の研究を進めている時に武田さんから受け取った「女工の研究を通して、いったい何を伝えたいのか」という問いが、本書を執筆する過程で常に筆者の励みとなった。

なお、本書の第3章、第4章、第5章の一部はすでに以下の論文として公表し、日本学術振興会科学研究費補助金［若手研究（B）］「近代日本における地域の経済発展の論理と構造に関する歴史地理学的研究」（課題番号25770293、研究代表者：湯澤規子）による成果が含まれている。

「近代尾西織物業地域にみる農工関係の変容過程——鈴鎌工場史料の分析を通して」（『農業史研究』四九、二〇一五年、四一〜五八頁）

「共同炊事と集団食からみた尾西織物業地域の近代——起共同炊事組合の史料に着目して」（『歴史地理学』五七（四）、二〇一五年、一〜二二頁）

「近代日本の産業地域形成期における農家経済構造の変化——愛知県『農家経済調査』にみる農家の暮らし」（『史林』九九（一）、二〇一六年、一七六〜二〇七頁）

「『下肥』利用と『屎尿』処理——近代愛知県の都市化と物質循環の構造転換」（『農業史研究』五一、二〇一七年、二三〜三八頁）

それ以外の章はすべて書き下ろしである。正確にいえば、二〇一五年度にお茶の水女子大学、慶應義塾大学、國學院大學、筑波大学で担当した講義録がもとになっている。本書の骨格は、「食」の問題について、「歴史学」、「地理学」、「社会学」、「経済学」それぞれの分野の学生たちと議論することによって形づくられた。過去のできごとを通して、「他人ごと」ではない「自分ごと」として食の問題を議論しはじめた学生たちの姿から教えられたことは多い。「食」をめぐる歴史研究が現代の問題にまでつながる可能性を見出すことができたのは、ひとえに彼らのおかげである。

食と社会の問題を「胃袋」から考えながら原稿に向かったこの数年の間にも、日々、子どもや高齢者を含む貧困問題が社会の関心を集めるようになっている。フードバンクの全国ネットワーク組織が立ち上がり、子どもたちの胃袋と未来を気遣う「子ども食堂」が次々と地域に誕生しているというニュースも耳に届くようになった。筆者自身もその実践に関わるようになって一年半になる。

歴史を学ぶことは、自分以外の誰かを深く理解しようとする試みである。過去の人びととの対話は、生きる世界や価値観の選択肢は決して一つではない、と気づくきっかけとなり、それは自分自身や現代を問い直す行為へとつながる。本書が、「食」と「人びと」と「地域」とのあいだに形づくられてきた歴史を知り、現代に生きる私たちの足もとを見つめ直す一つのきっかけとなれば幸いである。

近代は、胃袋の孤立化と集団化が同時に、かつ急速に進む時代であった。しかし、じつはそれは近代の特徴というよりもむしろ、現代まで続く矛盾と苦悩のはじまりであったともいえるのではないだろうか。そして現代は、胃袋が社会への経路としての意味を失いつつある、さらに厳しい、深刻な時代といえるのではないだろうか。そのことに警鐘を鳴らすためにも、日々のくらしのなかで交わす「ごはん食べた?」というささやかな問いかけがもつ大きな意味を、これからも考え続けていきたい。

ここにひとまず一書を書き終えようとしているなか、なにげなく祖父の古いアルバムをめくっていたら、たくさんの人と食卓を囲む祖父の笑顔の写真とともに「一釜会」という会の名簿と規約が挟まっていることに気がついた。名簿には祖父の名前もある。「一釜会」とは、「一つ釜の飯を食った仲間の会」という意味だろう。祖父は戦前期に淡路島から大阪に出て、小間物問屋の丁稚になった。規約には、その大阪の商店時代の従業員有志たちが相互扶助と旧情を温めることを目的としてこの会は設立された、とある。日付は平成七年七月二一日である。「一釜会」で祖父はどんな話をしたのだろう。祖父は小間物問屋から独立して商店を構え、祖母と一緒に店を切り盛りして三人の子どもを育てた。その一人が私の母である。その後、高度経済成長期を経て現在に至るまで、祖父母、父母、私、そして私の子どもの世代につながる歴史のなかで、「一つ釜の飯」がもつ意味は、いったいどのような変貌を遂げたのだろう。胃袋をめぐる旅は、しばらく続くことになりそうである。

本書は名古屋大学出版会の三木信吾さんと長畑節子さんに編集の労をとっていただき、ひとかたならぬお世話になりました。装丁は桂川潤さんが担当してくださいました。本当にありがとうございました。最後に、執筆にあたってさまざまな形できっかけや影響をあたえ、議論を共有してくれたすべての人に、この場を借りて心よりお礼申し上げます。

二〇一八年五月

湯澤規子

索　引

あ　行

か　行

さ　行

た　行

な　行

は　行

ま　行

や　行

ら・わ行

図表一覧

参考文献

愛知県編『統計上ヨリ観タル愛知県ノ地位』愛知県，1922 年
愛知県産業部『愛知県農事統計』愛知県産業部，1922 年
愛知県史編さん委員会編『愛知県史　資料編　29　近代 6　工業 1』愛知県，2004 年
愛知県史編さん委員会編『愛知県史　別編　民俗 2　尾張』愛知県，2008 年
愛知県社会課編『愛知県社会課　調査資料　第 14 編　極貧者調査』愛知県社会課，1929 年
愛知県社会課編『愛知県社会事業年報』愛知県社会課，1933 年
愛知県社会課編『愛知県方面委員制度十年史』愛知県社会課，1933 年
愛知県農会編『愛知園芸要鑑』松山兼三郎，1910 年
愛知県農会『農家経済調査』愛知県農会，1928 年
愛知県農会『農家経済調査』愛知県農会，1930 年
愛知県立農事試験場『肥料の話』愛知県立農事試験場，1916 年
愛知県立農事試験場編『愛知の蔬菜』愛知県立農事試験場，1919 年
朝比奈弘治「訳者解説」ゾラ著，朝比奈弘治訳『パリの胃袋』藤原書店，2011 年，440–441 頁
阿部武司編著『大原孫三郎——地域創生を果たした社会事業家の魁』PHP 研究所，2017 年
阿部希望「近代における野菜種屋の展開——東京府北豊島郡榎本留吉商店を中心に」『農業史研究』44，2010 年，90–101 頁
阿部希望『伝統野菜をつくった人々——「種子屋」の近代史』農山漁村文化協会，2015 年
飯野亮一『居酒屋の誕生——江戸の呑みだおれ文化』ちくま学芸文庫，2014 年
井奥成彦『十九世紀日本の商品生産と流通——農業・農産加工業の発達と地域市場』日本経済評論社，2006 年
池上甲一・岩崎正弥・原山浩介・藤原辰史『食の共同体——動員から連帯へ』ナカニシヤ出版，2008 年
石垣りん『表札』童話屋，2000 年
石角春之助『乞食裏譚』文人社出版部，1929 年（林英夫編『近代民衆の記録 4　流民』新人物往来社，1971 年に再録)
石角春之助『浅草経済学』文人社，1933 年

石角春之助『近代日本の乞食――乞食裏譚』明石書店，1996 年
泉雄照正『俗称「くらわんか船」柱本茶船文書目録』近世淀川交通史研究資料第 2，年代不詳
伊藤敏雄「戦間期大阪における食料品輸送と市場――自動車を中心に」廣田誠編『近代日本の交通と流通・市場』清文堂出版，2011 年，75-109 頁
伊藤康子「近代愛知の社会事業施設――起保育所を中心に」『愛知県史研究』5，2001 年，37-53 頁
伊藤繁「戦前期日本の都市成長（上）」『日本労働協会雑誌』24（7），1982 年，26-34 頁
伊藤繁「戦前期日本の都市成長（下）」『日本労働協会雑誌』24（8），1982 年，23-37 頁
伊東光明「小河滋次郎の感化教育論」『三田学会雑誌』75（3），1982 年，428-442 頁
岩井克人『ヴェニスの商人の資本論』ちくま学芸文庫，1992 年
上杉鷹山・中条至資・莅戸太花『かてもの』1802 年（1914 年に米沢市立図書館によって復刊。原本は米沢市立図書館所蔵）
宇佐見正史「一九二〇～三〇年代における複合的農業経営の展開――愛知県旧東春日井郡勝川町の自小作農家を対象として」『岐阜経済大学論集』42（3），2009 年，23-46 頁
臼井清造編「浮浪者の日記」林英夫編『近代民衆の記録 4　流民』新人物往来社，1971 年，207-213 頁
宇野利右衛門編『職工問題資料』第一輯，工業教育会，1912 年
宇野利右衛門編『職工問題資料』B 八拾八，工業教育会，1918 年
宇野利右衛門『工場炊事要鑑』上巻，工業教育会，1925 年
宇野利右衛門『工場炊事要鑑』下巻，工業教育会，1928 年
江波戸昭「明治三十三年の『東京府職業調査』」『東京の地域研究』大明堂，1987 年，47-64 頁
江原絢子『家庭料理の近代』吉川弘文館，2012 年
大江志乃夫『日本ファシズムの形成と農村』校倉書房，1978 年
大門正克『近代日本と農村社会――農民世界の変容と国家』日本経済評論社，1994 年
大阪市産業部編「大阪市の一膳飯屋」『大阪市商工時報』15，大阪市産業部，1918 年，16-33 頁
大阪自彊館編『大阪自彊館の十七年』大阪自彊館，1928 年
大阪自彊館編『大阪自彊館小誌』大阪自彊館，1977 年
大阪自彊館『大阪自彊館　百年のあゆみ』出版文化社，2013 年
大阪市社会部調査課編『水上生活者の生活と労働』大阪市社会部調査課，1930

年
大阪市社会部労働課編『大阪市社会部報告　第 94 号　六大都市市営社会事業概要』大阪市，1935 年
大阪社会事業史研究会編『弓は折れず――中村三徳と大阪の社会事業』大阪社会事業史研究会，28-36 頁
大阪毎日新聞社編『大大阪記念博覧会誌』大阪毎日新聞社，1925 年
大豆生田稔『お米と食の近代史』吉川弘文館，2007 年
岡崎亀彦『工場飲食物献立表』愛知県工場会，1923 年
岡田洋司「一九三〇年代の農村青年――愛知県下の一地域青年団『会報』を手がかりとして」『地方史研究』38（2），1988 年，52-66 頁
小河滋次郎『監獄学』警察監獄学会東京支会，1894 年
小河滋次郎『獄事談』東京書院，1901 年
小河滋次郎翻案『監獄夢物語』巌松堂，1911 年
小河滋次郎「簡易食堂論」『救済研究』6（7），1918 年，743-753 頁
小河滋次郎「少年裁判法の採否如何」『救済研究』3（2），1929 年，123-136 頁
起町役場『起町史』上巻，1954 年
尾崎五平治『澤庵漬』武藤商店，1925 年
小田内通敏『帝都と近郊』大倉研究所，1918 年
尾高煌之助『職人の世界・工場の世界』リブロポート，1993 年
小野修三「小河滋次郎と英米の行刑学者たち――マコノキー，クロフトン，ブロックウェー」『慶應義塾大学日吉紀要　社会科学』21，2010 年，106-130 頁
小野修三『監獄行政官僚と明治日本――小河滋次郎研究』慶應義塾大学出版会，2012 年
小山昌宏「一九二〇（大正九）年から一九三〇（昭和五）年の大衆社会状況――昭和初期の都市大衆と農村民衆の生活水準について」『留学生日本語教育センター論集』34，2008 年，105-121 頁
卸売市場制度五十年史編さん委員会編『卸売市場制度五十年史』第一巻・本編 I，社団法人食品需給研究センター，1979 年
尾張大根切干同業組合『尾張大根切干発達史』尾張大根切干同業組合，1935 年
賀川豊彦『死線を越えて』改造社，1920 年
加瀬和俊『失業と救済の近代史』吉川弘文館，2011 年
金澤周作『チャリティとイギリス近代』京都大学学術出版会，2008 年
兼田麗子『大原孫三郎――善意と戦略の経営者』中公新書，2012 年
上笙一郎・山崎朋子『光ほのかなれども　二葉保育園と徳永恕』朝日新聞社，1980 年

加茂直樹「日本の社会保障制度の形成」『現代社会研究科論集』2，2008 年，1-27 頁
神田川菜翁『競り人伊勢長日誌やっちゃ場伝』農経新聞社，2003 年
神田市場協会神田市場史刊行会編『神田市場史』上巻，神田市場協会神田市場史刊行会，1968 年
菊池勇夫『飢饉の社会史』校倉書房，2000 年
木朽花「大阪の台所——公設市場解剖」『家事と衛生』14（5），1938 年，48-49 頁
岸康彦『食と農の戦後史』日本経済新聞社，1996 年
北原糸子『都市と貧困の社会史——江戸から東京へ』吉川弘文館，1995 年
鬼頭宏「明治・大正期人口推計における出生」『上智経済論集』43（1），1997 年，41-65 頁
鬼頭宏「生活水準」西川俊作・尾高煌之助・斎藤修編著『日本経済の二〇〇年』日本評論社，1997 年，425-446 頁
鬼頭宏『人口から読む日本の歴史』講談社学術文庫，2000 年
杵淵義房『本邦社会事業』冬夏社，1922 年
協調会産業福利部『工場食の改善と工場栄養食共同炊事場』協調会産業福利部，1938 年
金賛汀『朝鮮人女工のうた——一九三〇年・岸和田紡績争議』岩波書店，1982 年
金賛汀・方鮮姫『風の慟哭——在日朝鮮人女工の生活と歴史』田畑書店，1977 年
釘宮徳太郎『公設市場案内』金洋堂書店，1919 年
黒岩比佐子「忘れられた明治の啓蒙小説家」村井弦斎『食道楽』上，岩波文庫，2014 年，577-589 頁
警視庁工場課編『工場食の改善』産業福利協会，1932 年
厚生省労働局編『工場監督年報——附・労働者募集年報』第 23 回，厚生省労働局，1940 年
後藤秀乾『軍隊炊事勤務の研究』糧友会，1927 年
後藤正人「二十世紀初頭，大阪における『貧民窟』の状態——松原岩五郎『最暗黒の東京』との比較を通じて」『和歌山大学教育学部紀要　人文科学』56，2006 年，176-164 頁
小林仁美「留岡幸助の『新慈善』——小河滋次郎・井上友一との比較研究」『奈良女子大学教育学年報』6，1988 年，15-34 頁
コルバン，アラン著，山田登世子・鹿島茂訳『においの歴史——嗅覚と社会的想像力』藤原書店，1990 年
今和次郎『モデルノロヂオ「考現学」』春陽堂，1930 年

斎藤修「経済発展は mortality 低下をもたらしたか？――欧米と日本における栄養・体位・平均寿命」『経済研究』40（4），1989 年，339–356 頁
斎藤修「近代人口成長」速水融・鬼頭宏・友部謙一編『歴史人口学のフロンティア』東洋経済新報社，2001 年，67–90 頁
斎藤修『江戸と大阪――近代日本の都市起源』NTT 出版，2002 年
斎藤美奈子『戦下のレシピ――太平洋戦争下の食を知る』岩波書店，2002 年
佐伯矩『栄養』栄養社，1926 年
佐伯矩『栄養之合理化』愛知県標準精米普及期成会，1930 年
佐伯芳子「佐伯矩の業績について」『化学と生物』10（5），1972 年，354–355 頁
坂本元子編『栄養指導・栄養教育』第一出版，2003 年
塩見鮮一郎「「乞食」への哀感『近代日本の乞食―乞食裏譚―』を一読して」石角春之助『近代日本の乞食――乞食裏譚』明石書店，1996 年，245–257 頁
塩見鮮一郎『貧民の帝都』文春新書，2008 年
塩見鮮一郎『江戸の貧民』文春新書，2014 年
重賀よしを『しらみ・疥癬・南京虫――私が歩いた児童福祉への道』私家版，1973 年
宍戸健夫「近代日本の保育思想の形成」『教育学研究』35（3），1968 年，12–22 頁
清水克志「日本におけるキャベツ生産地域の成立とその背景としてのキャベツ食習慣の定着――明治後期から昭和戦前期を中心として」『地理学評論』81（1），2008 年，1–24 頁
下田淳『居酒屋の世界史』講談社，2011 年
社会局労働部『労働保護資料　第 43 号　本邦工場栄養食の概況』社会局労働部，1937 年
衆善会『衆善会のあゆみ 1933–1960』衆善会，1960 年
商工省商務局『小売市場ニ関スル調査　其ノ一』商工省商務局，1930 年
女子栄養大学「桐生共同栄養食購買組合参観記」『栄養と料理』3（11），1937 年，37–48 頁
深海豊二『無産階級の生活百態』製英舎出版部，1919 年
鈴木梅太郎・井上兼雄『栄養読本』日本評論社，1936 年
鈴木允「明治・大正期の東海三県における市郡別人口動態と都市化――戸数調査人口統計の分析から」『人文地理』56（5），2004 年，22–42 頁
住田新次郎「公設市場について――魚茶料理講習会講演速記」『家事と衛生』4（12），1928 年，76–78 頁
隅谷三喜男『日本賃労働史論』東京大学出版会，1955 年
瀬川清子『販女』三国書房，1943 年

ゾラ著，朝比奈弘治訳『パリの胃袋』藤原書店，2011 年（初版は 2003 年。それ以前に武林無想庵による邦訳『巴里の胃袋』が 1931 年に春秋社より刊行。原著は 1873 年刊行）
高井としを『私の「女工哀史」』岩波書店，2015 年（初版は 1980 年刊行）
高垣順子「かてもの」『調理科学』6（3），1973 年，185-190 頁
高木和男『食と栄養学の社会史』2，科学資料研究センター，1978 年
高橋眞一「明治・大正期における地域人口の自然増加と移動の関連性」『国民経済雑誌』187（4），31-44 頁
高橋彦博「協調会史における『産業福利部』の位置」『大原社会問題研究所雑誌』598，2008 年，1-12 頁
武田晴人編『地域の社会経済史——産業化と地域社会のダイナミズム』有斐閣，2003 年
武田久義「日本における共同体と生活保障制度の変化（4）」『桃山学院大学経済経営論集』50（1・2 合併号），2008 年，29-48 頁
竹本悟史・皆川修吾「近代日本のフィランソロピーに関する研究——松坂屋・伊藤次郎左衛門祐民を例に」『淑徳大学論集　文化創造学部・文化創造研究科篇』10，2010 年，67-82 頁
玉真之介『主産地形成と農業団体——戦間期日本農業と系統農会』農山漁村文化協会，1996 年
玉真之介「一九三四年の東北大凶作と郷蔵の復興——岩手県を対象として」『農業史研究』47，2013 年，22-34 頁
玉城肇『愛知県毛織物史』愛知大学中部地方産業研究所，1957 年
千葉県農会・山崎時治郎編『軍需と家庭　漬物の研究』千葉県農会，1938 年
鶴見佐吉雄『愛知県下の模範的農業経営』馬込村，1916 年
帝国農会『農業協同作業と農繁託児所及共同炊事——千葉県の事例』帝国農会，1940 年
帝国農会『共同作業・共同炊事・農繁託児所実施に伴ふ農村労力事情調査（千葉県の部）』帝国農会，1942 年
暉峻義等「産業合理化と労働科学」『労働科学研究』7（1），1930 年，1-23 頁
暉峻義等「『労研饅頭』について」『労働科学研究』7（1），1930 年，165-171 頁
東京市社会局編『浮浪者及残食物に関する調査』東京市社会局，1923 年
東京市社会局編『残食物需給ニ関スル調査』東京市社会局，1930 年
東京市社会局編『市設食堂経営策に関する調査——附，東京市設食堂改革意見』東京市社会局，1936 年
東京市政調査会編『東京市社会事業批判』東京市政調査会，1928 年
東京百年史編集委員会編『東京百年史』5，東京都，1979 年

飛田紗綾香「日中戦争初期の兵站の実態――上海派遣軍と第一〇軍糧秣追送を中心に」『日本女子大学大学院文学研究科紀要』14，2008 年，121-137 頁
留岡幸助『感化事業之発達』警醒社，1897 年
友松憲彦『近代イギリス労働者と食品流通――マーケット・街路商人・店舗』晃洋書房，1997 年
内閣統計局『家計調査報告――栄養に関する統計表』東京統計協会，1935 年
内閣統計局『家計調査報告――栄養に関する統計表』東京統計協会，1935 年
内務省衛生局編『各地方ニ於ケル市場ニ関スル概況』内務省衛生局，1919 年
内務省社会局『仏国公設市場制度概要』内務省社会局，1900 年
永井義雄『ロバアト・オウエンと近代社会主義』ミネルヴァ書房，1993 年
永岡正己「愛知県における社会事業行政の成立――故・三上孝基氏インタビュー記録」『日本福祉大学福祉論集』114，2006 年，101-125 頁
長崎女性史研究会『長崎の女たち』2，長崎文献社，2007 年
中島郡役所編『中島郡制史』国書刊行会，1988 年
中野茂夫・平井直樹・藤谷陽悦「倉敷紡績株式会社の寄宿舎・職工社宅の推移と大原孫三郎の住宅施策――近代日本における紡績業の労働者社宅　その1」『日本建築学会計画系論文集』76（659），2011 年，193-202 頁
中野典子・馬場景子「『工場飲食物献立表』にみられる栄養概念普及活動の背景――愛知県工場食共同炊事場の史料分析を中心として」『看護学研究』3，2011 年，1-9 頁
名古屋市中央卸売市場本場編『名古屋市中央卸売市場史』名古屋市，1969 年
名古屋鉄道局『尾張の蔬菜と市場』名古屋鉄道局，1924 年
成田一江「近代日本における工場食の研究――昭和初期工場食改善運動の二潮流」『食文化助成研究の報告』12，2001 年，49-56 頁
日本水産株式会社編『栄養食共同炊事読本』日本水産株式会社，1938 年
根本清六「小売商習慣と公設市場」『三田学会雑誌』13（10），1919 年，91-106 頁
農商務省商工局工務課工場調査掛『生糸織物　職工事情』農商務省商工局工務課，1903 年
農商務省商務局『公設市場ニ関スル調査』農商務省商務局，1912 年
農商務省農務局編『東京ニ於ケル蔬菜果実ノ販売組織ニ関スル調査』農商務省農務局，年代不詳
野沢一馬『大衆食堂』創森社，2002 年
野村敏雄『新宿裏町三代記』青蛙房，1982 年
バード，イザベラ著，金坂清則訳注『完訳　日本奥地紀行 2　新潟―山形―秋田―青森』平凡社，2012 年
間宏『日本における労使協調の底流――宇野利右衛門と工業教育会の活動』早

稲田大学出版部，1978 年
間宏『日本的経営の系譜』文眞堂，1989 年
橋本健二『居酒屋の戦後史』祥伝社，2015 年
長谷川貴彦『イギリス福祉国家の歴史的源流――近世・近代転換期の中間団体』東京大学出版会，2014 年
長谷川貴彦「メイクシフト・エコノミー論の射程――「福祉」への全体史的アプローチ（論点をめぐって）」『歴史と経済』57（2），2015 年，33-39 頁
長谷川博・増島宏「『米騒動』の第一段階――現地調査を中心として」『社会労働研究』1，1954 年，146-169 頁
長谷川博・増島宏「『米騒動』の第一段階（完結）――富山県下現地調査を中心として」『社会労働研究』2，1954 年，114-173 頁
浜谷正人「近代日本農村の地域的変容――東北地方の郷蔵制を中心として」『人文地理』28（5），1976 年，1-31 頁
林英夫編『近代民衆の記録 4　流民』新人物往来社，1971 年
林芙美子『放浪記』新潮社，1985 年（初版は 1930 年に改造社より刊行）
林勇記『農村家事教育の建設』大同館書店，1932 年
原田政美『近代日本市場史の研究』そしえて，1991 年
ハント，リン著，長谷川貴彦訳『グローバル時代の歴史学』岩波書店，2016 年
尾西市史編さん委員会編『尾西市史　通史編』上巻，尾西市役所，1998 年
尾西市役所『起町史』下巻，尾西市役所，1955 年
廣田真編『近代日本の交通と流通・市場』清文堂出版，2011 年
広中一成「『炊事場』からみた日中戦争――元陸軍伍長・杉浦右一インタビュー」『愛知大学国際問題研究所紀要』139，2012 年，269-283 頁
深海豊二『無産階級の生活百態』製英舎出版部，1919 年
深谷克己・川鍋定男『江戸時代の諸稼ぎ――地域経済と農家経営』農山漁村文化協会，1988 年
福本恭子「戦前期における労働者の食事――工場の食事（社員食堂）と福利厚生との関係」『経営研究』62（3），2011 年，125-141 頁
藤田昌雄『写真で見る日本陸軍兵営の食事』光人社，2009 年
藤永壯「植民地期・在日朝鮮人紡績女工の労働と生活――大阪在住の済州島出身者を中心に」『女性史学』22，2012 年，16-32 頁
藤原辰史『ナチスのキッチン』水声社，2012 年
古島敏雄『台所用具の近代史――生産から消費生活をみる』有斐閣，1998 年
ブローデル，フェルナン著，村上光彦訳『物質文明・経済・資本主義 十五～十八世紀』みすず書房，1985 年
ブローデル，フェルナン著，金塚貞文訳『歴史入門』中公文庫，2011 年（初

版は1995年に太田出版より刊行）
細井和喜蔵『女工哀史』岩波文庫，2011年（文庫初版は1954年，単行本の初版は1925年に改造社より刊行）
穂積陳重「小川滋次郎博士と監獄学の専攻」『穂積陳重遺稿集』第3冊，岩波書店，1934年，454–459頁
ポランニー，K. 著，玉野井芳郎・栗本慎一郎訳『人間の経済I　市場社会の虚構性』岩波書店，1980年
ポランニー，K. 著，玉野井芳郎・中野忠訳『人間の経済II　交易・貨幣および市場の出現』岩波書店，1980年
益田幸辰「小河滋次郎の児童保護思想形成における留岡幸助の影響について——明治三〇年以前を対象として」『日本社会福祉学会　第58回秋季大会』要旨集，2010年
松原岩五郎『最暗黒の東京』岩波文庫，1988年（初版は1893年に民友社より刊行。1892年に『国民新聞』に発表したものに加筆）
三浦豊彦『労働と健康の歴史』2，労働科学研究所，1980年
三上孝基「六十年前における福祉愛知の回顧　初代県社会事業主事としての体験」『同朋大学論叢』44・45，1981年，383–402頁
三谷一馬『明治物売図聚』中公文庫，2007年（初版は1991年に立風書房より刊行）
宮田登「インタビュー　経済学と民俗学」『大航海　特集　反経済学』26，1999年，58–70頁
三好采女「戦地追送漬物に就て」『糧友』9（7），1934年，25–33頁
村井弦斎『増補註釈　食道楽』春の巻，報知社出版部，1903年
村井弦斎『食道楽』上，岩波文庫，2014年（文庫初版は2005年，底本は『食道楽』全4冊，報知社出版部，1903–04年）
森徳一郎編『尾張大根切干発達史』尾張大根切干同業組合，1935年
森徳一郎編『尾西織物史』尾西織物同業組合，1939年
森川規矩『農村栄養　共同炊事の運営』伊藤文信堂，1943年
森川規矩『共同炊事』科学主義工業社，1943年
安岡健一『「他者」たちの農業史』京都大学学術出版会，2014年
安岡憲彦『シリーズ福祉に生きる2　草間八十雄』大空社，1998年
安田常雄『出会いの思想史——渋谷定輔論「農民哀史」の世界』勁草書房，1981年
安丸良夫『出口なお——女性教祖と救済思想』岩波書店，2013年（初版は1977年に朝日新聞社より刊行）
柳田國男『都市と農村』朝日常識講座第6巻，東京大阪朝日新聞社，1929年
柳田國男「明治大正史世相篇」『柳田國男全集』26，ちくま文庫，1997年

山口由等『近代日本の都市化と経済の歴史』東京経済情報出版，2014 年
山崎元「公益食堂の経営——兼東京市設食堂事業報告」全国都市問題会議編『全国都市問題会議総会　第 5 回　第一　都市の公益企業』全国都市問題会議，1937 年，303-323 頁
山下政三『脚気の歴史——ビタミンの発見』思文閣，1995 年
山田慎三「簡易食堂事始　一膳飯屋から簡易食堂へ，そして腰弁生活から職場給食へ——食風俗文化史的変遷のひとこまとして（上）」『学苑』515，1982 年，63-73 頁
山田慎三「簡易食堂事始　一膳飯屋から簡易食堂へ，そして腰弁生活から職場給食へ——食風俗文化史的変遷のひとこまとして（下）」『学苑』518，1983 年，62-73 頁
山本志乃『行商列車——カンカン部隊を追いかけて』創元社，2015 年
山本文乃「村井弦斎研究——食生活改良論」『研究紀要』（文教大学女子短期大学部）26，1982 年，44-56 頁
山家悠平『遊郭のストライキ　女性たちの二十世紀・序説』共和国，2014 年
湯澤規子「近代尾西織物業地域にみる農工関係の変容過程——鈴鎌工場史料の分析を通して」『農業史研究』49，2015 年，41-58 頁
湯澤規子「共同炊事と集団食からみた尾西織物業地域の近代——起共同炊事組合の分析」『歴史地理学』57（4），2015 年，1-22 頁
横山源之助『日本之下層社会』教文館，1899 年
吉沢俊次『阪神社会事業概観』吉沢俊次，1921 年
吉田典子「ゾラ『パリの胃袋』とマネの静物画——近代芸術における物質主義と商品性」『日仏美術学会会報』24，2004 年，3-25 頁
良知力『向う岸からの世界史——一つの四八年革命史論』ちくま学芸文庫，1993 年
龍澤潤「東京市設食堂の設置——東京市深川食堂を中心に」『江東区文化財研究紀要』17，2012 年，35-44 頁
和田英著，今井幹夫編『精解富岡日記——富岡入場略記』群馬県文化事業振興会，1999 年
渡辺実『日本食生活史』吉川弘文館，1964 年

Hobsbawm, E. J. “The British Standard of Living 1790-1850”, *The Economic History Review, New Series*, 10（1), 1957, pp. 46-68.
Turner, Katherine Leonard. *How the Other Half Ate : A History of Working-Class Meal at the Turn of the Century*, California Studies in Food and Culture, 2014.
Walton, John K. *Fish and Chips and the British Working Class, 1870-1940*, Leicester University Press, 1994.

《著者紹介》

湯《ゆ》澤《ざわ》規《のり》子《こ》

1974年　大阪府生まれ
2003年　筑波大学大学院歴史・人類学研究科博士課程単位取得満期退学，博士（文学）
明治大学経営学部専任講師，筑波大学生命環境系准教授を経て，
現　在　法政大学人間環境学部教授
著　書　『在来産業と家族の地域史――ライフヒストリーからみた小規模家族経営と結城紬生産』（古今書院，2009年）
『7袋のポテトチップス――食べるを語る，胃袋の戦後史』（晶文社，2019年）他
『ウンコはどこから来て，どこへ行くのか』（ちくま新書，2020年）

胃袋の近代

2018年6月30日　初版第1刷発行
2021年7月30日　初版第4刷発行

定価はカバーに
表示しています

著　者　湯　澤　規　子

発行者　西　澤　泰　彦

発行所　一般財団法人　名古屋大学出版会
〒464-0814　名古屋市千種区不老町1 名古屋大学構内
電話(052)781-5027/ F A X(052)781-0697

印刷・製本　亜細亜印刷㈱　ISBN978-4-8158-0916-4